Springer-Lehrbuch

Walter Brenner

Grundzüge des Informationsmanagements

Mit 92 Abbildungen

Springer-Verlag Berlin Heidelberg GmbH

Prof. Dr. Walter Brenner
TU Bergakademie Freiberg
Fakultät für Wirtschaftswissenschaften
Gustav-Zeuner-Str. 8-10
D-09596 Freiberg/Sachsen

ISBN 978-3-540-58517-6   ISBN 978-3-642-57892-2 (eBook)
DOI 10.1007/978-3-642-57892-2

Vorwort

Das Informationsmanagement hat sich in den vergangenen zehn Jahren ausgehend von der betrieblichen Praxis zu einem eigenständigen Bereich in Wissenschaft und Lehre im Rahmen der Betriebswirtschaft und der Wirtschaftsinformatik entwickelt. Zu den Methoden des Projektmanagements der 70er Jahre sind in den 80er Jahren Verfahren der strategischen Informationssystem-Planung und zur systematischen Suche nach Wettbewerbsvorteilen hinzugekommen. In den 90er Jahren stehen Verfahren zur Steigerung der Wirtschaftlichkeit der Informationsverarbeitung und die Integration des Informationsmanagements in die Unternehmensführung im Vordergrund.

Adressaten

Adressaten dieses Buches sind *Studenten* der Betriebswirtschaftslehre und Studenten der Wirtschaftsinformatik am Ende des Grundstudiums oder im Hauptstudium sowie *Praktiker*.

Für den Studenten ist das Buch als Lehrbuch konzipiert, das ihm ermöglicht, sich einen Einblick in dieses neue Wissensgebiet zu verschaffen. Für das Informationsmanagement in diesem Buch wird ein ganzheitlicher betriebswirtschaftlicher Ansatz verfolgt.

Praktikern, vor allem Führungskräften, gibt das Buch einen Überblick über das Informationsmanagement und hilft gleichzeitig zu prüfen, welche Funktionen des Informationsmanagements in einem Unternehmen verwirklicht sind.

Zielsetzung

Das Buch ermöglicht einen *Einstieg* in das Informationsmanagement, indem es die gesamte Breite des Wissensgebietes abdeckt.

Lesbarkeit und der Konzentration auf das Wesentliche wurde der Vorzug vor einer zu detaillierten Darstellung der komplexen Zusammenhänge gegeben.

Die vorgenommene Strukturierung des Gebietes macht dem Leser in relativ kurzer Zeit die Aufgaben und Funktionen des Informationsmanagements verständlich und motiviert ihn, die komplexen Zusammenhänge mit Hilfe der angegebenen Literatur zu vertiefen.

Zahlreiche Abbildungen sowie umfangreiche Praxisbeispiele erhöhen insbesondere für die studentischen Leser die Verständlichkeit des Wissensgebietes und unterstützen die Praktiker bei der Realisierung eines systematischen Informationsmanagements.

Danksagungen

Ohne Hilfe meiner Mitarbeiter, Freunde und Kollegen wäre es unmöglich gewesen, dieses Lehrbuch zu schreiben.

Mein besonderer Dank gilt Herrn Dipl.-Wirtsch.-Ing. V. Hamm, mit dem ich zusammen das Buch in den vergangenen sieben Monaten fertiggestellt habe, und Herrn Dr. oec. H.-J. Steinbock, dessen Arbeiten die Grundlage für Kapitel 3. bilden. Darüber hinaus danke ich meiner Schwester lic. oec. C. Brenner, den Herren lic. oec. C. Binkert, lic. oec. M. Brogli, Dr. oec. P. Fürer, PD Dr. oec. T. Gutzwiller, Prof. Dr.-Ing. B. Hentschel und Dipl.-Wirtsch.-Inform. L. Kolbe.

Den Mitarbeitern des Architekturbüros F. Bereuter AG in Rohrschach danke ich für die freundliche Aufnahme in ihren Kreis. In ihren Räumen fand ich die Ruhe und Konzentration, um das Buch zu schreiben.

Anregungen und Kommentare

Ein Lehrbuch für einen sich ständig ändernden Bereich wie das Informationsmanagement kann nur eine Momentaufnahme sein. Die Inhalte müssen ständig weiterentwickelt werden. Der Autor ist für alle (kritischen) Kommentare, Anregungen und Hinweise dankbar (Adresse: Prof. Dr. W. Brenner, TU Bergakademie Freiberg, Fakultät für Wirtschaftswissenschaften, Gustav-Zeuner-Strasse 10, D-09596 Freiberg/Sachsen).

Abtwil, Juli 1994   W. Brenner

Inhaltsverzeichnis

Überblick

Dieses Lehrbuch behandelt das Informationsmanagement. Bild Ü./1 enthält eine Übersicht über die Bestandteile des Informationsmanagements.

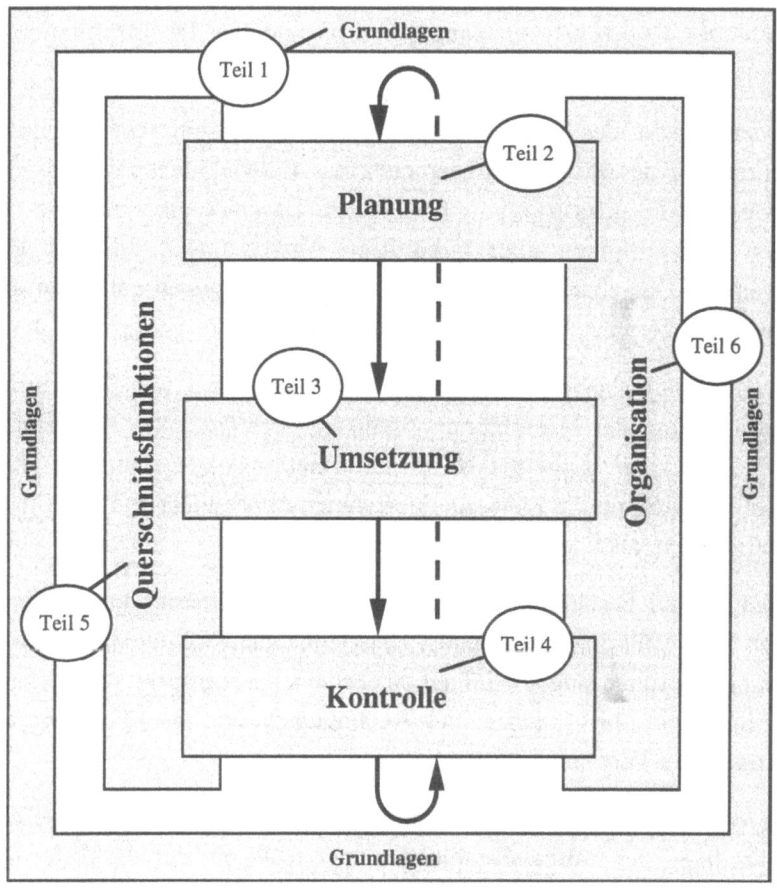

Bild Ü./1: Aufbau des Lehrbuches - Bestandteile des Informationsmanagements

Der *erste Teil* des Buches beschäftigt sich mit den Grundlagen des Informationsmanagements. Eine Beschreibung des Informationsmanagements als Teil der Unternehmensführung steht am Anfang der Ausführungen. Daneben werden im ersten Teil die IT-Infrastruktur und das betriebliche Informationssystem mit seinen Entwicklungspotentialen behandelt.

Der *zweite Teil* geht auf die Planung im Rahmen des Informationsmanagements ein. Beschrieben wird, wie die Vorstellungen aus dem IT-orientierten Inno-

vationsmanagement im Rahmen der langfristigen Planung des Informationssystems und der IT-Infrastruktur weiterentwickelt und schliesslich in der IV-
Entwicklungsplanung in Projekte umgesetzt werden. Zusätzlich werden die
finanziellen Auswirkungen ermittelt. Die kurzfristige Planung konkretisiert
die IV-Entwicklungsplanung für das nächste Jahr. Parallel zu diesen Schritten
entsteht das IV-Leitbild als langfristige Grundlage des Informationsmanagements.

Der *dritte Teil* des Buches geht auf die Umsetzung ein. Er ist in die
Beschreibung des Projektmanagements, des Entwicklungsprozesses und des
Betriebs der IT-Infrastruktur untergliedert. Beschrieben wird, wie aus den
groben Vorstellungen über zukünftige Anwendungen aus der Planung
Programme, Datenbanken und organisatorische Lösungen entstehen und wie
sie den Benutzern zur Verfügung gestellt werden.

Der *vierte Teil* behandelt die Kontrolle. Dargestellt wird, wie die Kontrolle der
IT-Infrastruktur, des Informationssystems und des Geschäfts ausgestaltet sein
sollte. Ziel ist zu zeigen, dass im Informationsmanagement systematisch
kontrolliert wird, ob die Ziele, die im Rahmen der Planung und der Umsetzung
gesetzt wurden, auch tatsächlich erreicht werden.

Der *fünfte Teil* beschäftigt sich mit den Querschnittsfunktionen. Sie unterstützen die Ausführung der Planung, Umsetzung und Kontrolle im Informationsmanagement. Eingegangen wird auf das Personalmanagement, das Management
der Sicherheit, das Finanz- und Rechnungswesen, das Management der
Methoden und Tools und die Beschaffung.

Der *sechste Teil* des Buches geht auf die organisatorischen Aspekte ein. Die
Beschreibung der Aufbauorganisation legt fest, wer für das Informationsmanagement verantwortlich ist und wie es in die Struktur eines Unternehmens
eingebunden sein kann. Die Behandlung der Ablauforganisation zeigt, wie die
Planung, Umsetzung und Kontrolle zu einem kontinuierlichen Management-
prozess verbunden werden.

Informationsmanagement ist ein *iterativer Prozess*. Die Pfeile in der Abbildung
Ü./1 zeigen, dass wir Informationsmanagement grundsätzlich als einen kontinuierlichen, zyklischen Ablauf verstehen. Die Querschnittsfunktionen unterstützen ihn. Die Organisation bettet ihn in die betrieblichen Prozesse ein.

Teil I: Grundlagen

Der erste Teil des Lehrbuches legt die Grundlagen für die Beschreibung des Informationsmanagements. Bild I./1 zeigt die Inhalte der Kapitel, welche die Grundlagen beschreiben.

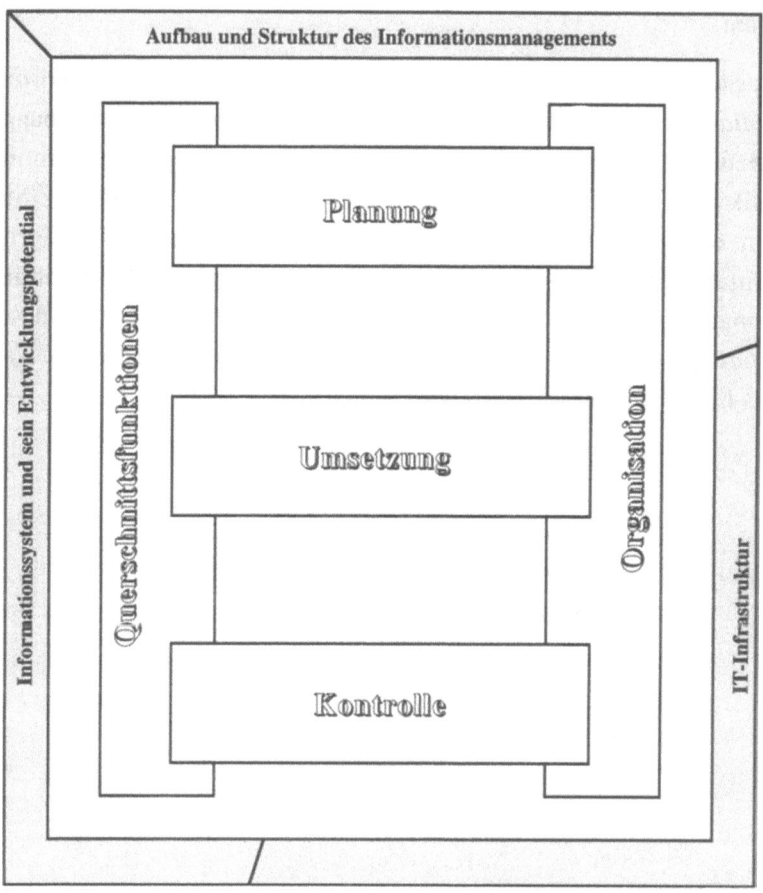

Bild I./1: Grundlagen des Informationsmanagements

Das erste Kapitel beschäftigt sich mit *Aufbau und Struktur des Informationsmanagements*. Es zeigt, dass das Informationsmanagement eine betriebliche Führungsaufgabe ist und dass die Nutzung der Informationstechnik von entscheidender Bedeutung für die Entwicklung der Unternehmen sein wird. Aus dem systemorientierten Management wird eine Struktur für das Informationsmanagement als Teil der Unternehmensführung entwickelt. Informationsmanagement besteht in erster Linie aus der Planung, der Umsetzung und der

Kontrolle, sowie einer Reihe von Querschnittsfunktionen und Regelungen für die Aufbau- und Ablauforganisation.

Das zweite Kapitel beschäftigt sich mit der *IT-Infrastruktur*. Es gibt einen Überblick über die einzelnen Komponenten der Informationstechnik, die in diesem Lehrbuch und in innerbetrieblichen Gesprächen immer wieder auftauchen.

Das dritte Kapitel beschreibt das *Informationssystem und sein Entwicklungspotential*. Ziel ist auf der einen Seite, anhand allgemeiner Beschreibungen und konkreter Beispiele das breite Spektrum der Anwendungen der Informationstechnik darzustellen, und auf der anderen Seite zu zeigen, welche Möglichkeiten existieren, in den nächsten drei bis fünf Jahren das betriebliche Informationssystem weiterzuentwickeln. Die Entwicklungspotentiale der Informationstechnik werden anwendungsorientiert dargestellt und schaffen eine Grundlage für das IT-orientierte Innovationsmanagement, das in Kapitel 4. dieses Lehrbuches beschrieben wird.

1. Aufbau und Struktur des Informations-managements

1.1. Einleitung

> Die Informationstechnik (IT) umfasst die Produkte der Computer-
> und Kommunikationstechnik.

Beispiele für Produkte der Informationstechnik sind:

- Im PC-Bereich haben sich in den letzten zehn Jahren mit den Betriebs-systemen "MS-DOS" und "Unix" Industriestandards herauskristallisiert. Eine grosse Anzahl an Anwendungsprogrammen ist auf dieser Grundlage für den professionellen und privaten Einsatz entwickelt worden.

- Das ISDN (Integrated Services Digital Network) ermöglicht die gleichzeitige Übertragung von Sprache und Daten über eine Telefonleitung auch für private Haushalte.

- Der Computerhersteller Apple hat Ende 1993 mit dem "Newton" einen Com-puter auf den Markt gebracht, der nur etwas grösser als eine Hand ist und der als persönliches Notizbuch verwendet werden kann.

- Die Firma ORACLE hat ein Datenbankmanagementsystem entwickelt, das bereits heute in der Lage ist, 1 500 Videos gleichzeitig abzuspielen. In der nächsten Ausbaustufe wird es möglich sein, 180 000 Videos simultan wiederzugeben.

- 66 Satelliten auf erdnahen Umlaufbahnen werden kabellose Telefonverbin-dungen mit Mobiltelefonen von jedem Punkt der Erde zu jedem anderen er-möglichen (Projekt "Iridium").

> Das Informationsmanagement ist der Teil der Unternehmensführung,
> der für das Erkennen und Umsetzen der Potentiale der Informations-
> technik in Lösungen verantwortlich ist (vgl. Österle 1987, Griese
> 1990, Schwarze 1990).

Beispiele für Aufgaben des Informationsmanagements sind:

- *Systematische Suche* nach neuen Anwendungsmöglichkeiten der Informa-tionstechnik, d.h. die Führungskräfte eines Unternehmens leiten systematisch aus neuen Entwicklungen der Informationstechnik Ideen für die Weiterentwicklung der Informationsverarbeitung ab.

- *Planung* der Informationsverarbeitung, d.h. die Geschäftsleitung eines Unternehmens entscheidet, welche finanziellen und personellen Ressourcen im nächsten Jahr für welche Anwendungen aufgewendet werden.

- *Projektmanagement*, d.h. ein Projektleiter führt ein Vorhaben so, dass die Vorgaben im Hinblick auf Qualität, personelle und finanzielle Ziele eingehalten werden.

- *Wartung* der Anwendungen, d.h. bestehende Anwendungen werden derart weiterentwickelt, dass sie auch in Zukunft den Anforderungen des Geschäfts entsprechen.

Informationsmanagement ist eine *betriebswirtschaftliche Aufgabe*, wie Marketing oder Finanz- und Rechnungswesen. Seine Aufgabe ist es, betriebliche Zielsetzungen der Unternehmensführung zu erkennen, diese mit den Möglichkeiten der Informationstechnik zu kombinieren und computerunterstützte Anwendungen sowie organisatorische Lösungen zu entwickeln. So kann die unternehmerische Zielsetzung "Globalisierung" durch den Einsatz von Informationstechnik unterstützt werden.

Bild 1.1./1 verdeutlicht die Wirkungsweise des Informationsmanagements.

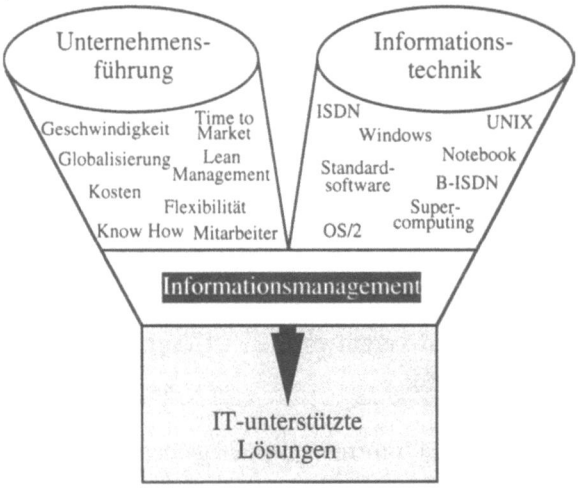

Bild 1.1./1: Wirkungsweise des Informationsmanagements

Informationsmanagement bedeutet für jede Führungskraft, sich bei jeder Entscheidung und bei jedem Problemlösungsprozess in seinem Unternehmen die Fragen zu stellen, wie durch Einsatz von Informationstechnik bessere Ergebnisse erzielt werden können und wie sich die erkannten Möglichkeiten realisieren lassen.

Die Beschäftigung mit der Informationstechnik beschränkt sich nicht auf die Spezialisten innerhalb der EDV/Org-Abteilung, sondern wird zu einer Aufgabe aller Führungskräfte eines Unternehmens. Management im Zeitalter der Informationstechnik bedeutet, dass sich jede Führungskraft mit den Auswirkungen der Informationstechnik beschäftigt. Technische Belange rücken in den Hintergrund. Im Vordergrund steht der Einsatz und der wirtschaftlich messbare Nutzen der Informationstechnik.

Beispiel 1 zeigt, wie der Erfolg von American Airlines auf die Verbindung von Informationstechnik und Unternehmensführung zurückzuführen ist.

> *Beispiel 1: Die Entwicklung der Informationsverarbeitung bei American Airlines (vgl. Crandall 1991, Copeland/McKenney 1988, Hopper 1990)*

Ende der siebziger Jahre beschloss Präsident Reagan, den Flugreisemarkt in den Vereinigten Staaten von Amerika zu liberalisieren. Ein traditionsreiches Unternehmen wie Pan Am, das 1980 noch den dritten Platz in der Rangfolge der US-Fluggesellschaften belegt hat, ist seitdem vom Markt verschwunden. American Airlines ist es hingegen gelungen, seine Spitzenposition aus der Zeit vor der Deregulierung zu behaupten (vgl. 1.1./2).

1980 Umsatz (Mio. USD)		*1990 Umsatz (Mio. USD)*	
1. United Airlines	*4.3*	*1. American Airlines*	*11.0*
2. American Airlines	*3.7*	*2. United Airlines*	*10.9*
3. Pan Am	*3.6*	*3. Delta*	*8.7*
4. Eastern	*3.4*	*4. Northwest*	*7.2*
5. Delta	*3.3*	*5. Continental*	*5.2*

Bild 1.1./2 Weltweite Rangfolge der Fluggesellschaften 1980 und 1990

Ohne ein Flugreservierungssystem wäre der Erfolg von American Airlines nicht möglich gewesen. Der Nutzen der Computerprogramme für das Geschäft veränderte sich im Laufe der Zeit.

Drei Phasen des Nutzens lassen sich unterscheiden:

Phase 1: Sicherung und Erhöhung des Marktanteils

Das Reservierungssystem war in den Anfangsjahren so ausgelegt, dass es nur Reservierungen des eigenen Flugunternehmens zuliess. Ziel von American Airlines war es, möglichst viele Reisebüros an ihr Reservierungssystem anzuschliessen. In den Reisebüros wurden spezielle Terminals installiert und Kommunikationsverbindungen mit dem Rechenzentrum der Fluggesellschaft hergestellt.

Der grosse Installationsaufwand für die Reisebüros erschwerte den Wechsel auf das System eines Konkurrenten. Klagen vor amerikanischen Gerichten führten dazu, dass das Reservierungssystem auch für andere Fluggesellschaften geöffnet werden musste. Durch geschickte Gestaltung der Abfrage- und Buchungsmasken gelang es, die Konkurrenzvorteile weitgehend zu bewahren.

Phase 2: Deckungsbeitragsorientierte Führung des Fluggeschäfts

In der nächsten Phase resultierte der Nutzen des Reservierungssystems nicht mehr aus dem Anschliessen von Reisebüros, sondern aus der unternehmerischen Nutzung der Daten. Das Flugreservierungssystem ermöglicht es American Airlines, in Preiskämpfen schnell und gezielt auf eine veränderte Marktsituation zu reagieren. Das Reservierungssystem kann an Spitzentagen Änderungen von bis zu 10% der 45 Millionen Flugscheinpreise verarbeiten. Der Preis jedes Sitzes auf einer Flugroute kann in Abhängigkeit von der Buchungssituation verändert werden, um die Auslastung zu erhöhen. Der Gesamtdeckungsbeitrag jedes Fluges wird optimiert.

Phase 3: Informationsverarbeitung als eigenes Geschäft

American Airlines hat die Informationsverarbeitung zu einem eigenen Geschäftszweig ausgebaut. 1992 wurde ein Umsatz von ca. 1.8 Mrd. CHF erreicht. Angeboten werden der Vertrieb des Reservierungssystems SABRE an Reisebüros und der Verkauf des Know Hows über Reservierungssysteme an andere Fluggesellschaften oder an Eisenbahngesellschaften. American Airlines beabsichtigt, diesen Geschäftsbereich als eigenständiges Unternehmen zu organisieren.

1.2.   Zukünftige Bedeutung der Informationstechnik

Die Untersuchungen von Nefiodow und Seitz und die Entwicklung von Singapur zeigen, welche herausragende wirtschaftliche Bedeutung in Zukunft der Informationstechnik zukommen wird.

Der fünfte Kontradieff

Nefiodow analysiert den weltweiten Strukturwandel (vgl. Nefiodow 1990). Für die Entwicklung von Wirtschaft und Gesellschaft kommen *Innovationen* eine Schlüsselrolle zu.

Der Volkswirt Nikolai D. Kontradieff hat als erster darauf hingewiesen, dass sich 40 - 60 jährige Konjunkturzyklen, sogenannte Kontradieff-Zyklen, nachweisen lassen, die jeweils in Innovationsschüben begründet sind. Bild 1.2./1 zeigt die Kontradieffzyklen mit den zugrundeliegenden Technologien.

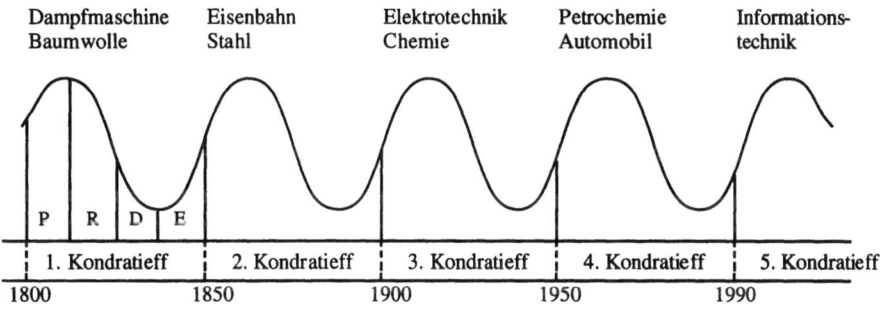

Dampfmaschine Baumwolle	Eisenbahn Stahl	Elektrotechnik Chemie	Petrochemie Automobil	Informations- technik

| | 1. Kondratieff | 2. Kondratieff | 3. Kondratieff | 4. Kondratieff | 5. Kondratieff |
| 1800 | 1850 | 1900 | 1950 | 1990 | |

P: Prosperität; R: Rezession; D: Depression; E: Erholung

Bild 1.2./1 Kontradieff-Zyklen

Die Basisinnovation des ersten Kontradieff-Zyklus war die stationäre Dampf-maschine. Sie eröffnete die industrielle Revolution und ermöglichte eine Mechanisierung der Textil-, Maschinen- und Eisenindustrie. Grundlage des zweiten Zyklus war die Eisenbahn. Sie stellte das grösste Investitionsprojekt des 19. Jahrhunderts dar und veränderte die gesamte Infrastruktur. Der dritte Kontradieff-Zyklus wurde durch Fortschritte in den Forschungsgebieten Chemie und Elektrotechnik ausgelöst. Die vierte Welle begann nach dem zweiten Weltkrieg und beruhte auf Innovationen in der Petrochemie und der Automobilindustrie. Kennzeichen dieses Zyklus waren der Massenverkehr auf den Straßen und in der Luft sowie der Siegeszug des Fernsehens.

Die Analyse von Nefiodow kommt zu dem Schluss, dass der nächste Konjunkturzyklus durch den produktiven Umgang mit Information und Wissen, d.h. durch die Informationstechnik, bestimmt wird.

Nefiodow definiert acht Wachstumsfelder der Informationsverarbeitung:

- Automatisierung und Vernetzung innerhalb der Fabriken

- Automatisierung und Vernetzung in Büros und Verwaltungen

- Gesamtautomation und Vernetzung innerhalb der Betriebe, d.h. Verbindung von Fabrik-, Büro- und Verwaltungsautomation

- überbetriebliche Integration und Automation, d.h. enge Zusammenarbeit zwischen Lieferanten, Produzenten, Distributoren, Kunden und Konsumenten

- transnationale Vernetzung und Kooperationen der Unternehmen

- informationstechnische Erschliessung des freiberuflichen und privaten Bereichs

- audio-visueller Medienmarkt, d.h. Vordringen der Informationstechnik in das Kultursystem (Kunst, Architektur etc.)

- wachsender Informationsbedarf der Bevölkerung, Unternehmen und Volkswirtschaften durch ihr quantitatives und qualitatives Wachstum

Die japanisch-amerikanische Herausforderung

Seitz geht der Frage nach, wie sich die europäischen Volkswirtschaften im Vergleich zu den USA und Japan darstellen und welche Faktoren in Zukunft den grössten Einfluss auf die wirtschaftliche Entwicklung haben werden (vgl. Seitz 1992). Seitz sieht fünf Schlüsseltechnologien für die Zukunft:

- Biotechnik

- Werkstofftechnik

- Energietechnik

- Raumfahrttechnik

- Informationstechnik

Die *Biotechnik* versteht Seitz als die Gesamtheit der Verfahren, bei denen lebende Zellen und Organismen benutzt werden, um bestimmte Produkte zu erzeugen. Sie wird zu grossen Veränderungen in der Medizin, Landwirtschaft, Petrochemie sowie in der Chemie- und Elektroindustrie als auch beim Bergbau und Umweltschutz führen.

Die *Werkstofftechnik*, die zu ultrareinem Glas, Lichtwellen-Leitern, Hochleistungskeramik und zu Supraleitern führt, bildet die Grundlage vieler technischer Neuerungen, die in den nächsten 20 Jahren zu erwarten sind.

Die Verfügbarkeit der fossilen Brennstoffe auf der Erde ist beschränkt. Neue Formen der *Energienutzung*, wie die Sonnenenergie durch Satelliten, werden sich als Gebiete mit grossen Wachstumsmöglichkeiten erweisen.

Nach wie vor werden von der *Raumfahrttechnik* wichtige Impulse ausgehen. Ihre kommerzielle Nutzung, z.B. zur Fernerkundung von Grundwasserreserven oder Pflanzenkrankheiten, und die Produktion in der Schwerelosigkeit, z.B. von Kristallen mit höchster Reinheit, werden zu einer "Industrialisierung" des Weltraums führen.

Von diesen fünf Technologien kommt der *Informationstechnik* besondere Bedeutung zu. Für Seitz nimmt die informationstechnische Industrie eine zentrale Stellung ein. Von ihr wird über weite Strecken die Leistungsfähigkeit der industriellen Produktion und der Dienstleistungsproduktion einer Volkswirtschaft abhängen. Die Nutzung der Produkte der Informationstechnik im Sinne eines Produktionsfaktors "Information" wird zu einem wichtigen Erfolgsfaktor.

Die Entwicklung von Singapur und das Tradenet-System

Das wirtschaftliche Wachstum der asiatischen Schwellenländer ist nach wie vor ungebrochen. Experten aus Wirtschaft, Politik und Wissenschaft sind sich einig, dass die asiatischen Länder in Zukunft für europäische Unternehmen starke Konkurrenten auf den Weltmärkten sein werden.

Singapur gilt heute als entwickeltes Land. 1991 war es bereits unter den 20 grössten Handelsnationen der Welt. Noch in den 60er Jahren gab es in dem Vielvölkerstaat weder viele Unternehmer noch einen eigenen Markt.

Am Beispiel von Singapur lässt sich zeigen, wie durch die systematische Nutzung der Informationstechnik die industrielle Entwicklung vorangetrieben werden kann.

Seit Ende der 70er Jahre lassen sich drei Phasen der Nutzung unterscheiden:

- Von 1979 bis 1986 stand die *Automatisierung* der öffentlichen Verwaltung und der Unternehmen im Vordergrund.

- Von 1986 bis 1991 wurde die *Kommunikationsinfrastruktur* systematisch ausgebaut.

- Seit 1992 bildet die Entwicklung *computerunterstützter Dienstleistungen* für Familien, Schulen und Individuen den Schwerpunkt.

Die Entwicklung der Informationstechnik wird vom National Computer Board, einer Behörde, die mehr als 1 000 IT-Spezialisten beschäftigt, koordiniert.

Die Erschliessung wirtschaftlicher Potentiale in Singapur durch konsequente Nutzung der Informationstechnik ist in Beispiel 2 beschrieben.

Beispiel 2: Tradenet (vgl. Bower/King/Konsynski 1990)

Die geographische Lage prädestiniert Singapur als Drehscheibe für den Warenverkehr mit den asiatischen Ländern. Die grosse Konkurrenz mit Hong-Kong erfordert es, alle Möglichkeiten zu nutzen, um am stark wachsenden Handel in dieser Region zu partizipieren.

Die Regierung von Singapur entschloss sich 1986, Tradenet als ein übergreifendes Informationssystem zur Unterstützung des Handels zu entwickeln. Ziel des Projekts war es, die administrativen Prozesse, die im Zusammenhang mit dem Warenverkehr im Hafen stehen, wie Ausfüllen von Zollerklärungen oder Prüfen von Frachtpapieren, über ein Netzwerk computerunterstützt abzuwickeln. Bereits vor Projektbeginn wurde aufgrund mangelnder Verfügbarkeit von nationalem Know-how beschlossen, das Projekt mit Hilfe ausländischer Partner durchzuführen, um an deren Wissen über Informationstechnik zu partizipieren. Mit Unterstützung von Beratungsunternehmen und dem Computerhersteller IBM wurde eine bereits bestehende Logistiklösung eines weltweit operierenden Grossunternehmens an die Situation Singapurs angepasst. Zu Beginn des Jahres 1989 wurde das System in Betrieb genommen. Ergebnis war ein Quantensprung in der Verkürzung der administrativen Abläufe. So konnte die durchschnittliche Bearbeitungsdauer der Handelsdokumente von einem Zeitraum zwischen einem und vier Tagen auf 15 Minuten reduziert werden.

Tradenet ist der Hauptgrund, weshalb sich der Hafen von Singapur zu dem fünft grössten der Welt und zu dem grössten Containerhafen entwickelt hat. Er bildet die Voraussetzung für einen nach wie vor wachsenden Handel.

1.3.   Grundlagen aus der Managementlehre

Aus den vielen Ansätzen der Managementlehre wählen wir den *system-orientierten Ansatz* als Grundlage für das Informationsmanagement.

> Management wird als Lenken, Gestalten und Weiterentwickeln sozialer Systeme, wie Unternehmen oder öffentliche Verwaltungen, gesehen (vgl. Ulrich 1984, Ulrich/Probst 1988, Bleicher 1991).

Dem systemorientierten Ansatz der Managementlehre liegt eine Sichtweise zugrunde, die Management als einen Kreislauf der Führungsfunktionen Planung, Umsetzung und Kontrolle ansieht (vgl. 1.3./1).

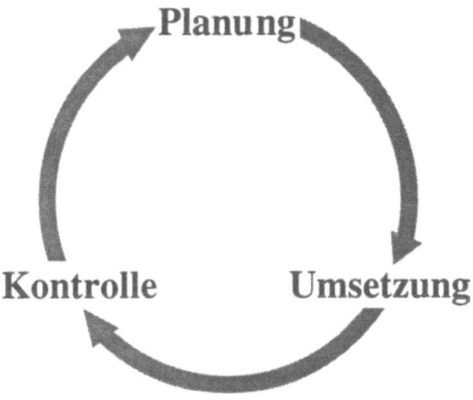

Bild 1.3./1 Führungskreislauf

Die *Planung* umfasst das systematische Durchdenken und Festlegen von Zielen, Verhaltensweisen und Massnahmen für die Zukunft. Die konkreten Massnahmen zur Umsetzung entscheiden über die Güte eines Plans. Ein Unternehmen legt beispielsweise fest, dass das unternehmerische Ziel "Rationalisieren der Administration" durch die Einführung von Standardsoftware (vgl. 2.2.) erreicht werden soll.

Die *Umsetzung* hat die Aufgabe, die Pläne in die betriebliche Wirklichkeit zu überführen, insbesondere durch Projekte und das tägliche operative Geschäft (Betrieb).

Die *Kontrolle* prüft im Sinne eines Soll-Ist-Vergleichs, in welchem Ausmass die gesetzten Ziele erreicht wurden. Die Erfahrungen aus der Kontrolle stehen für die nächste Planungsperiode zur Verfügung.

1.4. Informationsmanagement als Bestandteil des Führungssystems

> Das Managementsystem sorgt dafür, dass das gesamte Unternehmen und seine Bereiche im Sinne eines Führungskreislaufes geführt werden. Es bildet den institutionellen Rahmen der Führung.

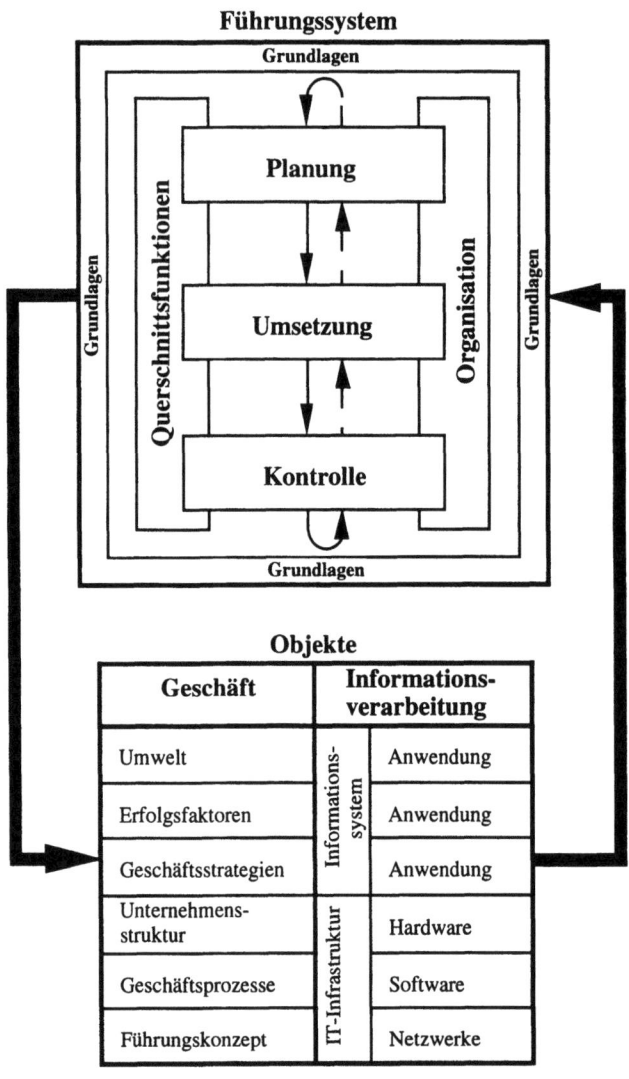

Bild 1.4./1 Informationsmanagement als Führungskreislauf

Bild 1.4./1 veranschaulicht, wie das Informationsmanagement in einem Regelkreis die Objekte des Informationsmanagements lenkt. Informationsmanagement entspricht dem Teil des Managementsystems, der dafür verantwortlich ist, dass die Informationstechnik entsprechend den Zielsetzungen eines Unternehmens oder einer Verwaltung eingesetzt wird.

1.5.   Objekte des Informationsmanagements

Die *Objekte* des Informationsmanagements bilden den Gegenstandsbereich des Informationsmanagements (vgl. 1.4./1).

1.5.1.   Geschäft

> Das Geschäft (Geschäftskonzept) ist die Summe aller Aussagen, Strukturen etc., welche die bestehende und zukünftige Ausrichtung eines Unternehmens festlegen.

Wir beschreiben das Geschäft mit Hilfe:

- der Umwelt

- der Erfolgsfaktoren

- der Geschäftsstrategien

- der Unternehmensstruktur

- des Geschäftsprozesses

- des Führungskonzeptes

Umwelt

> Die Umwelt eines Unternehmens gliedert sich in eine ökonomische und technische sowie soziale und ökologische Umwelt (vgl. Ulrich/Krieg 1974).

Die Beschaffungs- und Absatzmärkte eines Unternehmens sind Teil der ökonomischen Umwelt. Die technische Umwelt liefert z.B. die Maschinen für die Produktion. Die soziale Umwelt schafft den gesetzlichen Rahmen, in dem sich ein Unternehmen bewegt. Die ökologische Umwelt bettet das Unternehmen in die Natur ein.

Die Umwelt ist ein Objekt des Informationsmanagements: Aus der technischen Umwelt bezieht das Unternehmen Informationen über neue Entwicklungen der Informationstechnik, aus der ökologischen Umwelt kommen Anregungen zu einem sparsamen Umgang mit natürlichen Ressourcen.

Erfolgsfaktoren

> Die Erfolgsfaktoren stellen die fünf bis sieben Elemente eines Unternehmens dar, in denen hervorragende Leistungen zu erbringen sind, um langfristig erfolgreich zu sein (vgl. Daniel 1961).

Beispiele für Erfolgsfaktoren von Unternehmen sind:

- Geschwindigkeit

- Qualität

- Kundennutzen

- Kosten

Erfolgsfaktoren sind Objekte des Informationsmanagements: So hat die LONZA in Basel, ein chemisches Unternehmen, ein Expertensystem entwickelt, das auf der Grundlage der Analyse von Bodenproben Empfehlungen für die Düngung des untersuchten Bodens gibt. Durch diese Dienstleistung ist es gelungen, die Kundenorientierung zu erhöhen und die Bindung der Landwirte an die Dünger der LONZA zu steigern (vgl. Griese 1991).

Geschäftsstrategien

> Unter Geschäftsstrategien (vgl. Ansoff 1966) verstehen wir die langfristigen Vorstellungen über die Produkte und Märkte eines Unternehmens ("Produkt-Markt-Strategien").

Es ist ein Bestandteil der Geschäftsstrategie, wenn ein Spielwarenunternehmen plant, seine bisherigen Produkte in Zukunft auch auf dem amerikanischen Markt zu vertreiben oder wenn ein Computerhersteller beabsichtigt, zusätzlich zu dem bisherigen Sortiment, Hard- und Software für Computerspiele anzubieten.

Geschäftsstrategien sind Objekte des Informationsmanagements: Durch die Informationstechnik entstehen neue Märkte und Produkte.

Unternehmensstruktur

> Die Unternehmensstruktur bestimmt den grundsätzlichen Aufbau eines Unternehmens. Sie legt unabhängig von der gesellschaftsrechtlichen Struktur fest, welche Geschäftsbereiche oder Funktionalbereiche ein Unternehmen aufweist.

Die Unternehmensstruktur bestimmt, ob ein Unternehmen eher zentral oder dezentral geführt wird und welche Kompetenz den einzelnen Bereichen zukommt.

Viele Unternehmen sind in den vergangen Jahren dazu übergegangen, sich von einer zentralen zu einer dezentralen Struktur zu entwickeln. Dies bedeutet, dass Entscheidungen vor allem in den dezentralen Einheiten - in Bild 1.5.1./1 den Geschäftsbereichen - getroffen werden.

Bild 1.5.1./1 zeigt einen Ausschnitt aus der Unternehmensstruktur eines dezentral geführten Unternehmens.

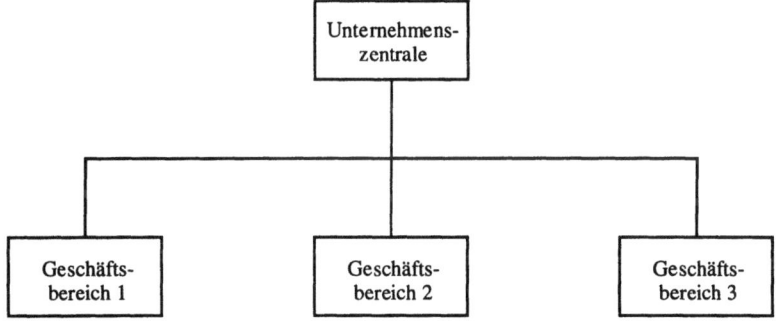

Bild 1.5.1./1 Unternehmensstruktur

Die Unternehmensstruktur ist ein Teil der *Aufbauorganisation*. Sie legt fest, welche organisatorischen Einheiten in einem Unternehmen vorhanden sind, welche Weisungsbeziehungen zwischen ihnen existieren, wie die Informationsverarbeitung aussieht und welche Sachmittel benötigt werden.

Die Unternehmensstruktur ist ein Objekt des Informationsmanagements: Beispielsweise führt die Dezentralisierung der Organisation zu Veränderungen der Führungsinformationen. Das Informationsmanagement entwickelt für eine Organisation geeignete Führungsinformationssysteme.

Geschäftsprozess

> Ein Geschäftsprozess ist eine in sich geschlossene Menge von Aufgaben, die mit dem Ziel, eine bestimmte Leistung zu erbringen, an einem Typ von Geschäftsobjekten ausgeführt werden (vgl. Davenport/Short 1990, Scheer 1990, Scheer 1994).

Beispiele für Geschäftsprozesse in einem Unternehmen sind:

- Auftragsabwicklung

- Produktentwicklung

- Infrastruktur

- Anlagenunterhalt

- Management

Geschäftsprozesse stehen quer zu den funktionalen organisatorischen Einheiten eines Unternehmens (vgl. 1.5.1./2).

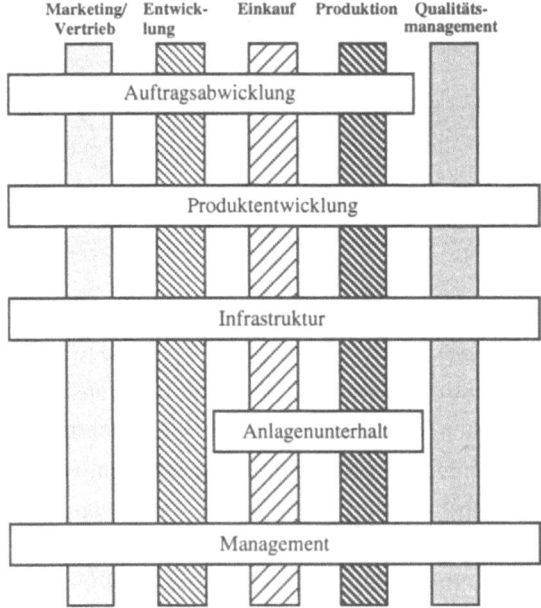

Bild 1.5.1./2 Beispiele für Geschäftsprozesse

So erstreckt sich in Bild 1.5.1./2 der Geschäftsprozess "Auftragsabwicklung" in einem Unternehmen über alle Funktionsbereiche hinweg. Ein Kunde bestellt bei der Abteilung Marketing/Vertrieb ein Produkt, das individuell gefertigt werden muss. Die Entwicklungsabteilung passt ein Standardprodukt an die Bedürfnisse des Kunden an und übermittelt der Einkaufsabteilung die Teileliste, damit sie die Bestellungen vornehmen kann. Sind die Rohstoffe und Vorprodukte eingetroffen, erfolgt die Produktion. Das Qualitätsmanagement stellt sicher, dass das Produkt den Vorgaben und den Wünschen des Kunden entspricht.

Die Geschäftsprozesse legen die *Ablauforganisation*, d.h. die logischen, zeitlichen, räumlichen und mengenmässigen Beziehungen zwischen den Funktionen eines Unternehmens, fest (vgl. Schmidt 1991).

Die Geschäftsprozesse sind Objekte des Informationsmanagements: Die Einführung von Standardsoftware kann nur dann den geplanten Nutzen bringen, wenn die Geschäftsprozesse entsprechend den Vorgaben der Software gestaltet werden.

Führungskonzept

> Das Führungskonzept legt fest mit welchen Grössen ein Unternehmen geführt wird.

Die Führungsgrössen eines Unternehmens sollten aus den Erfolgsfaktoren abgeleitet werden (vgl. Rockart 1979). Sie sind je nach Hierarchieebene und Verantwortungsbereich für jede Führungskraft unterschiedlich.

Führungskonzepte sind Objekte des Informationsmanagements: Das Informationsmanagement eines Unternehmens sucht systematisch nach Anwendungen, um die Erfolgsfaktoren zu unterstützen.

1.5.2.   Informationsverarbeitung

> Die betriebliche Informationsverarbeitung (IV) umfasst alle informationsverarbeitenden Tätigkeiten und Beziehungen eines Unternehmens.

Ihr Spektrum reicht von manuellen Bestandteilen, wie dem Ausfüllen eines Formulars, bis zu computerunterstützten Komponenten, wie der Reservierung eines Fluges im Reservierungssystem.

Die Informationsverarbeitung umfasst die *Anwendungen*, das *Informationssystem* und die *IT-Infrastruktur*.

Anwendungen

> Als computerunterstützte Anwendungen bezeichnen wir inhaltlich oder sachlich zusammengehörende Programme und Datenbanken (Anwendungssoftware). Sie werden in der Regel in einem Projekt oder in inhaltlich eng zusammengehörenden Projekten realisiert.

Computerunterstützte Anwendungen sind die konkreten Ausprägungen der Informationstechnik, die in einem Unternehmen oder in einer öffentlichen Verwaltung zum Einsatz kommen.

Beispiel für Anwendungen eines Industrieunternehmens sind:

*   Finanzbuchhaltung

*   Computer Aided Design (CAD)

*   Textverarbeitung

*   Personaladministration

*   Verkaufsabwicklung

Anwendungen sind ein Objekt des Informationsmanagements: Im Rahmen der Anwendungsentwicklung, einer Teilaufgabe des Informationsmanagements, entstehen aus groben Vorstellungen Anwendungen.

Informationssystem

> Das Informationssystem ist die Summe aller Anwendungen eines Unternehmens oder eines Geschäftsbereichs.

Das Informationssystem ist ein Objekt des Informationsmanagements: Die wichtigsten Aufgaben des Informationsmanagements sind die Suche nach Anwendungen, die ein Unternehmen in Zukunft benötigt, sowie die Planung der Reihenfolge, nach der sie entwickelt werden.

IT-Infrastruktur

> Die IT-Infrastruktur eines Unternehmens ist der Ausschnitt der Informationstechnik, die in einem Unternehmen zum Einsatz kommt.

Beispiele für Komponenten der IT-Infrastruktur sind:

• PC-Hardware

• Betriebssystem

• Netzwerke

Die IT-Infrastruktur ist ein Objekt des Informationsmanagements: Im Rahmen des Informationsmanagements wird z.B. entschieden, von welchem Hersteller das Unternehmen in Zukunft Hardware bezieht.

1.6.   Führungssystem des Informationsmanagements

> Die Führungsfunktionen stellen die Aufgaben dar, die in einem Unternehmen verrichtet werden, um ein systematisches Informations-management zu gewährleisten.

Informationsmanagement erweist sich in der Praxis als eine iterative Aufgabe, wenn Ergebnisse von hoher Qualität erzeugt werden sollen. Wir übernehmen den Führungskreislauf der systemorientierten Managementlehre als grundsätzliches Gliederungskriterium für die Führungsfunktionen des Informationsmanagements:

• Planung

• Umsetzung

• Kontrolle

Planung im Rahmen des Informationsmanagements

> Planung im Rahmen des Informationsmanagements bedeutet, die Aspekte der Entwicklung eines Unternehmens, die durch die Informationstechnik beeinflusst werden, zu antizipieren und daraus konkrete Vorstellungen für die Weiterentwicklung des Unternehmens und seiner Informationsverarbeitung abzuleiten.

Planung im Informationsmanagement lässt sich in eine langfristige Planung mit einem Zeithorizont von drei bis fünf Jahren und in eine kurzfristige Planung mit einem Horizont von bis zu einem Jahr unterteilen.

Die Planung im Rahmen des Informationsmanagements beginnt mit dem IT-orientierten Innovationsmanagement - d.h. der systematischen Suche nach innovativen Anwendungen. Bei jeder unternehmerischen Konzeption oder Veränderung am Geschäftskonzept sowie an den Produkten ist zu prüfen, ob nicht durch Einsatz der Informationstechnik neue Möglichkeiten entstehen. So stellt eine elektronische Toilette, die auf Wunsch den Urin untersucht, eine neue Möglichkeit dar, ein traditionelles Produkt mit einem Mehrwert zu versehen (vgl. Abrams/Bernstein 1992). Dies rechtfertigt einen erheblichen Preisaufschlag, da sie dem Kunden eine völlig neue Dimension der Nutzung ermöglicht. Aus den Anwendungsideen des IT-orientierten Innovationsmanagements wird ein langfristiger Rahmenplan für die Entwicklung des Informationssystems und der IT-Infrastruktur erstellt. Ein Entwicklungsplan zeigt, welche Anwendungen wann mit welchen Ressourcen realisiert werden.

Umsetzung im Rahmen des Informationsmanagements

> Umsetzung im Rahmen des Informationsmanagements bedeutet, die Ergebnisse der Planung in konkrete Anwendungen und organisatorische Massnahmen zu überführen.

Das Informationsmanagement unterscheidet zwei Formen der Umsetzung (vgl. 1.6./1).

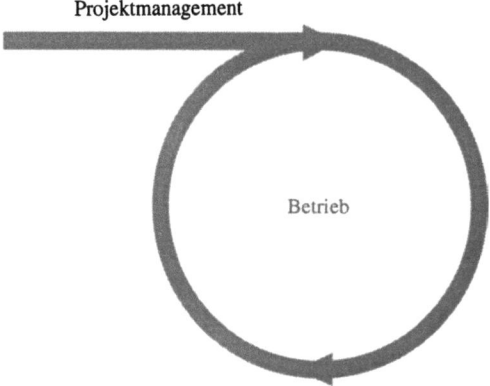

Bild 1.6./1 Umsetzung im Informationsmanagement

Das Projektmanagement entwickelt in einem einmaligen Vorgang eine neue Lösung. Der Betrieb ist anschliessend dafür verantwortlich, dass die Ergebnisse der Projekte dem Unternehmen zur Verfügung stehen und ständig weiterentwickelt werden.

Kontrolle im Rahmen des Informationsmanagements

> Kontrolle bedeutet im Sinne eines Soll-Ist-Vergleichs, kontinuierlich
> und systematisch nachzuprüfen, ob die Vorgaben aus der Planung
> bei der Umsetzung erreicht wurden.

Die Kontrolle im Rahmen des Informationsmanagements besteht aus drei
Aufgaben. Die Kontrolle der IT-Infrastruktur untersucht, ob der Einsatz der
Hardware, Software und der Netzwerke wirtschaftlich erfolgt. Im Gegensatz
dazu beschäftigt sich die Kontrolle des Informationssystems mit dem Einsatz der
Anwendungen durch die Benutzer. Die Kontrolle des Geschäfts beinhaltet die
Prüfung, ob durch den Einsatz der Informationstechnik die geschäftlichen Ziele
erreicht wurden.

Querschnittsfunktionen

> Querschnittsfunktionen unterstützen die drei Grundfunktionen
> "Planung", "Umsetzung" und "Kontrolle" im Informations-
> management durch eine Reihe von Dienstleistungen.

Unser Modell des Informationsmanagements sieht folgende Querschnittsfunktionen (vgl. Teil V) vor:

- Personalmanagement

- Sicherheitsmanagement

- Finanz- und Rechnungswesen

- Management der Methoden und Tools

- Beschaffung

Einige dieser Funktionen sind Teil anderer Führungsfunktionen des Unternehmens, wie dem Finanz- und Rechnungswesen, dem Personalmanagement
oder der Beschaffung.

Dokumente des Informationsmanagements

Die Funktionen des Informationsmanagements benötigen Dokumente als Input
und erzeugen neue oder veränderte Dokumente als Output. Das Ergebnis der
Funktion langfristige Planung des Informationssystems ist ein Dokument, das
die Anwendungen eines bestimmten Bereichs des Unternehmens beschreibt.

Hilfsmittel im Informationsmanagement

> Hilfsmittel unterstützen das Informationsmanagement bei der Aus-
> führung seiner Funktionen.

Das Spektrum der Hilfsmittel, die im Informationsmanagement zum Einsatz
kommen, reicht von allgemeinen Managementmethoden über Projektmanagementmethoden und Softwareentwicklungstools bis hin zu Software-Monitoren
für die Kontrolle der Hardware.

Organisation des Informationsmanagements

> Die Organisation legt fest, welche Stellen und Gremien für das
> Informationsmanagement notwendig sind, wer für die Ausführung
> der Funktionen verantwortlich ist (Aufbauorganisation) und wie die
> Funktionen hintereinander ablaufen (Ablauforganisation).

Aus der Perspektive der *Aufbauorganisation* sind an der Ausführung des Informationsmanagements drei Instanzen beteiligt:

- Der *Fachbereich* umfasst alle Benutzer der computerunterstützten Anwendungen unabhängig ihrer Hierarchiezugehörigkeit, von dem Sachbearbeiter
  bis zu den Mitgliedern der Geschäftsleitung.

- Die *EDV/Org-Abteilung* als der Bereich des Unternehmens, der darauf
  spezialisiert ist, die Anwendungen zu entwickeln sowie auf die Bedürfnisse
  des Unternehmens abgestimmte IT-Infrastruktur aufzubauen und zu unterhalten.

- Die *Ausschüsse*, z.B. der IV-Ausschuss (vgl. 21.4.3.), als gemeinsame Gremien
  von Fachbereich und EDV/Org-Abteilung, dienen der gemeinsamen Entscheidungsfindung.

Die Verteilung der Aufgaben auf diese drei Instanzen orientiert sich an dem
Grundsatz, dass Informationsmanagement eine Aufgabe aller Führungskräfte
eines Unternehmens ist. Der Fachbereich trägt die Verantwortung für die
Informationsverarbeitung.

Die *Ablauforganisation* des Informationsmanagements gliedert sich in Anlehnung an den Führungskreislauf in eine Planungs-, Umsetzungs- und Kontroll-
phase. Der zeitliche Ablauf der einzelnen Funktionen des Informationsmanage-

ments orientiert sich an der Unternehmensführung. So findet die langfristige Planung des Informationssystems und der IT-Infrastruktur parallel zur langfristigen Unternehmensplanung statt. Informationsmanagement erweist sich in der Praxis als eine iterative Aufgabe, wenn Ergebnisse von hoher Qualität erzeugt werden sollen.

1.7. Zusammenfassung

- Informationstechnik umfasst die Produkte der Computer- und Kommunikationstechnik. Die Nutzung der Informationstechnik wird in Zukunft ein entscheidender Faktor für den Erfolg von Unternehmen und Volkswirtschaften sein.

- Informationsmanagement ist der Teil der Unternehmensführung, der für die Erkennung und Umsetzung der Potentiale der Informationstechnik in Lösungen verantwortlich ist.

- Informationsmanagement ist keine Aufgabe weniger Spezialisten aus der EDV/Org-Abteilung eines Unternehmens, sondern jede Führungskraft muss sich mit den Auswirkungen der Informationstechnik auf ihren Verantwortungsbereich beschäftigen.

- Das Informationsmanagementsystem eines Unternehmens lässt sich durch die Funktionen, Dokumente, Hilfsmittel und die Organisation beschreiben.

- Die Funktionen des Informationsmanagements lassen sich in kreislaufartig angeordneten Führungsfunktionen "Planung", "Umsetzung" und "Kontrolle" sowie in die Querschnittsfunktionen "Personalmanagement", "Sicherheitsmanagement", "Finanz- und Rechnungswesen", "Management der Methoden und Tools" und "Beschaffung" gliedern.

- Die Funktionen des Informationsmanagements sind im Rahmen der Aufbauorganisation auf den Fachbereich, die EDV/Org-Abteilung und gemeinsame Ausschüsse verteilt.

- Die Ablauforganisation des Informationsmanagements ist ein iterativer Prozess, der parallel zu den entsprechenden Funktionen der Unternehmensführung abläuft.

2. IT-Infrastruktur

Dieses Kapitel gibt einen knappen Überblick über die wichtigsten Begriffe und Komponenten der IT-Infrastruktur der Unternehmen. Auf eine vertiefte Auseinandersetzung mit den technischen Details wird verzichtet (vgl. Heinrich/Lehner/Roithmayr 1993).

2.1. Hardware

> Die Gesamtheit der physikalischen Baueinheiten der Informationsverarbeitung bezeichnet man als Hardware. Sie gliedert sich in Zentraleinheit und Peripherie (Speicher, Ein- und Ausgabegeräte).

Beispiel 3 zeigt die Hardware eines modernen PC-Arbeitsplatzes, wie er beispielsweise einer Sachbearbeiterin in einem Unternehmen zur Verfügung stehen könnte.

Beispiel 3: Hardware eines modernen PC-Arbeitsplatzes

- *Zentraleinheit, die den Prozessor, z.B. einen INTEL 486, und den Hauptspeicher, z.B. mit 8 MB RAM, umfasst*
- *Festplattenspeicher, z.B. mit 340 MB Speicherkapazität*
- *Eingabegeräte, wie Tastatur und Maus*
- *Ausgabegeräte, beispielsweise Drucker und Bildschirm*
- *zusätzliche externe Speicher, wie CD-ROM- und Diskettenlaufwerk*

2.1.1. Zentraleinheit

> Die Zentraleinheit (Central Processing Unit, CPU) setzt sich aus dem Prozessor und dem Hauptspeicher zusammen.

Im *Prozessor* finden die eigentlichen Rechenoperationen statt. Der *Hauptspeicher* hält die Daten, die verarbeitet werden, zur Verfügung des Prozessors. Je nach Anwendungszweck kann auf verschiedene Leistungskategorien von Zentraleinheiten zurückgegriffen werden.

Supercomputer sind auf wissenschaftliche oder technische Anforderungen ausgerichtete Hochleistungscomputer mit speziellen Architekturen, beispielsweise mehreren Prozessoren.

In jüngster Vergangenheit haben sich für verarbeitungsintensive Rechenoperationen neben den klassischen Supercomputern *Minisupercomputer* etabliert,
die wesentlich billiger sind und nur eine geringfügig kleinere Leistungsfähigkeit
besitzen.

Grosscomputer (Hostrechner) ermöglichen hohe Verarbeitungsgeschwindig-
keiten bei Mehrbenutzerbetrieb. Es lassen sich mehrere hundert Terminals und
Drucker an einen Hostrechner anschliessen. Sie repräsentieren die klassischen
Rechner der computerunterstützten betrieblichen Informationsverarbeitung.

Minicomputer werden entweder als Abteilungsrechner oder als leistungsfähige
Workstations für einzelne Benutzer eingesetzt.

Als *Mikrocomputer* werden sowohl Personal Computer (PC) als auch Workstation bezeichnet. Workstations unterscheiden sich von PCs durch höhere
Prozessorleistung und komfortablere Graphikverarbeitung. Sie kommen vor-
wiegend im technisch-wissenschaftlichen Bereich zum Einsatz, während die
PCs im kaufmännisch-administrativen Bereich dominieren.

Mobile Rechner, wie Laptops, sind Mikrocomputer. Die Weiterentwicklung des
mobilen Computings hängt von der Leistungssteigerung und der Minia-
turisierung der Chips, der Reduktion des Stromverbrauchs sowie von Fort-
schritten im Bereich der Bildschirmtechnik, der Eingabegeräte und der draht-
losen Kommunikation ab.

2.1.2. Peripherie

Speicher

> Speicher (Datenträger) dienen der Aufbewahrung von Daten der
> Informationsverarbeitung.

Die IT-Infrastruktur unterscheidet folgende Kategorien von Speichern (vgl.
Hansen 1992):

Gelochte, bedruckte und handbeschriftete Datenträger traten in der alten
computerunterstützten Informationsverarbeitung als Lochkarten aus Papier auf.
In vielen Unternehmen existieren heute noch strichmarkierte Datenträger, z.B.
bei Befragungen oder Klarschriftbelegen.

Magnetische Datenträger bestehen aus Papier, Metall oder Kunststoff und
einem magnetisierbaren Überzug. Die Aufzeichnung der Daten erfolgt auf fest

vorgesehenen Spuren. Sie zeichnen sich gegenüber gelochten, bedruckten und handbeschrifteten Datenträgern durch höhere Speicherkapazitäten und schnelleren Zugriffszeiten aus. Magnetische Datenträger treten in Form von Magnetstreifen, z.B. auf Kreditkarten, als Magnetbänder, als Kassettenbänder, als Disketten oder als Magnetplatten auf.

Bei *optischen Datenträgern* werden die Daten mit einem Laserstrahl auf einer Speicherschicht aufgezeichnet. Sie werden in Form optischer Speicherplatten oder als optische Speicherkarten verwendet. Optische Datenträger haben im Vergleich zu den magnetischen Speichern eine wesentlich höhere Speicher-kapazität. Vorteile bieten optische Datenträger dann, wenn grosse, weitgehend unveränderliche Datenmengen gespeichert werden müssen. Beispiele für optische Datenträger sind CD-ROMs.

Zur Datenspeicherung bei *elektronischen Datenträgern* werden Halbleiter-elemente verwendet. Elektronische Speicher zeichnen sich durch die geringsten Zugriffszeiten aus. Sie finden entweder als Hauptspeicher in den Zentral-einheiten oder als Chipkarten Verwendung.

Eingabegeräte

> Die Eingabegeräte sind dafür verantwortlich, dass Informationen in eine Form gebracht werden, die eine computerunterstützte Ver-arbeitung zulässt.

Die *manuelle Eingabe* erfolgt über Tastaturen oder Zeigegeräte für die Bild-schirme, wie Lichtgriffel, Joystick, Maus, Touch-Screen-Bildschirm* oder ein Digitalisiertablett**.

Mikrofone ermöglichen die *Eingabe* von Informationen *in Form von Sprache*. Ihre Verwendung befindet sich noch in den Anfängen.

Eingabe durch Lesegeräte erfolgt über Lochkartenleser, Strichcodeleser, Schriftenleser, Plastikkartenleser, Bildabtaster (Scanner) und Sensoren.

In Branchen, die mit grossen Volumina an Eingabeoperationen konfrontiert sind, kommen spezielle Eingabegeräte zum Einsatz. Dienstleistungsunter-

---

* Touch-Screen-Bildschirme reagieren auf Berührungen der Bildschirmoberfläche.

** Digitalisierungstabletts bestehen aus einer Art Zeichenbrett und einem Markierer, dessen Positio-nierung gespeichert werden kann.

nehmen, wie Banken oder Versicherungen, besitzen *spezielle Lesegeräte*, um die grosse Menge an handschriftlich ausgefüllten Formularen, wie Zahlungsaufträge oder Euroschecks, zu erfassen.

Mobile Datenerfassungsgeräte ermöglichen, dass beispielsweise in einem Einzelhandelsgeschäft die Bestände direkt an den Regalen erhoben werden oder dass ein LKW-Fahrer jede Be- und Entladeoperation speichern kann.

Ausgabegeräte

Ausgabegeräte transformieren Informationen aus der Zentraleinheit oder dem Speicher in eine Form, die vom Benutzer wahrgenommen werden kann.

Datensichtgeräte unterschiedlicher Bildschirmtechnologie, wie Kathodenstrahlröhren, Plasma- oder Flüssigkristallbildschirme, visualisieren Informationen flexibel und schnell.

Schreib- und Druckgeräte, wie Zeilen-, Seitendrucker oder ein Plotter, übertragen Informationen auf Papier. COM-Recorder (COM = Computer Output on Microfilm) verfilmen gespeicherte Informationen auf Mikrofilm, um grosse Datenbestände zu sichern und zu archivieren.

Wortgeneratoren in Verbindung mit Lautsprechern verwandeln verarbeitete Informationen in Sprache.

2.2.   Software

Software ist der Sammelbegriff für den "immateriellen" Teil der IT-Infrastruktur, d.h. Anwendungs- und Systemsoftware.

Anwendungssoftware

Die Anwendungssoftware bietet Lösungen für fachliche Probleme. Das Spektrum reicht von Programmen mit kommerziellen Funktionen, z.B. in der Finanzbuchhaltung, bis zu technisch-wissenschaftlichen Programmen, z.B. zur Steuerung eines chemischen Prozesses oder eines Motors.

Bei der Ausführung der Programme unterscheidet man Stapelverarbeitung und interaktive Verarbeitung.

Stapelverarbeitung (batch-processing) bedeutet, dass ein Anwendungsprogramm ohne Einflussmöglichkeit des Benutzers abläuft (vgl. Hansen 1992). Der Benutzer muss den gesamten Verarbeitungsauftrag komplett definieren, bevor er abgearbeitet wird.

Bei *interaktiver Verarbeitung* führt der Rechner eine Aufgabe in einzelnen Schritten durch und nimmt während der Verarbeitung ständig zusätzliche Informationen auf. Erfolgt beispielsweise die Eingabe einer Kundennummer, prüft das Programm sofort, ob diese gültig ist.

Erfolgt die interaktive Verarbeitung im Wechsel von Benutzer und Rechner, spricht man von *Dialogverarbeitung*. Ist anstelle des Benutzers ein physikalisch-technischer Prozess beteiligt, handelt es sich um eine *Prozessverarbeitung*. Bei der Prozessverarbeitung empfängt der Rechner von Messgeräten oder Sensoren kontinuierlich Daten, die er zeitgerecht in Steuerungsinformationen umwandelt. Der Rechner muss dabei ständig für den Empfang der Daten bereit sein, weshalb die Prozesssteuerung auch als *Echtzeitverarbeitung* bezeichnet wird.

Anwendungssoftware, die von einem Unternehmen selbst programmiert wurde, bezeichnet man als *Eigenentwicklung*.

In der Vergangenheit war der grösste Teil der im Unternehmen benutzten Anwendungen Eigenentwicklungen. Auf den Grossrechnern dominierten Lösungen, die in der Programmiersprache "COBOL" geschrieben wurden und ein Datenbankmanagementsystem zur Verwaltung der Daten verwenden.

Zu der Kategorie der eigenentwickelten Anwendungen gehören auch *Turn-Key-Anwendungen*, die von einem Unternehmen bei einem Softwarehaus in Auftrag gegeben werden und die auf die individuellen Belange des Unternehmens zugeschnitten sind.

Im Gegensatz dazu bezeichnen wir Anwendungen, die bei einem externen Anbieter gekauft werden, als *Standardsoftware*. Merkmale von Standardsoftware sind, dass sie nicht speziell für ein Unternehmen entwickelt wird und dass unternehmensspezifische Gegebenheiten erst bei ihrer Einführung im Unternehmen berücksichtigt werden. Für alle Grössen von Verarbeitungseinheiten sowie für viele Anwendungsbereiche und Branchen existiert Standardsoftware (vgl. Stahlknecht 1993). Der ISIS-Katalog gibt einen Überblick über die verfügbare Standardsoftware (vgl. Nomina 1994).

Bei der Standardsoftware trennen wir universell einsetzbare Anwendungen, wie Textverarbeitungs- oder Spread-Sheet-Anwendungen für die Verwendung auf dem PC, von Anwendungen, die auf bestimmte Einsatzgebiete eines Unternehmens, wie die Produktionsplanung oder die Finanzbuchhaltung, ausgerichtet sind.

Systemsoftware

Das *Betriebssystem* ist der wichtigste Bestandteil der Systemsoftware. Es überwacht und steuert die Abwicklung von Anwendungssoftware auf der Hardware.

Die Vergangenheit war dadurch gekennzeichnet, dass jeder Hardwarehersteller sein eigenes, d.h. *proprietäres,* Betriebssystem besass. Eine Portabilität der Anwendungssoftware eines Unternehmens auf die Hardware eines anderen Herstellers war ausgeschlossen. Inzwischen gibt es umfangreiche Bestrebungen, die Betriebssysteme zu standardisieren, um einen Herstellerwechsel zu erleichtern. Im Bereich der PCs ist "MS-DOS" ein Standardprodukt, im Bereich der Minirechner und in Zukunft auch bei den Grossrechnern, nimmt "UNIX" eine vergleichbare Position ein.

Weitere Bestandteile der Systemsoftware sind *Datenbankmanagementsysteme,* wie ORACLE oder DB2 der IBM, die zur Verwaltung von Datenbeständen notwendig sind, sowie *Kommunikationssysteme* zur Steuerung der Informationsverarbeitung in Netzwerken.

Softwarearchitekturen

Softwarearchitekturen, wie SAA der IBM oder NAS von DEC, verfolgen die Absicht, die Entwicklung von Anwendungen auf eine gemeinsame Basis zu stellen (vgl. IBM 1988a, Engel 1990, DEC 1990).

Die Softwarearchitektur bestimmt folgende Komponenten:

* Betriebssystem

* Benutzeroberfläche

* Programmiersprachen

* Netzwerke

* Datenbankabfragesprache

In der Vergangenheit haben *herstellerspezifische (proprietäre) Software-architekturen* dominiert. Sie garantierten, dass dieselbe Anwendungssoftware auf den verschiedenen Rechnertypen eines Herstellers läuft.

Immer verbreiteter werden *offene Softwarearchitekturen,* die das Betriebssystem UNIX als Grundlage haben. Offene Systeme ermöglichen, dass auch zwischen Rechnern unterschiedlicher Hersteller Anwendungssoftware ausgetauscht werden kann.

Ziel ist es heute, durch einheitliche Schnittstellen

* die *Portabilität,* d.h. den herstellerunabhängigen Einsatz von Anwendungen

* die *Interoperabilität,* d.h. den freien Austausch von Daten zwischen Anwendungen, die auf verschiedener Hardware laufen

* die *Benutzerfreundlichkeit*

der Anwendungen zu steigern.

2.3. Netzwerke

> Netzwerke sind räumlich verteilte Systeme von Rechner(n), Steuerungseinheit(en) und peripheren Geräten, die durch Datenübertragungseinrichtungen und -wege miteinander verbunden sind (vgl. Hansen 1992).

Wide-Area-Networks (WAN) verbinden Rechner über grössere Entfernungen. Die Übertragungsgeschwindigkeiten liegen zwischen 10 kbit/s* und 2 Mbit/s. Übertragen werden Daten in Form von Text, Sprache, Bild sowie Bewegtbilder.

Das *Telefonnetz* entspricht in seiner Ausdehnung einem WAN. Die Einführung der ISDN-Technologie schafft neue Möglichkeiten, dieses gut ausgebaute Netz für die Übermittlung von Sprache, Daten und Text zu nutzen.

Metropolitan-Area-Networks (MAN) sind auf das Gebiet einer Region, einer Stadt oder eines Unternehmens begrenzt. Ihre Übertragungsgeschwindigkeit beträgt zwischen 34 und 140 Mbit/s.

---

*   Die Leistungsfähigkeit von Netzwerken wird in bit/s gemessen; 1 Bit = eine Informationseinheit; 1 kbit/s bedeutet, dass in einer Sekunde 1024 Bit übertragen werden; eine Textseite benötigt ca. 2000 Bit Speicherplatz; 1 Mbit/s entspricht einer Übertragungsgeschwindigkeit von 1024 kbit/s.

Local-Area-Networks (LAN) verbinden Rechner in einem Umkreis von ca. zehn Kilometern. Sie werden vornehmlich zur Datenübertragung eingesetzt. Die Übertragungsrate schwankt bei Front-End-LANs, die Arbeitsplatzrechner und Abteilungsrechner verbinden, zwischen 1 Mbit/s und 16 Mbit/s. Backbone-LANs verknüpfen mehrere Front-End LANs. Ihre Übertagungsrate liegt zwischen 50 und 100 Mbit/s.

Private Nebenstellenanlagen haben dieselbe Ausdehnung wie LANs. Ihre Übertragungsgeschwindigkeit von 4,8 kbit/s bis zu 64 kbit/s ermöglicht Sprachübertragung (Telefonieren), Datenübertragung, Bildschirmtext und Telefax.

Beispiel 4 beschreibt das weltweite Netzwerk von American Airlines.

Beispiel 4: Netzwerk von American Airlines (vgl. Steinbock 1994)

American Airlines betreibt eines der grössten privaten Netzwerke der Welt. Bild 2.3./1 zeigt seinen Aufbau.

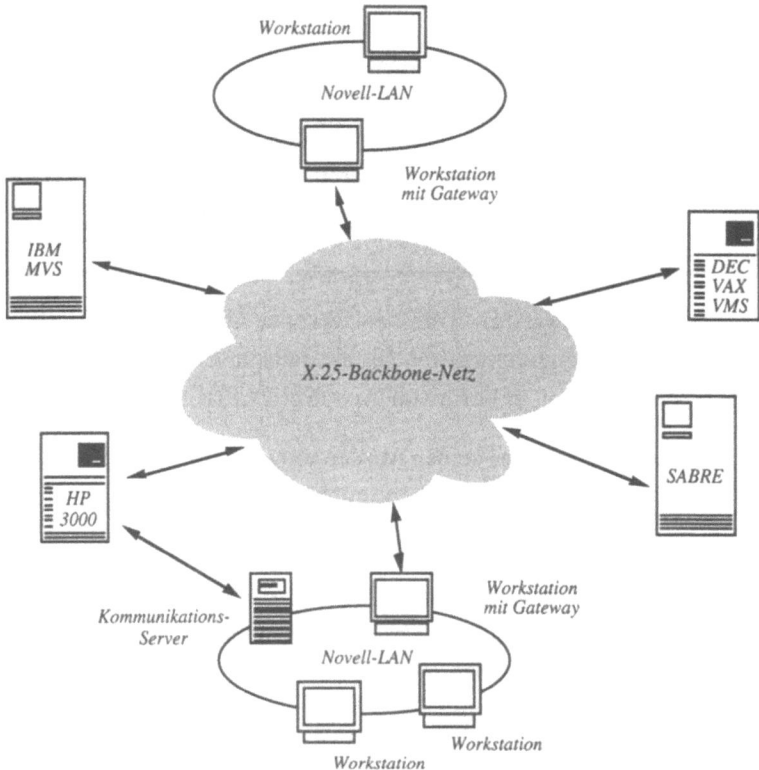

Bild 2.3./1 Netzwerkstruktur von American Airlines

Die Workstations in der Zentrale in Dallas/Fort Worth oder in den Reise-büros sind über lokale Netzwerke miteinander verbunden (Novell-LAN) und greifen über Gateways oder Kommunikationsrechner (HP 3 000) auf das Backbone-Netz zu. Über dieses Netzwerk kann auf das Reservierungssystem SABRE und auf weitere Anwendungen, die auf unterschiedlicher Hardware implementiert sind, zugegriffen werden.

2.4. Ebenen der Informationsverarbeitung

Die Informationsverarbeitung in einem Unternehmen lässt sich in vier Ebenen gliedern:

- Informationsverarbeitung am Arbeitsplatz

- arbeitsplatznahe Informationsverarbeitung

- zentrale Informationsverarbeitung

- unternehmensübergreifende Informationsverarbeitung

Informationsverarbeitung am Arbeitsplatz

Der Arbeitsplatz eines Mitarbeiters ist die unterste Ebene der betrieblichen In-formationsverarbeitung.

Die *persönliche Informationsverarbeitung* ist weitgehend unabhängig von der Funktion eines Mitarbeiters im Unternehmen und umfasst Funktionen und Daten, wie Führen des Terminkalenders oder Textverarbeitung.

Die *arbeitsplatzbezogene Informationsverarbeitung* stellt einem Mitarbeiter die Anwendungen zur Verfügung, die er zur Verrichtung der Aufgaben, die ihm gemäss Aufbauorganisation zukommen, benötigt. Es handelt sich zum einen um Anwendungen, die das Unternehmen generell zur Verfügung stellt, wie die Finanzbuchhaltung, zum anderen um Anwendungen, die sich der Mitarbeiter selbst erstellt, wie ein Verzeichnis wichtiger Kunden.

Arbeitsplatznahe Informationsverarbeitung

Die arbeitsplatznahe Informationsverarbeitung umfasst alle Informations-systeme, die sich im unmittelbaren Arbeitsumfeld eines Mitarbeiters, einer Gruppe oder Abteilung befinden. Beispiele für diese Form der Informationsver-arbeitung sind Datenbanken auf dezentralen Rechnern, auf denen Dokumente,

z.B. Sitzungsprotokolle, abgelegt sind und auf welche nur die Mitarbeiter einer
Abteilung Zugriff haben.

Zentrale Informationsverarbeitung

Die zentrale Informationsverarbeitung umfasst die Anwendungen, welche das
Unternehmen allen Mitarbeitern einheitlich zur Verfügung stellt.

Die meisten traditionellen administrativen Systeme der computerunterstützten
Informationsverarbeitung, wie Finanzbuchhaltung oder Personalwesen, sind
zentrale Anwendungen.

Unternehmensübergreifende Informationsverarbeitung

Die unternehmensübergreifende Informationsverarbeitung verbindet ein Unternehmen mit Gruppen, die mit ihm in Verbindung stehen. Bild 2.4./1 zeigt die
Gruppen, die in Singapur an das Tradenet angeschlossen sind (vgl. Beispiel 2).

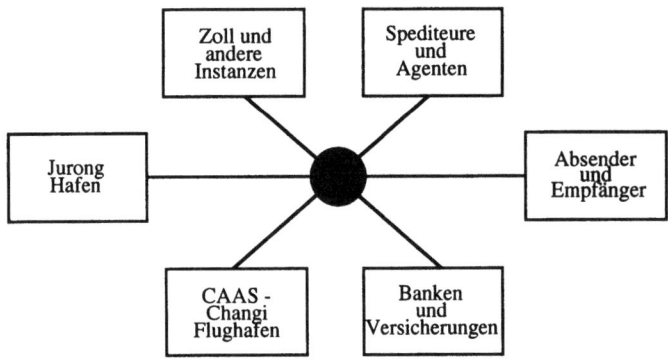

2.4./1 Unternehmensübergreifende Informationsverarbeitung
am Beispiel von Tradenet

Tradenet verbindet alle Gruppen, die im Aussenhandel von Singapur eine Rolle
spielen. Zur Realisierung eines reibungslosen Ablaufes des Handels sind neben
dem Hafen und dem Flughafen auch der Zoll, die Spediteure, Banken und
Versicherungen und, falls notwendig, auch der Absender und Empfänger an die
unternehmensübergreifende Informationsverarbeitung angeschlossen. Die Einbeziehung aller Gruppen gewährleistet, dass die Vorteile der computerunterstützten zwischenbetrieblichen Informationsverarbeitung genutzt werden
können. Bleibt eine Gruppe bei der traditionellen Arbeitsweise mit Papier,
kommt es zu einem "Flaschenhals", der das Funktionieren des gesamten Systems
gefährdet.

Eine andere Form der unternehmensübergreifenden Informationsverarbeitung existiert, wenn zwei Unternehmen ihre Logistiksysteme oder Produktionsplanungssysteme aufeinander abstimmen, um mit ihren Produkten schneller auf den Markt zu kommen.

2.5.   Zusammenfassung

• Die IT-Infrastruktur eines Unternehmens setzt sich aus der Hardware, der Software und den Netzwerken zusammen.

• Die Hardware lässt sich in die Zentraleinheit (Prozessor und Hauptspeicher) und die Peripherie (Speicher, Eingabe- und Ausgabegeräte) gliedern.

• Die Software umfasst Anwendungs- und Systemprogramme. Die Anwendungssoftware kann als Standardsoftware erworben oder in Eigenentwicklung erstellt werden.

• Die Netzwerke lassen sich je nach Ausdehnung und Leistungsfähigkeit in "Wide-Area-Networks", "Metropolitan-Area-Networks" und "Local-Area-Networks" strukturieren.

• Die IT-Infrastruktur eines Unternehmens besteht aus der Informationsverarbeitung am Arbeitsplatz, der arbeitsplatznahen Verarbeitung, der zentralen und der unternehmensübergreifenden Informationsverarbeitung.

3. Informationssystem und sein Entwicklungspotential

3.1. Struktur des betrieblichen Informationssystems

Das computerunterstützte betriebliche Informationssystem lässt sich mit Hilfe von *Anwendungstypen* beschreiben[*] (vgl. Österle 1991, Steinbock 1994).

> Anwendungstypen fassen Anwendungen mit gleichen Eigenschaften zusammen.

So werden beispielsweise Anwendungen, wie Personalwesen, Buchhaltung und Kostenrechnung, zu dem Anwendungstyp "Verwaltung" zusammengefasst. Anwendungen, die sich mit der Bewältigung der persönlichen Informationsverarbeitung beschäftigen, werden unter dem Anwendungstyp "Office" geführt.

Wir gliedern die betrieblichen Anwendungen unabhängig von ihrer informationstechnischen Implementierung in acht Anwendungstypen:

- Verwaltung

- Führung

- Office

- Kommunikation und Koordination

- Know-how

- Prozesssteuerung

- Entwurf

- Präsentation

---

[*] Die Ausführungen in diesem Kapitel, vor allem zu den zukünftigen Potentialen der Informationstechnik, basieren auf Arbeiten von Dr. H.-J. Steinbock im Rahmen des Forschungsprogramms IM2000 am Institut für Wirtschaftschaftsinformatik an der Hochschule St. Gallen. Für weiterführende Informationen siehe (Steinbock 1994).

Wir werden in diesem Kapitel jeden dieser Anwendungstypen definieren und mit Hilfe eines Beispiels und seiner Funktionen beschreiben. Anschliessend gehen wir auf Möglichkeiten seiner Weiterentwicklung ein (vgl. Straub/ Wetherbe 1989, Weizer e.a. 1991, Mertens e.a. 1991, Benjamin/Blunt 1993, Scheer 1994).

3.2. Verwaltung

> Verwaltungssysteme unterstützen und/oder übernehmen die betrieblichen Verwaltungsfunktionen, wie Kontierung, Buchung und Reservierung (vgl. Österle 1991).

Computerunterstützte Verwaltungssysteme haben in der Vergangenheit einen entscheidenden Beitrag geleistet, repetitive Vorgänge in der betrieblichen Verwaltung kosteneffizienter zu gestalten. Heute sind viele Abteilungen und Bereiche der Verwaltung ohne computerunterstützte Anwendungen nicht mehr in der Lage, ihr grosses Aufgabenvolumen in der geforderten Qualität zu bewältigen.

Viele Informationen liegen dank computerunterstützter Verwaltungssysteme mit einer Genauigkeit und in einer Geschwindigkeit vor, die früher kaum denkbar war. Moderne Konzepte der Betriebswirtschaftslehre und der Unternehmensführung, wie Just-in-Time, sind erst durch Einsatz computerunterstützter Anwendungen möglich geworden.

3.2.1. Beispiel

Bild 3.2.1./1 zeigt eine Maske des Softwarepaketes R/3 der SAP für eine Anwendung im Autozubehör-Grosshandel (vgl. SAP 1993).

Die Bildschirmmaske enthält in der oberen Hälfte neben den Feldern zur Bedienung der Standardsoftware, wie "Verkaufsbeleg" oder "Kopf", auftragsspezifische Angaben, beispielsweise den Auftraggeber und die Bestellnummer.

Im unteren Teil sind die einzelnen Positionen des Auftrags aufgeführt. Position 10 enthält die Bestellung von vier Felgen 70x98, die durch die Materialnummer 181781 eindeutig gekennzeichnet sind.

Das Beispiel zeigt, dass Verwaltungssysteme stark.strukturiert sind. Umfangreiche Texte und graphische Informationen kommen nur selten vor.

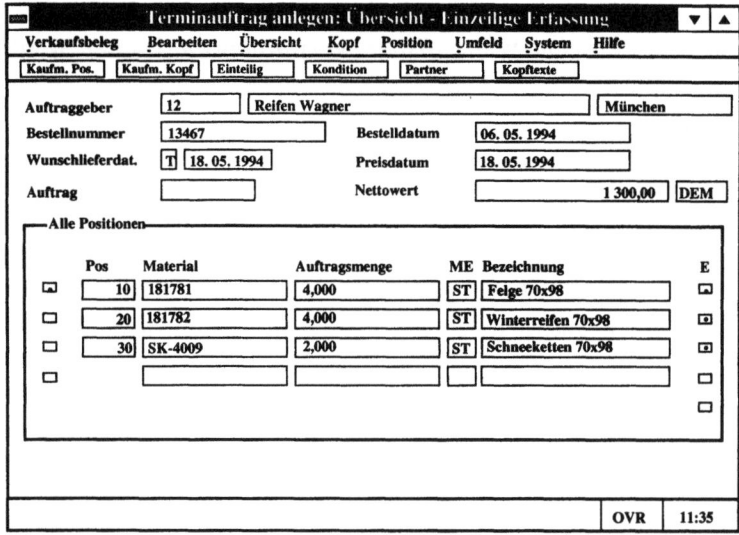

Bild 3.2.1./1 Maske "Terminauftrag anlegen: Übersicht - einzeilige Erfassung"

3.2.2.   Funktionaler Umfang

Bild 3.2.2./1 zeigt mögliche Funktionen des Verwaltungssystems eines Industrieunternehmens auf einer hohen Abstraktionsebene.

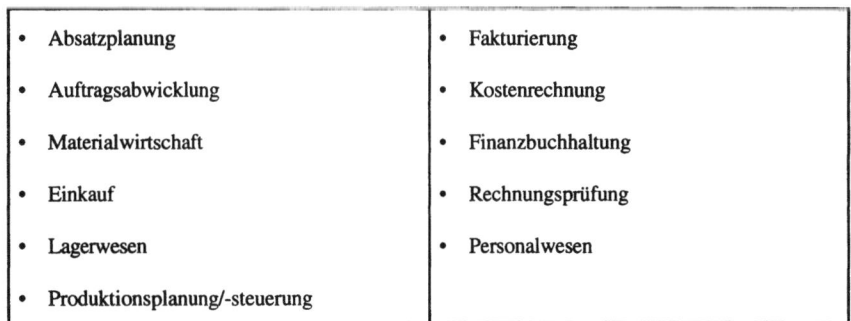

• Absatzplanung	• Fakturierung
• Auftragsabwicklung	• Kostenrechnung
• Materialwirtschaft	• Finanzbuchhaltung
• Einkauf	• Rechnungsprüfung
• Lagerwesen	• Personalwesen
• Produktionsplanung/-steuerung	

Bild 3.2.2./1 Funktionen eines Verwaltungssystems

Es lassen sich allgemeine, branchen- und unternehmensspezifische Aus-prägungen von Verwaltungssystemen unterscheiden. Die *allgemeinen Funktionen* decken Bereiche, wie die Finanzbuchhaltung oder das Personal-wesen, ab. *Branchenspezifische Funktionen* beziehen sich beispielsweise auf die Absatzplanung, die in einem Unternehmen aus der Investitionsgüterindustrie anders abläuft als in einem Konsumgüterunternehmen. Banken oder Ver-

sicherungen haben andere Verwaltungsfunktionen als ein Hotel oder eine
Schreinerei. *Unternehmensspezifische Verwaltungsfunktionen* werden stark
durch die innerbetrieblichen Gegebenheiten des Unternehmens beeinflusst.

3.2.3.   Entwicklungspotential

Down-Sizing der IT-Infrastruktur

Verwaltungssysteme laufen in vielen Unternehmen auf zentralen Grossrechnern.
In Zukunft werden Unternehmen die Grossrechner durch viele miteinander ver-
netzte Minicomputer und Workstations am Arbeitsplatz ablösen (Down-Sizing).
Dabei werden die Aufgaben zwischen den verschiedenen Verarbeitungsebenen
verteilt: Die arbeitsplatznahen oder zentralen Rechner übernehmen die Verar-
beitungs- und Datenhaltungsaufgaben. Die Präsentation und die Dialog-
steuerung erfolgen durch die Computer am Arbeitsplatz.

Abkehr von proprietären Lösungen

Die Verwaltungssysteme vieler Unternehmen sind auf die Rechner eines einzigen Herstellers ausgerichtet (proprietäre Lösungen). In vielen Fällen handelt es
sich um Softwarearchitekturen grosser Anbieter, wie IBM, DEC oder Siemens.
Standardisierte Betriebssysteme, wie UNIX, werden in Zukunft die Voraussetzung schaffen, Anwendungen einfacher vom Rechner eines Herstellers auf
den eines anderen zu portieren.

Image-Processing

Image-Processing ermöglicht zusätzlich zu strukturierten Daten und Text,
Graphiken und Bilder im Rahmen der betrieblichen Informationsverarbeitung zu
verarbeiten. Die Grundfunktionen umfassen das Einlesen der Dokumente
(Scannen), ihre Speicherung sowie ihre inhaltliche Erschliessung und Verarbeitung. Wichtige Begleitinformationen eines Geschäftsvorfalls, wie Bilder
von einem Schaden in der Versicherungsbranche, können zusammen mit den
Kundendaten elektronisch gespeichert und abgerufen werden.

Workflow-Software

Einfache *Workflow-Software* organisiert das Verteilen und Weiterleiten von
Dokumenten anhand zuvor definierter Abläufe. In einer Versicherung wird eine
Schadenmeldung automatisch an den zuständigen Mitarbeiter weitergeleitet.
Weiterführende Systeme ermöglichen eine flexible Ablaufsteuerung. Die Work-

flow-Software stellt sicher, dass in einer Versicherung alle für eine Schadenmeldung erforderlichen Stellen durchlaufen werden. Voraussetzung ist ein auf
Regeln und Variablen basierender Ablaufmechanismus. So können organisatorische Engpässe umgangen oder Prozesse parallel ausgeführt werden (FileNet
1992).

Workflow-Software besitzt gegenüber starr strukturierten Verwaltungssystemen den Vorteil, dass sie an organisatorische Änderungen flexibel angepasst werden kann und in bestehende Anwendungen integrierbar ist. Sie besitzt
damit das Potential, zukünftig einen Grossteil der Steuerungsaufgaben im
Verwaltungssystem zu übernehmen.

Wachsender Einsatz standardisierter Elemente

Für die meisten Unternehmen ist es heute wirtschaftlicher, ein computerunterstütztes Verwaltungssystem zu kaufen, als selbst zu entwickeln. Ein Beispiel
verdeutlicht die Grösenordnung der Einsparungen: Die gesamte Standardsoft-
warefamilie R/3 der SAP kostet für einen kleinen Mittelbetrieb mit 40 Systeman-
schlüssen ca. DEM 300 000. Dies entspricht den verrechneten Kosten von 2
Mannjahren eines Anwendungsentwicklers. Innerhalb dieses Zeitraumes kann
ein Unternehmen nicht einmal eines der vielen Module von R/3 entwickeln.

Eine neue Generation von Standardprodukten entsteht in Form von *Templates*
(vgl. Österle/Sanche 1994, Kusenberg 1992, IBM 1992). Templates sind Beschreibungen der Informationsverarbeitung eines Unternehmens, aus denen
spezielle computerunterstützte Hilfsmittel die Anwendungssoftware erzeugen.
Sie erlauben es, dass die Benutzer in Zusammenarbeit mit den Mitarbeitern der
EDV/Org-Abteilung die Beschreibung des Informationssystems ändern und die
Programme automatisch generieren.

Zwischenbetriebliche Verwaltungssysteme

Verwaltungssysteme werden immer mehr Funktionen für die zwischenbetriebliche Informationsverarbeitung enthalten. Beispiel 2 zeigt, wie Tradenet alle
Gruppen, die am Aussenhandel von Singapur beteiligt sind, elektronisch verknüpft. Der Umfang der unternehmensübergreifenden Zusammenarbeit erstreckt sich vom Datenaustausch mit Lieferanten und Kunden bis hin zur
Abwicklung komplexer Markttransaktionen durch "elektronische Märkte", wie
an elektronischen Börsen (vgl. Schmid 1993, Cash/Konsynski 1985, Benjamin
e.a. 1990). Elektronische Märkte führen zu neuen Unternehmens- und

Branchenstrukturen, indem Absatzmittler ausgeschaltet oder bislang isolierte
Märkte verbunden werden.

3.3.   Führung

> Führungsinformationssysteme unterstützen die Führungsprozesse in
> Unternehmen auf allen Managementstufen und über alle Funktional-
> bereiche eines Unternehmens hinweg (vgl. Österle 1991).

Anwendungen des Typs "Führung" bauen auf den Verwaltungssystemen auf.
Viele Daten des Führungsinformationssytems entstehen durch Aggregration aus
der Datenbank der Verwaltungssysteme (vgl. Mertens/Griese 1991). So werden
in vielen Unternehmen die Daten der Finanzbuchhaltung und des betrieblichen
Rechnungswesens in den monatlichen oder quartalsbezogenen Umsatz- oder
Deckungsbeitragsstatistiken aggregiert.

Traditionelle Führungsinformationssysteme werden auf zentralen Grossrechnern
betrieben. Sie sind durch *mangelnde Flexibiliät* gekennzeichnet. Jeden Monat
werden dieselben Auswertungen vorgenommen. Anpassungen des Informa-
tionsbedarfs erfolgen über aufwendige Programmänderungen. Dies führt dazu,
dass sich viele Führungskräfte dezentral zu den bestehenden Führungsinformationssystemen auf dem PC ein eigenes System erstellen bzw. durch
Mitarbeiter der EDV/Org-Abteilung erstellen lassen und mit selbst erfassten
Daten betreiben. Die Doppelerfassung von Daten führt u.U. zu Widersprüchen
mit Auswertungen aus den "zentralen" Führungsinformationssystemen.

Die heute auf dem Markt befindlichen Führungsinformationssysteme konzentrieren sich fast ausschliesslich auf monetäre Unternehmensgrößen. Informationen, die direkt dem Realprozess entnommen sind, wie Durchlaufzeiten oder
Qualitätsinformationen, sowie qualitative Informationen werden vernachlässigt.

3.3.1.   Beispiel

Bild 3.3.1./1 zeigt eine Bildschirmmaske aus dem Führungsinformationssystem
eines Industrieunternehmens, das auf der Grundlage der Software SAS erstellt
wurde (vgl. SAS Institute 1991).

Die Bildschirmmaske dieses Führungsinformationssystems ist graphisch aufgebaut. Die vier "Anzeigeinstrumente" repräsentieren die vier wichtigsten Erfolgsfaktoren des Unternehmens und geben Auskunft, inwieweit die erfolgs-

kritischen Grenzwerte erreicht wurden. Instrument 1 gibt einen Überblick der Umsatzentwicklung des Unternehmens. Instrument 2 gibt Auskunft über den Deckungsbeitrag. Das dritte Anzeigeinstrument zeigt die Qualität der Produktion. Das vierte Instrument beinhaltet eine externe Grösse, den Marktanteil des Unternehmens. Die Felder am unteren Rand des Bildschirms erlauben den Abruf von Detailinformationen in graphischer und tabellarischer Darstellung ("Drill-down"). Diese Daten stammen aus den Anwendungen der Verwaltungssysteme.

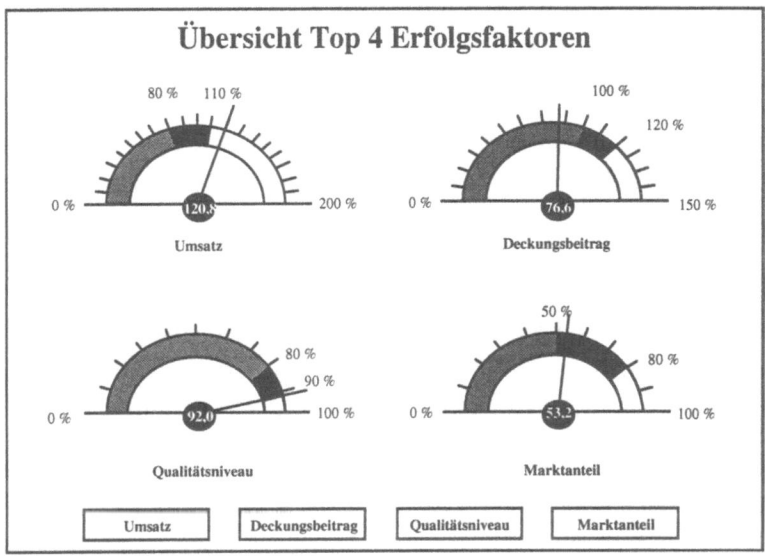

Bild 3.3.1./1 Übersicht der TOP 4 Erfolgsfaktoren

3.3.2. Funktionaler Umfang

Führungsinformationssysteme unterstützen die Funktionen des Führungskreislaufs:

- Planung, d.h. Aggregation von Basisdaten, Suche nach Alternativen sowie Sammlung von Daten zur Bewertung der Alternativen mit dem Ziel der Entscheidungsfindung

- Umsetzung, d.h. Bereitstellung von Informationen zur Vorbereitung und Unterstützung umzusetzender Massnahmen

- Kontrolle, d.h. Darstellung von Abweichungen zwischen dem Ist und Soll, um Massnahmen zur Zielerreichung anzustossen

3.3.3.   Entwicklungspotential

Information-Warehouse-Systeme

Grosse Teile der Datenbestände, die in Unternehmen vorhanden sind, werden nicht unternehmerisch genutzt. Unterschiedliche Datenformate und inkompatible Rechner verhindern, dass die vorhandenen Informationen zur Unterstützung der Führung herangezogen werden.

Information-Warehouse-Systeme schaffen die Voraussetzungen für einen universellen Datenzugriff auf alle betrieblichen Datenbestände. Jede Anwendung kann auf jede Datenbank unabhängig von der zugrundeliegenden Hard- und Softwarearchitektur und dem Speicherort zugreifen (vgl. IBM 1991).

Das Konzept des Information-Warehouse beschränkt sich nicht auf interne Datenbestände, sondern berücksichtigt auch externe Informationsquellen, wie Online-Datenbanken.

Executive-Information-Systeme

Executive-Information-Systeme sind mächtige Softwarewerkzeuge, die eine an den Bedürfnissen der Führungskräfte ausgerichtete Entwicklung von Führungsinformationssystemen unterstützen (vgl. Rockart/de Long 1988).

Die Einsatzmöglichkeiten der traditionellen Führungsinformationssysteme beschränkten sich auf das starre Generieren von Berichten in Papierform. Executive-Information-Systeme bieten dem Management einen direkten, computergestützten Zugang zu führungsrelevanten Daten und ermöglichen eine flexible Bearbeitung der Informationen durch die Endbenutzer (vgl. Steinbock 1994).

Die Funktionalität der Executive-Information-Systeme variiert beträchtlich und reicht von Tabellenkalkulationsprogrammen, wie Excel von Microsoft, mit Schnittstellen zur Datenextraktion bis hin zu umfangreichen Softwarepaketen zur Entwicklung von Führungsinformationssystemen, wie Commander von Comshare (vgl. Niemeier/Koll 1992) .

3.4.   Office

> Officesysteme unterstützen allgemeine betriebliche Funktionen, wie Textverarbeitung, Terminverwaltung oder interpersonelle Kommunikation. Sie bilden in ihrer Kombination die weitgehend arbeitsplatzunabhängige Ausstattung des Büros mit elektronischen Hilfsmitteln (vgl. Österle 1991, Steinbock 1994).

Anwendungen des Typs Office sind durch einen *schwachen Strukturierungsgrad* der zu verarbeitenden Daten gekennzeichnet. Im Vordergrund stehen Text und Graphiken. Formatierte Daten, wie sie in Verwaltungssystemen verwendet werden, spielen nur eine untergeordnete Rolle.

Officesysteme dienen in vielen Fällen dem "Selbstmanagement". Im Vordergrund stehen die persönlichen Informations- und Verarbeitungsbedürfnisse einzelner Personen. Textverarbeitungs-, Datenbank- und Tabellenkalkulationsprogramme gehören zur Standardausrüstung.

Heute ist ein grosser Teil der Arbeitsplätze in Unternehmen und öffentlichen Verwaltungen mit PCs und Verbindungen zu einem Drucker ausgerüstet. Stand am Anfang die Automatisierung der Sekretariatsarbeit im Vordergrund, sind es heute immer mehr Fachkräfte und Spezialisten, die in ihrer täglichen Arbeit Office-Anwendungen benutzen.

3.4.1. Beispiel

Bild 3.4.1./1 zeigt eine Maske aus WordPerfect Office zur Terminverwaltung (vgl. WordPerfect 1992).

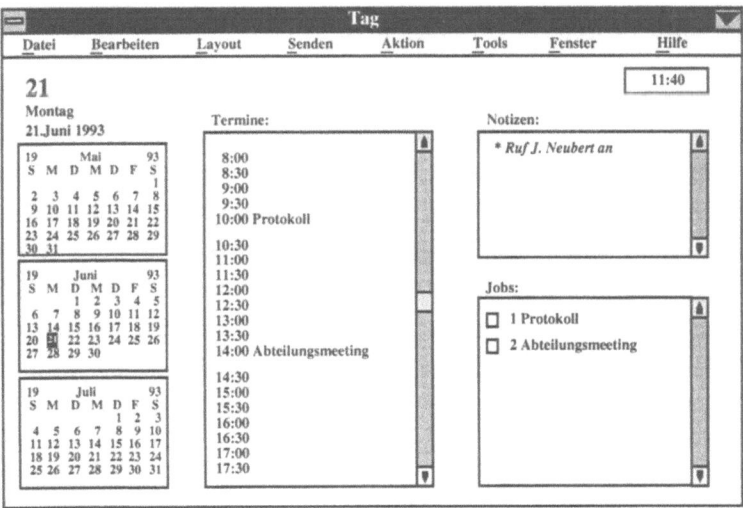

Bild 3.4.1./1 Terminverwaltung in WordPerfect Office

Dieses Terminverwaltungssystem bietet im linken Teil einen kalendarischen Überblick über den laufenden, den letzten und den nächsten Monat. In der mittleren Spalte werden die Termine eines Tages eingetragen. Die beiden Felder im rechten Teil bieten die Möglichkeit, kurze persönliche Notizen oder Aufgaben, die zu erledigen sind, einzutragen. Dieser persönliche Kalender kann in ein Netzwerk eingebunden werden, so daß Mitarbeiter auf ihn zugreifen können, wenn beispielsweise gemeinsame Sitzungen zu planen sind.

3.4.2. Funktionaler Umfang

Officesysteme unterstützen vor allem folgende Funktionen:

- Dokumentenverarbeitung, z.B. durch Textverarbeitungssysteme

- Datenverwaltung, z.B. persönliche Adressen und Termine

- Analysen, z.B. mit Tabellenkalkulationsprogrammen

Standardsoftwareprodukte, wie Microsoft-Office, enthalten zusätzlich Software für die elektronische Kommunikation (electronic mail). Sie gehören bei der von uns gewählten Gliederung des betrieblichen Informationssystems zu dem Anwendungstyp "Kommunikation und Koordination" (vgl. 3.5.).

3.4.3. Entwicklungspotential

Einsatz von Client-Server-Architekturen

Client-Server-Architekturen erlauben es, dass die Daten einer Gruppe von Mitarbeitern, z.B. einer Abteilung, auf einem Rechner des Netzes, dem "Server", ablegt und von den Rechnern der Benutzer, den "Clients", über das lokale Netz abgerufen und bearbeitet werden. Auch die Anwendungen, die auf den zentralen Grossrechnern laufen, können über das Netzwerk des Unternehmens aufgerufen werden. Der Benutzer greift auf die im Netz verteilten Anwendungen über eine einzige, graphische Benutzeroberfläche zu, ohne zu wissen, wo die Anwendungen und Daten physisch abgelegt sind und welche spezifische Software zur Interpretation der Daten notwendig ist (vgl. Steinbock 1994).

Standardisierung

Standardisierung der elektronischen Office-Dokumente ist die Grundlage für die Bearbeitung eines Dokuments mit verschiedener Textverarbeitungssoftware auf unterschiedlicher Hardware. Der ISO-Standard* "ODA/ODIF" (Open Docu-

---

*   ISO= International Organization for Standardisation (Normungsbehörde)

ment Architecture/Open Document Interchange Format) ermöglicht einen einfacheren Austausch von Verbunddokumenten, die über Text hinaus auch Informationen in Form von Graphik, Bild und Sprache enthalten können (vgl. Schlupp 1992).

Mobile Office

Ein "Mobile Office" stellt unabhängig vom geographischen Standort die Funktionen eines Office-Systems zur Verfügung (vgl. Steinbock 1994).

Ein Beispiel für diese Entwicklung sind Geräte, wie der 1993 als sogenannter Personal Digital Assistant (PDA) auf den Markt gekommene Newton von Apple. Der Newton ist 19 x 9 cm klein. Eingaben erfolgen direkt mit einem Stift über den 15 x 7 cm grossen Bildschirm. Die erste Version des Newton ist auf Notizen, einfache Korrespondenz und grundlegende Selbstmanagementfunktionen, wie Adressbuch und Kalender, ausgerichtet. Weitere Beispiele für die Hardware ortsunabhängiger Büros sind Laptops, Notebooks und Mobiltelefone.

3.5. Kommunikation und Koordination

> Anwendungen des Typs "Kommunikation und Koordination" unterstützen den Informationsaustausch zwischen den Mitarbeitern des Unternehmens sowie mit der Umwelt. Sie erleichtern Arbeitsprozesse, an denen mehrere Personen beteiligt sind, indem sie die Verwendung gemeinsamer Informationsbestände unterstützen.

3.5.1. Beispiel

Bild 3.5.1./1 zeigt einen Ausschnitt aus dem Angebot elektronischer Foren aus dem weltweiten Kommunikationsnetz "Internet". Die authentische Maske enthält Informationen zur Musikgruppe "Pink Floyd".

Zu den in Bild 3.5.1./1 aufgeführten Interessensgebieten existieren feinstrukturierte Gruppen, in denen Mitteilungen zum Thema eines Forums abgelegt werden können. Innerhalb einer solchen Gruppe können Nachrichten eingebracht oder auch andere Beiträge in Form einer Erwiderung aufgegriffen werden. So beinhaltet die Nachricht "How does Gilmour make the guitar whine like that" einen Beitrag von Internet-Teilnehmern zu der "Gitarrentechnik" von David Gilmour.

```
┌─────────────────────────────────────────────────────────────────┐
│ □ ▬▬▬▬▬▬▬▬▬▬▬▬▬▬  orion 1  ▬▬▬▬▬▬▬▬▬▬▬▬▬▬  ⊡ │ ⇧
│                                                                   │ ≡
│   Newsgroup: alt.music.pink-floyd    Articles:236of770 189/2885   │
│   NEW*NO*UPDATE*                                                   │
│                                                                   │
│                                                                   │
│   a  Arto Huuhilo          29    >>How does Gilmour make the guitar│
│                                  whine like that?                 │
│   b  Patrick MARA           7    Any Aussies out there?           │
│   c  Andrew Savory         14    >Latest Album..                  │
│   d  Scott E Cantor        26    Tidbits about the new album      │
│   e  THE BUFFALOCHIP       34    Tonite let´s all make love in London│
│   f  Noah Cole             15    > New Haven Show???              │
│   g  Zachary                1    -                                │
│   h  Zachary                5    -                                │
│   i  S. EAMES              12    >sex and DSOTM                   │
│   j  Caballero              2    Floyd in San Diego?              │
│   k  Fournier Patrick      24    >Jeff Beck on TDB?               │
│   l  Khwala H Ehsan        32    Looking for Madison ticket.      │
│   m  Yawar Murad            8    FTP from mtv.com                 │
│   n  Mike                  20    Madison seating                 │
│                                                                   │
│   --14:33 -- SELECT -- help:? -----97%-----<level2>--             │
│                                                                   │ ⇩
│ ⇦ ▓                                                          ⇨ ▣ │
└─────────────────────────────────────────────────────────────────┘
```

Bild 3.5.1./1 Elektronisches Forum aus dem Internet über Pink Floyd

3.5.2.   Funktionaler Umfang

Kommunikations- und Koordinationssysteme unterstützen folgende Funktionen:

- bilateraler synchroner* Austausch von Informationen, z.B. durch Telefone

- bilateraler, asynchroner** Austausch von Informationen, z.B. durch Electronic-Mail oder Telefax

- multilateraler, synchroner Austausch von Informationen, z.B. durch Videokonferenzen

- multilateraler, asynchroner Austausch von Informationen, indem beispielsweise mittels eines "Bulletin-Board-System" Dokumente auf einem Rechner einer Gruppe von Personen zur Verfügung gestellt werden

---

* Synchrone Kommunikation = Sender und Empfänger einer Nachricht sind gleichzeitig an beiden Enden der Leitung aktiv.

** Asynchrone Kommunikation = Der Empfänger kann die Nachricht zu einem späteren Zeitpunkt in Empfang nehmen.

3.5.3. Entwicklungspotential

Standardisierung

Die Kommunikationsinfrastruktur vieler Unternehmen ist noch durch hersteller-spezifische Netzwerkarchitekturen, wie Systems Network Architecture (SNA) von IBM oder Digital Network Architecture (DNA) von DEC, geprägt.

Das *OSI-Referenzmodell* ist die Basis für die Entwicklung international anerkannter Kommunikationsstandards. Es gestattet Unternehmen, herstellerunabhängig elektronisch zu kommunizieren. So hat die Schweizerische Bankgesellschaft bereits vor einigen Jahren weltweit den herstellerunabhängigen Standard X.400 als internen Standard für das Electronic-Mailing übernommen. Durch die Benutzung dieses Standards können dezentrale Einheiten unabhängig von der Unternehmenszentrale ihre Kommunikationsmöglichkeiten aufbauen und die Kommunikation innerhalb der Bank gewährleisten.

Integrated Services Digital Network (ISDN)

ISDN verbindet unterschiedliche öffentliche und private Sprach- und Datenkommunikationsdienste, wie Telefon, Telex und Telefax. Neben der integrierten Bereitstellung verschiedener Dienste in einem einzigen Netzwerk wirkt sich ISDN in einer schnelleren Informationsübermittlung sowie in neuen und verbesserten Dienstleistungen aus (vgl. Rosenbrock 1992).

Durch ISDN können neue Anwendungen, wie Bildtelefone und Desktop-Videoconferencing, für private Haushalte und Unternehmen erschlossen werden.

Breitband-ISDN

Mit der Realisierung von *Breitband-ISDN* (B-ISDN) werden die Übertragungsmöglichkeiten in öffentlichen Netzen erhöht. Übertragungsgeschwindigkeiten von ca. 150 Mbit/s werden möglich. B-ISDN bildet die Grundlage für den Austausch von Bildern in höchster Qualität und von Bewegtbild. Die "Data High-way-Initiative" in den USA (vgl. NII 1993) und ein vergleichbares Projekt in Japan haben das Ziel, länderweite Kommunikationsinfrastrukturen mit sehr hohen Übertragungsraten zur Verfügung zu stellen.

Virtual-Private-Networks

Virtual-Private-Networks (VPNs) statten eine geschlossene Gruppe von Benutzern eines öffentlichen oder privaten Telefonnetzwerks mit Funktionen und

Diensten aus, die bisher lokalen Nebenstellenanlagen vorbehalten waren (vgl. Darabi/Howard-Healy 1992). Dazu zählen Kurzwahl, Anrufweiterschaltung, Wahlwiederholung, detaillierte Gebührenabrechnung und Netzwerkmanagement (vgl. Steinbock 1994). Die unterschiedlichen Standorte eines Unternehmens werden über das Telefonnetz in Form eines virtuellen Netzes verknüpft.

Während VPNs in den USA bereits seit Mitte der 80er Jahre eingeführt sind und eine breite Akzeptanz aufweisen, stellen sie für Europa eine relativ neue Entwicklung dar. VPNs sind in vielen Ländern im Entstehen. France Telecom, British Telecom und die DBP Telekom arbeiten am Ausbau ihrer VPN-Dienste.

Groupware-Systeme

Groupware-Systeme basieren auf Systemen, die primär den Informationsaustausch zwischen zwei Personen unterstützen (bilaterale Kommunikation). Sie wurden zu Systemen weiterentwickelt, welche die Interaktionen zwischen den Mitgliedern einer Gruppe unterstützen (multilaterale Kommunikation). Ziele sind die Verbesserung des Informationsaustausches sowie der Zusammenarbeit und der Abstimmungsvorgänge bei der Abwicklung von Geschäftsprozessen. Groupware-Systeme werden eingesetzt, um

• die Kommunikation zwischen Gruppenmitgliedern zu erleichtern

• den Zugriff auf gemeinsame Informationsobjekte, z.B. Datenbanken, zu vereinfachen

• den Ablauf von Geschäftsprozessen zu steuern.

Die Bandbreite der Systeme, die heute unter dem Bezeichner "Groupware-Systeme" zusammengefasst werden, reicht von einfachen Electronic-Mail-Anwendungen bis zu aufwendigen Work-Flow-Systemen (vgl. 3.2.3).

3.6.   Know-how

> Know-how-Systeme stellen Informationen in Form konkreter Problemlösungsvorschläge (Expertensysteme), in Form von Schulungsinhalten, in Form von Informationen über bereits gelöste ähnliche Fragestellungen in einem Unternehmen oder in Form von situativ zu interpretierenden Informationen (externe Informationsbanken) zur Verfügung (vgl. Österle 1991, Steinbock 1994).

Know-how-Anwendungen speichern Wissen und Erfahrungen eines Unternehmens und stellen diese einem grösseren Nutzerkreis zur Verfügung.

3.6.1.   Beispiel

Bild 3.6.1./1 zeigt eine Bildschirmmaske einer Know-how-Anwendung (vgl. Eigner e.a. 1991).

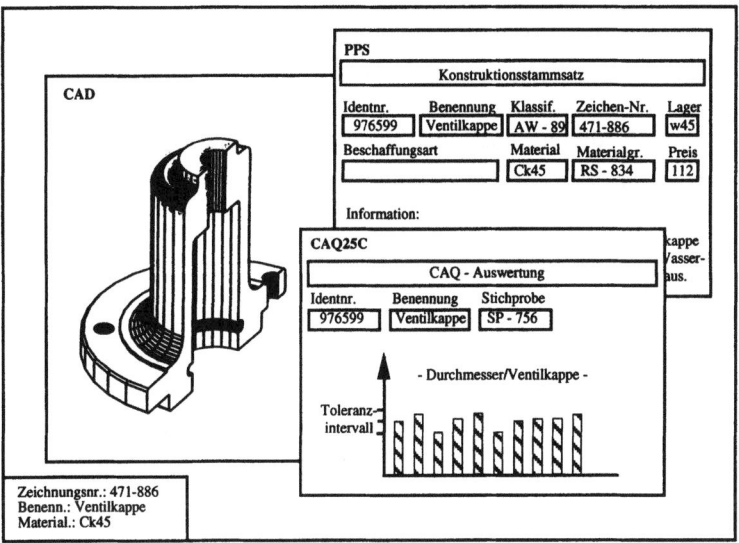

Bild 3.6.1./1 Know-how-Anwendung (vgl. Eigner e.a. 1991)

Ein Arbeitsplatz - wie in Bild 3.6.1./1 dargestellt - verknüpft Informationen aus verschiedenen Anwendungen, die im Know-how-System abgelegt sind. In unserem Beispiel werden Daten zu einer CAD-Zeichnung über die Zeichnungsnummer 471-886 mit Informationen aus der Produktionsplanung und -steuerung (PPS) verknüpft. Mit Hilfe eines Klassifizierungsschlüssels - in unserem Beispiel AW-89 - wird auf Daten der Qualitätssicherung (CAQ) zurückgegriffen. Die Verknüpfung durch die anwendungsübergreifend definierten Referenzschlüssel erlaubt einen Zugriff auf Informationen aus unterschiedlichen Abteilungen. Die Darstellung erfolgt textuell mittels Fliesstext und Tabellen sowie in graphischer Form.

3.6.2.   Funktionaler Umfang

Der Umfang von Know-how-Systemen umfasst folgende Funktionen (vgl. Steinbock 1994):

• Erschliessung von Know-how, z.B. durch das Indizieren von Dokumenten oder das Beschreiben von Bauteilen mit Hilfe von Sachmerkmalleisten* in der technischen Konstruktion

• Zugriff auf Know-how, z.B. durch Suche nach ähnlichen Fällen in der Rechtsprechung in der Volltextdatenbank einer grossen Anwaltskanzlei oder das Recherchieren nach ähnlichen Bauteilen und dem damit verbundenen Konstruktionswissen in einer technischen Datenbank

• Schulung von Know-how, z.B. durch computerunterstützte Lernprogramme

• Beratung, z.B. durch Expertensysteme zur Auswahl des günstigsten Leasing-Angebots beim Erwerb eines Autos

3.6.3.   Entwicklungspotential

Expertensysteme

Expertensysteme repräsentieren Teile des Wissens von Spezialisten und gestatten, dieses Wissen zur Lösung von Problemen heranzuziehen. Sie werden zur Zeit für eng eingegrenzte Bereiche eingesetzt. Haupteinsatzgebiete sind heute Konfigurations-, Beratungs- und Diagnosesysteme.

In Zukunft werden Expertensysteme vermehrt mit anderen Anwendungstypen, z.B. Verwaltungs- oder Entwurfssystemen, kombiniert, um spezielle Aufgaben zu unterstützen. Einsatzgebiete existieren beispielsweise im Bankgeschäft bei der Beurteilung alternativer Finanzierungsformen oder bei der Prüfung der Bonität eines Kunden.

Know-how-Datenbanken

Know-how-Datenbanken sammeln strukturiert Wissen und Erfahrungen über einen Bereich des Unternehmens.

Ein Beispiel für Know-how-Datenbanken stellen Kundeninformationssysteme dar, wie sie in Versandhäusern angelegt werden. Sie speichern neben den Angaben, die zur administrativen Erledigung der Bestellungen benötigt werden,

---

*   Sachmerkmalleiste ist die Zusammenstellung und Anordnung der für eine Gegenstandsgruppe relevanten Sachmerkmale (DIN 4000).

wie Adressen und Kundennummern, Informationen über das Ausgabeverhalten der Kunden.

Das Konzept der *Engineering Database* hat das Ziel, eine gemeinsame Datenbasis unter einem einheitlichen Datenbankmanagementsystem aufzubauen, die den einfachen Zugriff auf geometrische, technische und administrative Produktinformationen erlaubt (vgl. Abeln 1990). Neben der Verwaltung von Produktdaten bieten Engineering Databases zunehmend Hilfsmittel für das Management des Konstruktions- und Entwicklungsprozesses, z.B. Projektmanagement, sowie für Freigabeverfahren und für die Auftragsabwicklung an.

Externe Informationsbanken

Die Benutzung externer Informationsbanken wird sich in den nächsten Jahren vereinfachen. Komfortable und endbenutzerorientierte Abfragesprachen erleichtern den Zugriff. "Knowbots" (= Knowledge Robots) stellen Programme dar, die sich selbständig von einer externen Datenbank zur nächsten bewegen und dabei Informationen zu einem bestimmten Thema suchen. Unabhängig von unterschiedlichen Zugriffsverfahren und Datenformaten selektieren sie die relevanten Informationen und präsentieren diese dem Benutzer in einer allgemeinverständlichen Form (vgl. Rheingold 1994).

Multimediale Datenbanken ermöglichen in Zukunft die Speicherung nicht nur textueller Informationen, sondern auch von Graphiken, Ton sowie Bewegtbildern. So können heute CD-ROMs ca. 600 MB an Informationen speichern. Auf dieser Grundlage bietet z.B. Microsoft mit "MS-Music" eine multimediale Instrumentendatenbank an. Über jedes Musikinstrument sind textuelle Informationen, Tonbeispiele und Bilder enthalten. Die Verbreitung der multimedialen CD-ROM-Datenbanken wird in den nächsten Jahren stark zunehmen.

Computer Assisted Learning

Computer Assisted Learning (CAL) oder Computer Based Training (CBT) bedeutet, dass zur Erreichung von Lernzielen in der Aus- und Weiterbildung die Informationstechnik am Lernort unterstützend eingesetzt wird.

Autorensysteme erleichtern die Produktion computerunterstützter Lernprogramme. Flexibel können in das Lernprogramm Audio- und Videokomponenten eingebunden werden. Die multimediale Ausgestaltung von Lernprogrammen erhöht den Lernerfolg durch den Wechsel der Darstellungsmedien und senkt die notwendige Lerndauer.

3.7.   Prozesssteuerung

> Prozesssteuerungssysteme übernehmen die computergestützte Über-
> wachung und Steuerung technischer Prozesse (vgl. Österle 1991).

Das Haupteinsatzgebiet von Prozesssteuerungssystemen stellt die industrielle
Fertigung dar. Angewendet werden Prozesssteuerungsysteme beispielsweise:

- in der metallverarbeitenden Industrie bei der automatisierten Ausführung von
  Schweissarbeiten

- in der chemischen Industrie zur Steuerung der Prozessparameter Temperatur
  und Zusammensetzung des Prozessgemisches

- in der Elektronikindustrie bei der Montage mikroelektronischer Bauteile

3.7.1.   Beispiel

Bild 3.7.1./1 ist an eine Bildschirmmaske des Prozessleitstandes "FI-2" der Firma
IDS angelehnt (vgl. Scheer 1994).

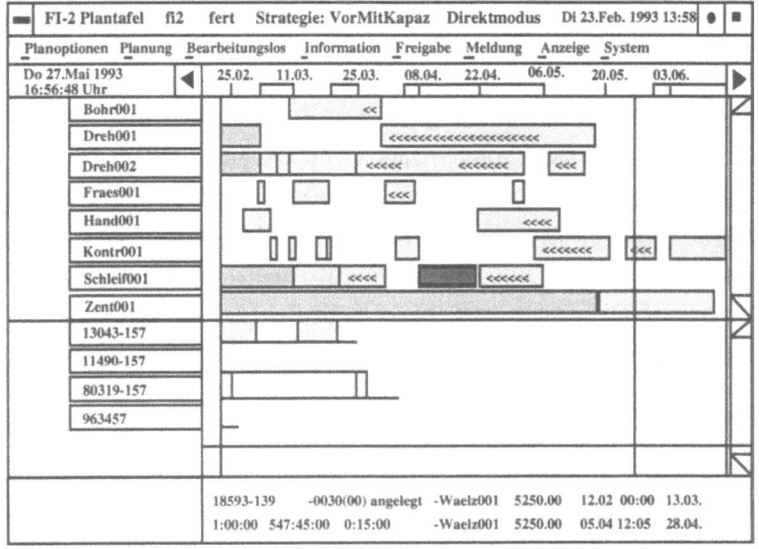

Bild 3.7.1./1 Prozessleitstand

Die Bildschirmmaske ist matrixähnlich aufgebaut. Horizontal sind die einzelnen
Schritte des Fertigungsprozesses aufgetragen, vertikal die Zeitabschnitte. Diese
Art der Darstellung ermöglicht es, mittels Balken in den Matrixfeldern die
Bearbeitungs- und Durchlaufzeiten von Fertigungsschritten sowie Mehrfach-

belegungen von Maschinen anzuzeigen. Bei Mehrfachbelegungen werden die Balken besonders gekennzeichnet, beispielsweise durch eine farbliche Hinterlegung des Balkens, wie es im Bild 3.7.1./1 am 08.04. angedeutet ist.

Das Beispiel zeigt, dass Prozesssteuerungssysteme quantitative Informationen beispielsweise in Form von Terminen, die im direkten Bezug zu Bearbeitungsvorgängen stehen, enthalten.

3.7.2. Funktionaler Umfang

Die Prozesssteuerung kann in zwei Ebenen unterteilt werden: Die Steuerung *einzelner operativer Einheiten*, wie Maschinen, Roboter und mikromechanischer Bauteile, und die *Leitebene*, die einen Verbund operativer Einheiten steuert.

Auf beiden Ebenen lassen sich drei Grundfunktionen unterscheiden (vgl. Steinbock 1994):

- Datenerfassung, d.h. die Erfassung der zur Steuerung und Kontrolle notwendigen Daten

  Auf der Ebene der einzelnen operativen Einheiten, z.B. einzelner Maschinen, werden von der Messtechnik Daten bereitgestellt, die von den Prozessrechnern in Echtzeit zur Steuerung und Kontrolle verarbeitet werden.

  Auf der Leitebene übernimmt die Betriebsdatenerfassung (BDE) die Aufzeichnung und Auswertung von Auftrags-, Material-, Personal- und Maschinendaten, beispielsweise durch die manuelle Eingabe von Auftragsdaten über ein lokales BDE-Terminal oder durch die Erfassung des Arbeitsfortschritts durch Strichcode-Leser.

- Steuerung, d.h. die direkte Steuerung von Prozessen

  Beispiele sind das selbständige Ausführen von Fräsarbeiten durch CNC-Werkzeugmaschinen, das robotergestützte Punktschweissen von Automobilkarosserien oder die Sortierung von Briefen nach dem Zielort mit Hilfe einer intelligenten Mustererkennung.

- Kontrolle, d.h. die Überprüfung der Betriebsmittel

  Die Grundfunktion "Kontrolle" umfasst die Überprüfung der Maschinen, sowie die Sicherung der Qualität der erstellten Produkte.

3.7.3. Entwicklungspotential

Kombination der betriebswirtschaftlichen und technischen Steuerung

Der *elektronische Leitstand* ist ein zentraler Bestandteil moderner Prozesssteuerungssysteme. Er übernimmt sämtliche Steuerungsfunktionen, wie die
Feinterminierung freigegebener Aufträge oder die Reihenfolgeplanung von
Aufträgen (vgl. Abeln 1990). Mit der Übernahme der administrativen
Steuerungsfunktionen für die kurzfristige Fertigungsplanung decken die integrierten Fertigungsleitsysteme einen Aufgabenbereich ab, der bisher von den
zentralen Produktionsplanungs- und -steuerungssystemen (PPS-Systeme), die in
das Verwaltungssystem des Unternehmens integriert sind, nur unbefriedigend
gelöst werden. Die Verschiebung der kurzfristigen Fertigungsplanung und
-steuerung vom zentralen PPS-System auf eine fertigungsnahe Ebene steigert
die Genauigkeit und Flexibilität der Werkstattsteuerung.

Fertigungsnetze

Fertigungsnetze werden Leitrechner, Vor-Ort-Rechner und Steuerungen zu
einem integrierten Prozesssteuerungssystem verbinden und Schnittstellen zum
Verwaltungs- und Entwurfssystem besitzen (vgl. Steinbock 1994). Die Realisierung von Fertigungsnetzen erfordert Standards für den Austausch der Daten zwischen den heterogenen Hardware- und Softwarekomponenten. Eine der
wichtigsten Standards wurde von General Motors in Zusammenarbeit mit vielen
Anwendern und Herstellern unter dem Bezeichner "Manufacturing Automation
Protocol (MAP)" entwickelt.

Intelligente Prozesssteuerungssysteme

Intelligente Prozesssteuerungssysteme rüsten operative Einheiten, z.B. eine
Maschine, mit soviel "Intelligenz" aus, dass sie in ihrer Arbeitsumgebung eigen-
ständig Aufgaben ausführen und flexibel auf Veränderungen der Umwelt
reagieren können.

Wissensbasierte Prozesssteuerungssysteme interpretieren selbständig Ereig-
nisse und Umwelteinflüsse, die über Sensoren oder andere Schnittstellen aufgenommen wurden und kombinieren sie mit gespeichertem Wissen, um Schluss-
folgerungen für konkrete Massnahmen der Prozesssteuerung zu ziehen (vgl.
Steinbock 1994). So kontrollieren intelligente Prozesssteuerungssysteme Ferti-
gungsprozesse in der Industrie und beheben selbständig Fehler, die innerhalb
einer vorgegebenen Toleranzschwelle liegen.

Viele Ist- und Solldaten der Prozesssteuerung, wie Massentoleranzen oder Mischungsverhältnisse, sind mit Unschärfen behaftet. *Fuzzy-Logik-Systeme* berücksichtigen diese Unschärfen und können deshalb flexibler auf unterschiedliche Situationen reagieren.

Ein Beispiel demonstriert ihren Nutzen (vgl. Steinbock 1994): Herkömmliche Klimaanlagen erkennen über den Thermostat nur drei Messzustände: zu heiss, zu kalt oder richtig. Die Klimaanlage arbeitet je nach Messergebnis entweder voll oder gar nicht. Eine mit Fuzzy-Steuerung ausgerüstete Anlage ordnet die gemessene Raumtemperatur der Wunschtemperatur zu. Je näher die Klimaanlage dem tatsächlichen Wert kommt, desto schwächer arbeitet sie. Erhebliche Stromeinsparungen und eine gleichmässige Raumtemperatur sind die Folge.

Mustererkennung wird in Zukunft zu einem wichtigen Teil intelligenter Prozesssteuerungssysteme werden. Einsatz findet sie beispielsweise bei der automatischen Handschriftenerkennung in Briefsortieranlagen, bei der Containererkennung in Häfen, zur automatisierten visuellen Inspektion von Endprodukten oder bei der Erkennung von Werkstücken bei flexiblen Fertigungssystemen (vgl. Steinbock 1994).

3.8. Entwurf

Entwurfssysteme dienen der Entwicklung gedachter oder physischer Objekte, wie Produkte, Fertigungsverfahren, Informationssysteme oder Publikationen (vgl. Österle 1991).

3.8.1. Beispiel

Bild 3.8.1./1 zeigt das Ergebnis einer CAD-Anwendung, die mittels dem CAD-System "Konsys 2000" erstellt wurde (vgl. Strässle 1992).

Das Bild zeigt den Querschnitt einer Ventilkappe eines Schiebers, wie er zur Unterbrechung von Wasserleitungen eingesetzt wird. Mit Hilfe der Volumenmodellierung kann die Ventilkappe gedreht, verschoben, schattiert und geändert werden. Konstruktionsänderungen erfolgen durch Eingabe von Parametern, wie Durchmesser der Ventilkappe. Das Modul Formelemente gestattet die Erstellung einer auf die betriebspezifischen Besonderheiten zugeschnittene Bibliothek von Elementen, die mit jedem erstellten Körper verknüpft werden können. Beispiele für solche Elemente sind häufig auftretende Bohrungen oder häufig verwendete Schrauben.

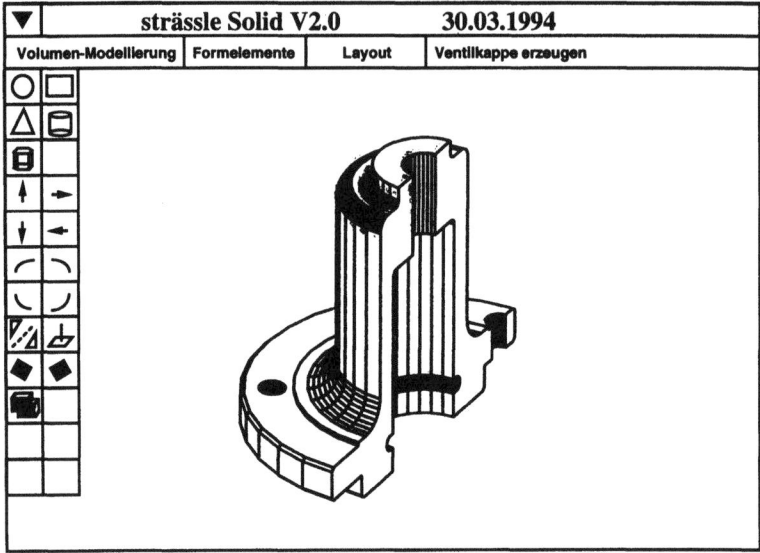

Bild 3.8.1./1 Bildschirmmaske aus einer CAD-Anwendung

3.8.2.   Funktionaler Umfang

Entwurfssysteme besitzen folgende Funktionen (vgl. Steinbock 1994):

• Modellierung, d.h. computerunterstütztes Entwerfen physischer oder gedachter Objekte durch graphische Funktionen oder Verwendung bereits entworfener Teile aus Modulbibliotheken

• Spezifikation, d.h. Ergänzen der Daten, die im Rahmen des Modellierens entstanden sind, um Angaben über zu verwendende Werkstoffe und/oder um fertigungstechnische und administrative Daten, wie Materialkosten und Beschaffungsquellen, zu gewinnen

• Analyse und Simulation, d.h. Vorbereiten von Entscheidungen durch Evaluieren alternativer Lösungen, z.B. durch simulierte Crash-Tests in der Automobilindustrie oder Statikberechnungen von Gebäuden

• Konfiguration, d.h. Anpassen von Produkten, die aus einer grossen Anzahl alternativer Komponenten bestehen oder eine grosse Anzahl von Kombinationen zulassen, an die Kundenbedürfnisse

• Generierung, d.h. Umsetzen der Entwurfsdaten in reale Objekte, z.B. Fräsen von Karosseriemodellen anhand von Programmen, die direkt aus den Geometriedaten eines CAD-Systems erstellt wurden

3.8.3. Entwicklungspotential

Paralleler Einsatz von Workstations und Supercomputern

In Zukunft werden verstärkt Workstations bzw. Workstationnetzwerke rechenintensive Aufgaben der technischen Analyse bzw. Simulation übernehmen, die zuvor von Grossrechnern und Supercomputern ausgeführt wurden. Die steigenden Anforderungen an die Genauigkeit der Berechnungsergebnisse, die Verfeinerung der Modellbildung und das Angehen neuer, bisher aus technischen und wirtschaftlichen Gründen nicht unterstützter Aufgabenbereiche führen gleichzeitig zu einem wachsenden Bedarf an noch leistungsfähigeren Supercomputern (vgl. Steinbock 1994). Zukünftig wird sich eine Vernetzung von Workstations und Supercomputern durchsetzen.

Simultaneous Engineering

Entwurfssysteme konzentrieren sich heute vor allem auf Funktionen, die sich direkt mit dem Entwurfsobjekt beschäftigen, wie Modellierung oder Simulation. *Simultaneous* oder *Concurrent Engineering* stellt die Koordination des Entwurfsprozesses in den Mittelpunkt. Die organisatorische Trennung der am Entwurf beteiligten Stellen wird überwunden und zu einem koordinierten gemeinsamen Entwurfsprozess zusammengeführt (vgl. Abeln 1990). Durch einen Wechsel von sequentieller zu paralleler Ausführung der Entwurfstätigkeiten wird eine erhebliche Reduktion der Entwicklungszeit sowie der Kosten erreicht. Gleichzeitig verbessert der ständige Informationsaustausch zwischen den am Entwurf beteiligten Stellen die Qualität der Entwurfsergebnisse.

Die Einführung leistungsfähiger Wide-Area-Netzworks ermöglicht *Joint Editing*, d.h. die computerunterstützte Arbeit an einem Produkt an verschiedenen Standorten.

Verbesserung der Visualisierung

Fortschrittliche Entwurfssysteme ermöglichen die Darstellung realistischer Bilder (*Rendered Images*) mittels dreidimensionaler CAD-Modelle. Dabei lassen sich einzelnen Teilen der Modelle Eigenschaften von Materialien, beispielsweise Holz oder Metall, zuordnen sowie die Positionen von Lichtquellen vorgeben. Die Inneneinrichtung eines Raumes oder das Aussehen eines neuen Produkts kann auf diese Weise vor der Herstellung fotorealistisch präsentiert werden (vgl. Steinbock 1994).

Eine neue Dimension der Visualisierung wird durch die Möglichkeit der *Interaktion* geschaffen. Der Designer kann seinem Kunden den Entwurf eines neuen Produktes plastisch präsentieren und in direkter Zusammenarbeit mit diesem verschiedene Gestaltungsvarianten durchspielen oder Änderungen vornehmen. Das Entwurfssystem wird um die aktive Dimension der Kommunikation zwischen Anbieter und Kunde erweitert.

Die nächste Stufe der Interaktion mit Entwurfssystemen ist unter dem Begriff *"Virtual Reality"* in Entwicklung. Dem Benutzer wird der Eindruck vermittelt, er befände sich in einem dreidimensionalen Raum. Er interagiert mit Stereodisplayhelm und Datenhandschuh* mit wirklichkeitsnahen, dreidimensionalen Objekten (vgl. Steinbock 1994).

Know-how-Management

Know-how-Management bedeutet, im Rahmen des Entwurfs auf früher erarbeitete Lösungen zurückzugreifen.

Die sogenannte Gruppentechnik hilft, gleiche oder ähnliche Entwurfsgegenstände, wie z. B. Teile, Baugruppen oder Erzeugnisse, mit Hilfe konstruktiver und fertigungstechnischer Merkmale (Sachmerkmale) zu beschreiben. Sie ermöglicht den systematischen Zugriff auf früher erarbeitete Lösungen, z.B. durch Ähnlichkeitsvergleich verschiedener Baugruppen.

Einsatz von Expertensystemen

Expertensysteme entwickeln sich zukünftig zu komfortablen "intelligenten Entwurfs-Assistenten". In CAD-Systeme integrierte Expertensysteme werden beispielsweise (vgl. Mertens/Borkowski/Geis 1990, Steinbock 1994):

*   die Berücksichtigung firmen-, branchen-, kunden- oder produktspezifischer Richtlinien bzw. Normen sicherstellen

*   Konstruktionsfehler erkennen (z. B. Unverträglichkeit von Werkstoffen, Montagehindernisse)

*   Konstruktionsalternativen anbieten und diese z.B. anhand der Kosten bewerten

*   Entwürfe auf ihre Funktionalität testen

---

*   Stereodisplay-Helm = Helm zur Bestimmung der Position und Orientierung der Blickrichtung
    Datenhandschuh = Handschuh zur Übermittlung der Gelenkstellungen der Finger an den Computer

3.9. Präsentation

> Präsentationssysteme veranschaulichen Produkte und Dienstleistungen und beraten die Benutzer bei Entscheidungen und lösen teilweise Verarbeitungsfunktionen aus.

Ein grosser Teil der heute verfügbaren Präsentationssysteme unterstützt die elektronische *Präsentation* von Produkten. Die Darstellung findet in der Regel in multimedialer Form statt. Text und Daten über die Produkte werden um Bilder, Ton und in einigen Fällen bereits durch Videosequenzen ergänzt.

Die Benutzer von Präsentationssystemen können sowohl Mitarbeiter des Unternehmens als auch Kunden, Lieferanten und andere Interessenten sein.

Präsentationssysteme verfügen häufig über einen Touch-Screen als Eingabegerät.

3.9.1. Beispiel

General Motors hat zu Beginn der neunziger Jahre einen elektronischen Katalog entwickelt, mit dessen Hilfe ein Teil des PKW-Sortiments präsentiert wird.

Bild 3.9.1./1 zeigt einen Ausschnitt aus einer Präsentation des GM-Modells "LeSabre".

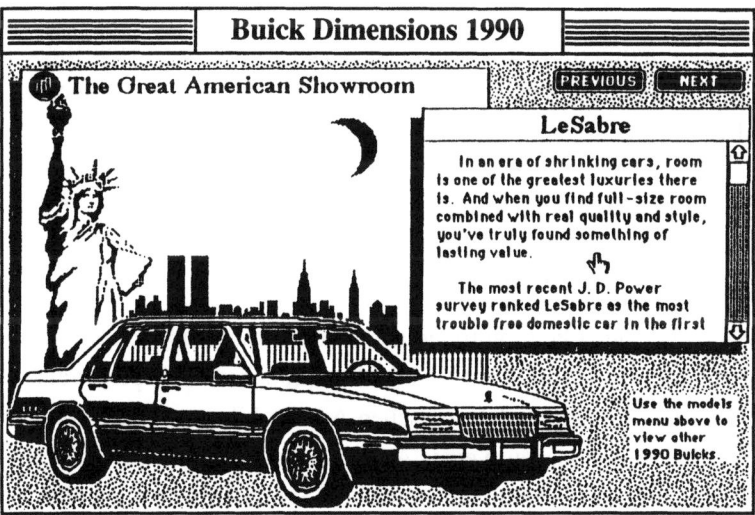

Bild 3.9.1./1 Ausschnitt aus dem Präsentationssystem von General Motors

Bild 3.9.1./1 zeigt die Präsentation des 90er Modells des Buicks "Le Sabre". Mit
Hilfe des Button "Next" können weitere Informationen über dieses Modell
abgerufen werden. Der Katalog enthält Präsentationen der GM-Automobile mit
ihren Eigenschaften und Vergleiche mit Konkurrenten sowie von neuem
Zubehör, beispielsweise einer neuen Diebstahlsicherung. Zur Unterhaltung
enthält er eine Landkarte der USA, in der die Sehenswürdigkeiten eingetragen
sind, sowie ein kleines Spiel.

3.9.2. Funktionaler Umfang

Der funktionale Umfang der Präsentationssysteme umfasst folgende Funktionen
(vgl. Lödel e.a. 1992):

- Präsentationsfunktionen zur Darstellung von Produktprogrammen oder
  Dienstleistungen in Form von Text, Graphik, Bild, Ton und Bewegtbild

- Beratungsfunktionen zur Unterstützung der Auswahlentscheidung des Kunden durch Vergleich mit alternativen Produkten oder zur Berechnung der
  einmaligen oder laufenden Kosten, die aus der Anschaffung eines Produktes
  resultieren

- Verarbeitungsfunktionen zur Weiterbearbeitung, falls ein Auftrag erteilt
  wurde, beispielsweise indem die Auftragsbearbeitung angestossen wird und
  die persönlichen Daten eines Kunden aufgenommen werden

- Unterhaltungsfunktionen, beispielsweise in Form von Trickfilmsequenzen
  und interaktiven Spielen, um das Interesse der Zielgruppe zu wecken oder zu
  erhalten

3.9.3. Entwicklungspotential

Multimediale Ausgestaltung

Die breitere Verfügbarkeit multimedialer Verarbeitungsmöglichkeiten erleichtert
die Einbindung von Ton, Bild und Videosequenzen. Beispielsweise wird es
möglich werden, in einem elektronischen Automobilprospekt kompliziertes Zubehör, wie die Funktionsweise eines Antiblockiersystems, mit Hilfe eines Videos
zu erklären. Preissenkungen bei optischen Speichermedien werden die Verbreitung der Produktkataloge, die einen relativ grossen Speicherbedarf aufweisen, erhöhen.

Verbindung mit Verwaltungssystemen

Die meisten Präsentationssysteme sind heute Insellösungen. In Zukunft werden sie über Schnittstellen mit dem Verwaltungssystem verbunden sein. Aus den Präsentationssystemen heraus können weitere Aktivitäten, z.B. die Auftragsabwicklung, angestossen werden. Beispielsweise hat eine Stadt in Kalifornien ein multimediales Präsentationssystem entwickelt, mit dessen Hilfe die Anträge auf Sozialhilfe ausgefüllt werden. Die am Präsentationssystem ausgefüllten Anträge werden direkt in den internen Bearbeitungsvorgang übernommen (vgl. I/S Analyzer 1991).

Informationskioske

Eine weitere Form der Präsentationssysteme sind sogenannte Informationskioske (Point of Information, POI). Sie werden an Stellen mit hoher Besucherfrequenz aufgestellt werden und rund um die Uhr den Zugriff auf ein breites Spektrum an Informationen, Produkten und Dienstleistungen ermöglichen. Eine schweizerische Grossbank hat bereits in den Automatenbankzonen einiger Niederlassungen ein "Point of Information" eingebaut, an dem sich der Kunde über das gesamte Dienstleistungsangebot der Bank informieren kann (vgl. Fietz 1992).

Teleshopping

Präsentationssysteme entwickeln sich zu Systemen für das "Teleshopping". Mittels eines PCs oder eines Fernsehers kann der Kunde von zu Hause aus auf die Produktkataloge beispielsweise von Versandhäusern zugreifen und die gewünschten Produkte auswählen. Die Systeme werden Interaktionen zwischen den privaten Haushalten und den Anbietern bei Bestellungen, Lieferauskünften oder Problemen ermöglichen.

3.10. Integrierte Informationssysteme

> Integrierte Informationssysteme bestehen aus Anwendungen, die miteinander verknüpft sind (vgl. Heilmann 1989, Mertens 1991).

Es lassen sich verschiedene Formen der Integration unterscheiden:

- Datenintegration
- Funktionsintegration
- Schnittstellenintegration

Datenintegration

> Die Datenintegration verbindet Anwendungen durch die Nutzung gemeinsamer Datenbestände.

Bild 3.10./1. verdeutlicht die Wirkungsweise der Datenintegration:

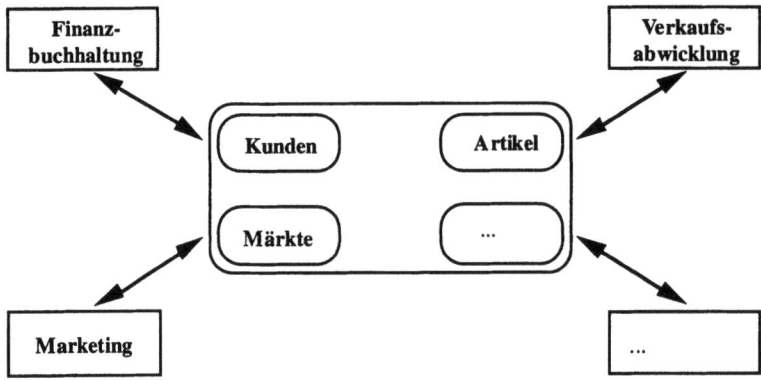

Bild 3.10./1 Datenintegration

Anwendungen, wie das Marketing, die Finanzbuchaltung oder die Verkaufsabwicklung, benötigen Kundeninformationen. In einem datenintegrierten Informationssystem sind die Informationen über einen Kunden nur einmal gespeichert. Alle Anwendungen, die diese Informationen benötigen, greifen auf dieselben Datenbestände zu. Ändern sich Teile der Kundendaten, beispielsweise die Adresse, müssen sie nur einmal geändert werden. Voraussetzung für ein datenintegriertes Informationssystem ist eine anwendungsübergreifende Konzeption der Datenbank, welche die Bedürfnisse aller beteiligten Anwendungen berücksichtigt.

Funktionsintegration

> Die Funktionsintegration verbindet Anwendungen durch die Verwendung derselben Programme innerhalb verschiedener Anwendungen.

In einem Unternehmen beinhalten verschiedene Anwendungen Teile, in denen Änderungen an den Kundenstammdaten vorgenommen werden können. Funktionsintegration bedeutet, dass für alle diese Teile das gleiche Programm verwendet wird. Bild 3.10./2 verdeutlicht die Funktionsintegration.

Bild 3.10./2 Beispiel für Funktionsintegration

So kann die Anwendung "Verkaufsabwicklung" ein Programm beinhalten, das die Kundenstammdaten pflegt. Dasselbe Programm wird in der Anwendung des Finanzwesens benötigt, um Bankverbindungen zu aktualisieren. Ein dritter Bereich, der Bedarf für dieses Programm anmeldet, ist der Versand, der die Versandadresse speichert.

Daten- und funktionsintegrierte Informationssysteme finden sich heute vor allem in den Anwendungstypen "Verwaltung" und "Entwurf".

Schnittstellenintegration

> Die Schnittstellenintegration verbindet Anwendungen durch einheitliche Datenaustauschformate.

Heterogene, unabhängige Systeme tauschen Daten über standardisierte Datenschnittstellen aus. Beispielsweise ermöglicht der *EDIFACT*-Standard*, dass Unternehmen, die eine völlig unterschiedliche IT-Infrastruktur besitzen, in verschiedenen Staaten domiziliert und in völlig verschiedenen Branchen tätig sind, administrative Daten austauschen können.

Stand-Alone-Anwendungen und Insellösungen

Stand-Alone-Anwendungen oder *Insellösungen* sind von anderen Anwendungen eines Unternehmens unabhängig. Sie besitzen alle benötigten Daten und Funktionen und können ohne Berücksichtigung anderer Anwendungen verändert oder gelöscht werden.

---

* EDIFACT = Electronic Data Interchange for Administration, Commerce and Transport

3.11. Arten von Informationssystemen

Jedes Unternehmen besitzt eine eigene Informationsverarbeitung, die auf seine
Bedürfnisse angepasst ist. Die Geschäftsprozesse einer Bank, eines Hotels, eines
Industriebetriebs oder einer Fluggesellschaft unterscheiden sich. In der Praxis
existieren verschiedene Arten von Anwendungen:

- *Unternehmensindividuelle Anwendungen* sind auf die Bedürfnisse eines
  Unternehmens massgeschneidert. Sie decken spezifische Forderungen ab. In
  der Regel entstehen diese Systeme in Eigenentwicklung.

- *Branchenspezifische Anwendungen* entsprechen den Bedürfnissen einer
  Branche. Beispielsweise existieren für die Nahrungsmittel- und Modebranche
  spezielle Absatzplanungsprogramme, welche die saisonalen Schwankungen
  dieser Branchen berücksichtigen.

- *Allgemeine Anwendungen*, wie die Finanzbuchhaltung oder das Personalwesen, können entweder ohne oder nur mit minimalen Veränderungen an die
  Bedürfnisse von Unternehmen aus völlig unterschiedlichen Branchen angepasst werden.

Für fast jede *Branche* existiert heute eine Reihe von Standardsoftware, die es
einem Unternehmen erlaubt, rasch eine stabile Grundlage für die computerunterstützte Informationsverarbeitung aufzubauen. So existieren Branchen-
lösungen für Hotels, Fluggesellschaften, Skischulen und Banken. Die branchenspezifische Software wird um allgemeine Anwendungen ergänzt, damit das
betriebswirtschaftlich notwendige Spektrum an Funktionen einem Unternehmen zur Verfügung steht.

3.12. Zusammenfassung

- Das betriebliche Informationssystem lässt sich durch acht Anwendungstypen
  beschreiben: Verwaltung, Führung, Office, Kommunikation und Koordination, Know-how, Prozesssteuerung, Entwurf und Präsentation.

- Der Anwendungstyp "Verwaltung" steht für die betrieblichen Verwaltungsfunktionen. In Zukunft wird sich die IT-Infrastruktur dieses Anwendungs-
  typs verändern. Image-Processing, Workflow-Software, Standardsoftware
  und zwischenbetriebliche Informationsverarbeitung bieten Möglichkeiten
  der Weiterentwicklung.

- Führungssysteme unterstützen die Managementprozesse des Unternehmens. Möglichkeiten zur Erschliessung aller Daten, die in einem Unternehmen vorhanden sind. Executive-Information-Systeme stellen Potentiale für zukünftige Anwendungen dar.

- Officesysteme beinhalten die arbeitsplatzunabhängige Ausstattung eines Büros oder Arbeitsplatzes. Der Einsatz verteilter Verarbeitung, Standardisierung der Dokumente und Verwendung mobiler Hardware schafft neue Möglichkeiten der Selbstverwaltung.

- Anwendungen des Typs "Kommunikation und Koordination" unterstützen den Informationsaustausch zwischen den Mitarbeitern des Unternehmens sowie mit der Umwelt. Eingesetzt werden die Anwendungen zur Verbesserung von Arbeitsprozessen, an denen mehrere Personen beteiligt sind.

- Der Anwendungstyp "Know-how" stellt Informationen für Problemlösungsprozesse bereit. Expertensysteme, umfassende Know-how-Datenbanken, ein erleichterter Zugriff auf externe Informationsbanken und multimediale Lernprogramme etablieren Know-how-Systeme in den Unternehmen.

- Die Prozesssteuerung steuert und überwacht technische Prozesse. Die Kombination der betriebswirtschaftlichen und technischen Steuerung, die zunehmende Vernetzung in der Produktion und intelligente Prozesssteuerung bilden die Grundlage innovativer Anwendungsideen.

- Entwurfssysteme unterstützen die Entwicklung gedachter oder physischer Objekte. Der parallele Einsatz von Workstations und Supercomputern, verbesserte Möglichkeiten für mehrere Konstrukteure, parallel an demselben Objekt zu arbeiten, und neue Möglichkeiten der Visualisierung können die Grundlage für die weitere Entwicklung der Entwurfssysteme sein.

- Der Anwendungstyp "Präsentation" umfasst Anwendungen, die Produkte und Dienstleistungen veranschaulichen. Dieser noch junge Anwendungstyp wird zunehmend multimediale Möglichkeiten der Informationsverarbeitung nutzen und mit Anwendungen des Typs "Verwaltung" verbunden werden.

- Integrierte Informationssysteme bestehen aus Anwendungen, die miteinander verknüpft sind.

Teil II: Planung

Der zweite Teil dieses Lehrbuches beschäftigt sich mit der Planung im Rahmen des Informationsmanagements. Bild II./1 zeigt, wie die Planung in das Informationsmanagement eingebettet ist, und aus welchen Funktionen sie sich zusammensetzt.

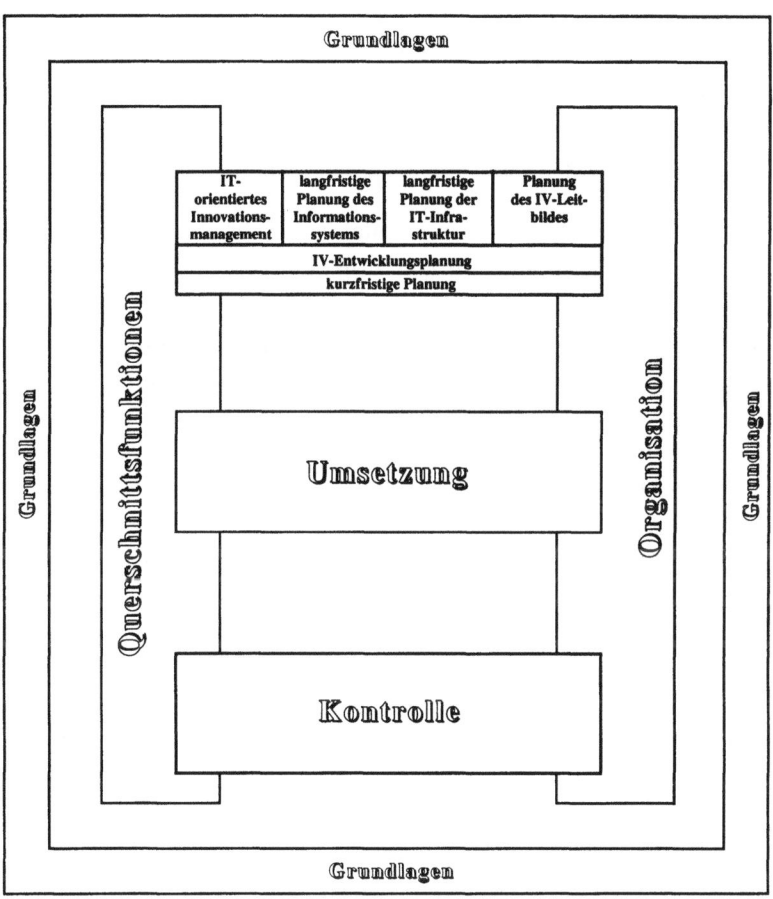

Bild II./1: Planung als Teil des Informationsmanagements

Das *IT-orientierte Innovationsmanagement* entwickelt Ideen zur Weiterentwicklung des Geschäfts eines Unternehmens unter Nutzung der Möglichkeiten der Informationstechnik. Ziel dieser Funktion ist es, systematisch über Innovationspotentiale der Informationstechnik nachzudenken. Ergebnis sind Anwendungsbeschreibungen, die Grundlagen für Projekte sind.

Die *langfristige Planung des Informationssystems* fasst die Anwendungsbeschreibungen aus dem IT-orientierten Innovationsmanagement zusammen
und entwickelt aus ihnen die langfristige Vorstellung, wie das Informationssystem eines Unternehmens in drei bis fünf Jahren aussehen wird. Dieses Kapitel
zeigt, wie die Potentiale der Informationstechnik, die in Kapitel 3. beschrieben
wurden, in betriebliche Lösungen umgesetzt werden.

Die *langfristige Planung der IT-Infrastruktur* schafft die informationstechnischen Voraussetzungen für die Umsetzung der langfristigen Planung des
Informationssystems. Im Vordergrund steht nicht die Nutzung der neuesten
Erkenntnisse der IT, sondern der wirtschaftliche Einsatz der Möglichkeiten, um
die Vorstellungen aus den Anwendungsbeschreibungen umzusetzen.

Die *Planung des IV-Leitbildes* in Kapitel 7. beschreibt, wie sich ein Unternehmen in Übereinstimmung mit den Vorstellungen aus dem IT-orientierten
Innovationsmanagement, der langfristigen Planung des Informationssystems
und der IT-Infrastruktur einen langfristigen Rahmen für eine geplante Weiterentwicklung der computerunterstützten Informationsverarbeitung schafft.

In Übereinstimmung mit der langfristigen Planung des Informationssystems und
der IT-Infrastruktur formuliert die *IV-Entwicklungsplanung* Projektideen. Diese
werden in Form von IV-Anträgen und Machbarkeitsstudien weiter ausgearbeitet. Ziel ist es, einen IV-Entwicklungsplan aufzustellen, der über einen
Zeitraum von drei bis fünf Jahren zeigt, in welcher Reihenfolge und mit welchen
finanziellen und personellen Mitteln die weitere Entwicklung des Informationssystems erfolgt.

Die *kurzfristige Planung* konkretisiert die Vorstellungen aus dem IV-Entwicklungsplan jeweils für ein Jahr als detaillierte Vorgabe für die Umsetzung.

4. IT-orientiertes Innovationsmanagement

4.1. Wesen

> Das IT-orientierte Innovationsmanagement entwickelt systematisch Ideen zur Weiterentwicklung des Geschäfts eines Unternehmens unter Nutzung der Potentiale der Informationstechnik.

Ausgangspunkt für die Entwicklung innovativer Anwendungsideen ist die Kombination der Entwicklungsrichtungen für die Anwendungstypen, die wir im letzten Kapitel beschrieben haben, mit den geschäftlichen Bedürfnissen. Das IT-orientierte Innovationsmanagement strebt nicht an, dass Unternehmensstrategie und Organisation einzig unter IT-orientierten Gesichtspunkten erstellt werden, sondern dass systematisch bei allen Problemen und Lösungsvorschlägen an den Einsatz der Informationstechnik gedacht wird. Beispiel 5 zeigt, wie erfolgreiches IT-orientiertes Innovationsmanagement abläuft.

Beispiel 5: IT-orientiertes Innovationsmanagement

Seit Anfang 1984 hat die Colonia Versicherung ihr Verkaufsinformationssystem wesentlich verbessert. Waren früher viele zeitaufwendige manuelle Zwischenschritte notwendig, so erfassen die Aussendienstmitarbeiter die Kundendaten aus Verkaufsgesprächen mittels PCs und übertragen sie aus dem Büro oder von unterwegs zur zentralen Datenbank nach Köln. Durch eine systematische und kundenorientierte Auswertung steht dem Aussendienst und den Führungskräften eine stets aktuelle Informationsbasis zur Verfügung. Konnte vorher auf Kundenwünsche nur mit allgemeinen Standardangeboten reagiert werden, so werden heute individuelle Versicherungslücken oder veraltete Versicherungsleistungen identifiziert. Sowohl ein Ausdruck spezieller Angebote als auch die genaue Analyse der Kundenbeziehung vor Ort wird damit möglich und sichert Wettbewerbsvorteile auf dem umkämpften Versicherungsmarkt. Insbesondere die Geschwindigkeit, mit der Produkte an den Kunden herangetragen werden können, z.B. bei Erwerb einer Immobilie, ermöglicht einen Vorsprung gegenüber den Wettbewerbern (vgl. Kotler/Bliemel 1992).

Viele betriebliche Innovationen entstehen zufällig. Oberstes Ziel der Methoden des IT-orientierten Innovationsmanagements ist es, *systematisch* nach Nutzungsmöglichkeiten der Informationstechnik zu suchen.

IT-orientiertes Innovationsmanagement ist keine Aufgabe, die einmal im Jahr zu einem bestimmten Zeitpunkt von einem Projektteam durchgeführt wird oder für die es einen speziellen Personenkreis gibt. Es handelt sich um eine Aufgabe, die in das Pflichtenheft aller Führungskräfte des Fachbereichs gehört und kontinuierlich ausgeübt wird.

Das IT-orientierte Innovationsmanagement ist Teil des gesamtbetrieblichen Innovationsprozesses. Es würde den Rahmen dieses Buches sprengen, wenn wir auf das betriebliche Innovationsmanagement in seiner Breite eingehen würden. Wir beschränken uns auf den Teil des Innovationsmanagements, der die Erkennung der Potentiale der Informationstechnik und die Umsetzung in betriebliche Lösungen zum Gegenstand hat.

Das IT-orientierten Innovationsmanagements gliedert sich in folgende Funktionen:

- Analyse des Geschäfts

- Suche nach neuen Anwendungsideen

- Dokumentation der Anwendungsideen

4.2.   Analyse des Geschäfts

Ausgangspunkt für neue Anwendungsideen für die Informationstechnik in einem Unternehmen ist eine Auseinandersetzung mit dem aktuellen Geschäft und dessen zukünftiger Entwicklung.

Die Praxis zeigt, dass es sechs Elemente sind, die den Ausgangspunkt für die Entwicklung neuer geschäftsorientierter Ideen für den Einsatz der Informationstechnik bilden können (vgl. 1.5.1.):

- Umwelt

- Erfolgsfaktoren

- Geschäftsstrategien

- Unternehmensstruktur

- Geschäftsprozesse

- Führungskonzept

Die Analyse des Geschäfts ist *zukunftsorientiert*. Die Mitarbeiter eines Unternehmens versuchen, Vorstellungen zu entwickeln, wie sich die Umwelt in den nächsten *drei bis fünf Jahren* entwickeln wird, welche Erfolgsfaktoren langfristig entscheidend sind, welche Geschäftsstrategien und Strukturen langfristig im Unternehmen notwendig sind, wie die Geschäftsprozesse aussehen sollten und wie das Unternehmen unter den neuen Bedingungen geführt werden muss.

Analyse der Umwelt

Analyse der Umwelt bedeutet, dass ein Unternehmen versucht, durch Workshops, Expertenbefragungen, Besuch von Messen oder Lektüre von Publikationen sich ein Bild über die Entwicklung der Umwelt zu machen.

Im Mittelpunkt steht das Erkennen von "weak signals", d.h. im Moment kaum erkennbaren Veränderungen der Umwelt, die Chancen oder Gefahren für ein Unternehmen sein können (vgl. Ansoff 1975). So fragen sich heute viele Unternehmen bei der Analyse der ökonomischen Umwelt, welche Chancen ihnen Absatzmärkte in Asien bieten oder welche Konsequenzen aus der weiteren Entwicklung im ehemaligen Ostblock resultieren. Die Liberalisierung des Flugreisemarktes in Beispiel 1 ist durch eine Veränderung des Rechtssystems (soziale Umwelt) ausgelöst worden. Je früher ein Unternehmen eine Entwicklung der Umwelt erkennt, um so schneller kann es von den Veränderungen profitieren.

Die ökonomische Analyse der Umwelt kann in eine allgemeine Analyse, eine Analyse der Absatz- und Beschaffungsmärkte und eine Branchenanalyse gegliedert werden.

Analyse der Erfolgsfaktoren

Die Analyse der Erfolgsfaktoren verfolgt das Ziel, die Erfolgsfaktoren eines Unternehmens zu ermitteln und soweit zu operationalisieren, dass Entscheidungen der Unternehmensführung und des Informationsmanagements an ihnen ausgerichtet werden können.

Sämtliche Entscheidungen in einem Unternehmen sollten auf die Stärkung der Erfolgsfaktoren ausgerichtet sein. Eine erfolgreiche Verwendung der Erfolgsfaktoren für Entscheidungen - beispielsweise im IT-orientierten Innovationsmanagement - verlangt, dass sie durch im Unternehmen bekannte Grössen konkretisiert werden. Bild 4.2./1 zeigt am Beispiel des Erfolgsfaktors "Geschwindigkeit", wie dieser weiter verfeinert werden kann (vgl. Stalk/Hout 1990).

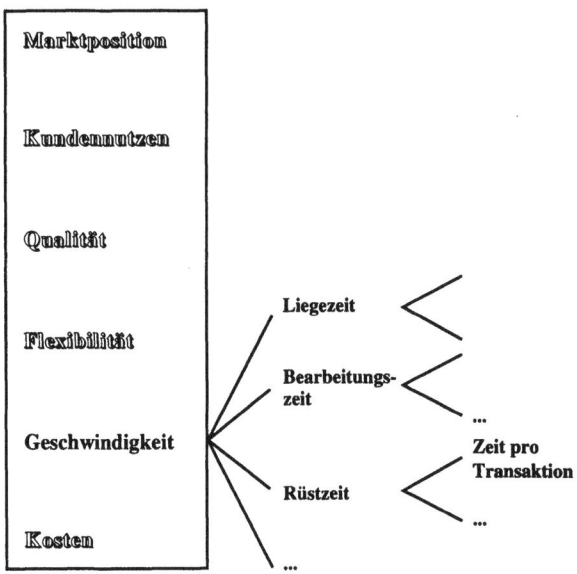

Bild 4.2./1 Verfeinerung des Erfolgsfaktors "Geschwindigkeit"

Die Erfolgsfaktoren sind dem Unternehmen extern - beispielsweise von Kunden
und Wettbewerbern - vorgegeben. Sie sollten allen Führungskräften eines
Unternehmens bekannt sein. Ist dies nicht der Fall, lohnt es sich, Interviews mit
den Führungskräften und Workshops auf Geschäftsleitungsebene durchzuführen, um die Erfolgsfaktoren des Unternehmens zu ermitteln (vgl.
Martin/Leben 1989).

Die Erfolgsfaktoren eines Unternehmens können dabei aus denen der Branche
abgeleitet werden. Die Erfolgsfaktoren einer Geschäftseinheit lassen sich aus
denen des gesamten Unternehmens deduzieren.

Analyse der Geschäftsstrategien

> Die Analyse der Geschäftsstrategie beschäftigt sich mit den lang-
> fristigen Vorstellungen von Produkten und Märkten des Unter-
> nehmens.

Die grundsätzlichen strategischen Optionen eines Unternehmens lassen sich mit
Hilfe der "Ansoff-Matrix" generieren (vgl. Ansoff 1966). Bild 4.2./2 zeigt die
vier grundsätzlichen strategischen Vorgehensweisen.

Die strategische Unternehmensplanung basiert auf einer Analyse der Umwelt
sowie der Stärken und Schwächen des Unternehmens (vgl. Hinterhuber 1992).

Die Analyse der Geschäftsstrategie sollte klären, in welchem der vier Felder dieser Matrix sich das ganze Unternehmen oder - in dezentralen Unternehmen - eine Geschäftseinheit positionieren will.

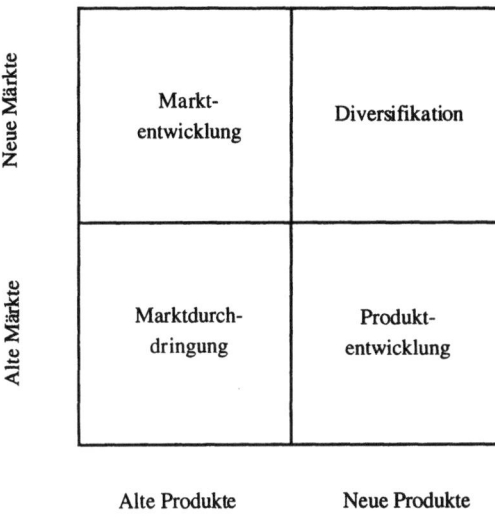

Bild 4.2./2 Ansoff-Matrix

Die Kenntnis der zukünftigen Geschäftsstrategie ist eine wichtige Voraussetzung für die langfristige Planung der Informationsverarbeitung. In Anbetracht der mehrjährigen Entwicklungsdauer der Anwendungen wird nur bei Vorhandensein klarer Vorgaben erreicht werden, dass die Anwendungen zum richtigen Zeitpunkt verfügbar sind.

Analyse der Unternehmensstruktur

Im Rahmen der Analyse der Unternehmensstruktur überlegt die Leitung eines Unternehmens, ob Gründe vorhanden sind, die bestehenden Strukturen zu verändern.

Veränderungen der Unternehmensstruktur können grosse Bedeutung für das Informationsmanagement haben: Dezentralisiert beispielsweise ein Unternehmen seine Struktur und führt Gewinnverantwortung für die Geschäftsbereiche ein, muss das computerunterstützte Informationssystem für jeden dieser dezentralen Bereiche eigenständige Führungsinformationen liefern. Für die Gesamtleitung muss es konsolidierte Führungsinformationen zur Verfügung stellen.

Analyse der Geschäftsprozesse

> Die Analyse der Geschäftsprozesse geht von den Ergebnissen der
> Umweltanalyse sowie der Analyse der Geschäftsstrategie aus und
> konzipiert die zukünftigen Abläufe.

TOP-Mapping ist eine Methode, die von der DEC entwickelt wurde, um die
Geschäftsprozesse von Unternehmen unabhängig von ihrer informationstech-
nischen Unterstützung zu analysieren (vgl. von Eiff 1991, Bischof/Gübelin/von
Aachenbach 1992). Mit Hilfe von Symbolen, wie Inseln für organisatorische
Einheiten, Brücken und Strassen für Informationswege sowie Kurven und
Sümpfe für informationsflusshemmende Verbindungen, werden die Informa-
tionsbeziehungen eines Unternehmens dargestellt (vgl. 4.2./3).

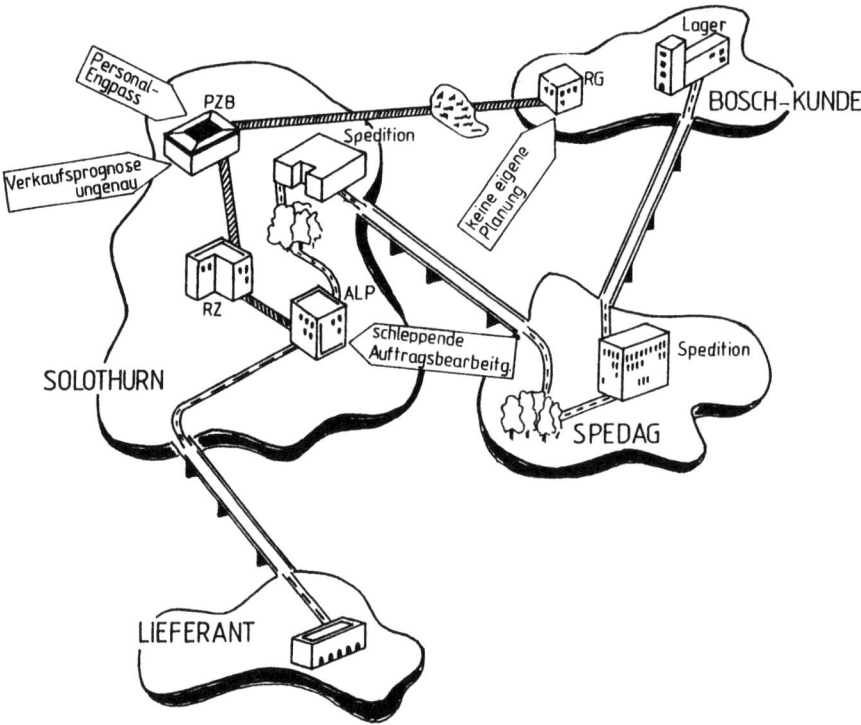

Bild 4.2./3 Analyse einer Auftragsabwicklung mit TOP-Mapping (Ausschnitt)

Das Bild zeigt den Ist-Geschäftsprozess "Auftragsabwicklung" eines Industrieunternehmens. Vom Standort "Solothurn" ausgehend werden Kunden, Lieferanten und eine Spedition (Spedag) in die Betrachtungen einbezogen. Die
Pfeile deuten auf Schwierigkeiten im Ist-Geschäftsprozess hin.

TOP-Mapping ist eine teamorientierte Methode. Das Vorgehen basiert auf Gruppenarbeiten. Schriftliche Dokumente werden nur als Gedächtnisstützen erstellt. Die Methode führt zu einem gemeinsamen Verständnis der Probleme, da die Betroffenen eingebunden werden. Sie lässt sich ohne grossen Lernaufwand anwenden.

Analyse des Führungskonzepts

> Die Analyse des Führungskonzepts identifiziert die aktuellen Führungsgrössen und versucht, sich aufgrund der gesamten Beschäftigung mit dem zukünftigen Geschäft ein Bild der Führungsgrössen, die in drei bis fünf Jahren gebraucht werden, zu machen.

Es hat sich in der Praxis als zweckmässig erwiesen, die Führungsgrössen aus den Erfolgsfaktoren abzuleiten.

Traditionelle Führungsgrössenkataloge sind stark auf *finanzwirtschaftliche Grössen*, wie Umsatz, Deckungsbeitrag, Gewinn oder Return on Investment (RoI), ausgerichtet. Die Qualität der Entscheidungen der Führungskräfte wird wesentlich verbessert, wenn zusätzliche *reale Grössen*, d.h. Informationen, die direkt aus einem Geschäftsprozess ermittelt werden, in den Führungsgrössenkatalog aufgenommen werden. Aus der Verfeinerung des Erfolgsfaktors "Geschwindigkeit" in Bild 4.2./1 lassen sich z.B. die Liegezeit, Bearbeitungszeit, oder die Zeit pro Transaktion als reale Führungsgrössen ableiten. Andere reale Führunggrössen sind die Anzahl Fehler pro Hundert Stück oder die Anzahl Reklamationen pro Monat zur Beurteilung der Qualität.

4.3. Suche nach neuen Anwendungsideen

Zentraler Bestandteil des IT-orientierten Innovationsmanagements ist die systematische Suche nach neuen Anwendungsideen. In den vergangenen Jahren ist eine grosse Anzahl an Methoden entstanden, welche diese Aufgabe unterstützen. Wir konzentrieren uns auf sechs von ihnen:

- Analyse der Industriestruktur

- Suche nach neuen Produkten und Geschäftsfeldern

- Suche nach strategischen Informationssystemen

- Business Process Redesign

• Methode des Anwendungsgenerators

• Wiederverwendung von Wissen

Die Methoden stellen Denkprinzipien dar, die aus erfolgreichen Projekten abgeleitet wurden. Es sind keine Rezepte, deren strikte Befolgung innovative Anwendungen hervorbringen müssen. Die sechs Methoden kommen in einem Unternehmen weder sequentiell noch parallel zur Anwendung, sondern je nach Bedarf wird eine oder werden mehrere von ihnen eingesetzt .

Ausgangspunkt für die Entwicklung innovativer Anwendungsideen sind neben der Analyse des Geschäfts die zukünftigen Entwicklungspotentiale der Informationstechnik, wie wir sie in Kapitel 3 für jeden Anwendungstyp dargestellt haben.

4.3.1. Analyse der Industriestruktur

Die Analyse der Industriestruktur untersucht, ob die Position des Unternehmens innerhalb der Branche verbessert werden kann.

Der *Wettbewerb in einer Branche* ist nach Porter durch fünf Faktoren bestimmt (vgl. Porter 1989):

• Bedrohung durch neue Anbieter

• Verhandlungsstärke der Lieferanten

• Verhandlungsstärke der Abnehmer

• Bedrohung durch Ersatzprodukte

• Intensität des Wettbewerbs in einer Branche

Der Einsatz der Informationstechnik kann die Wettbewerbsstruktur verändern. Beispielsweise hat die Einführung von Flugreservierungssystemen, die in Beispiel 1 beschrieben wurden, die Wettbewerbsstruktur in dieser Branche verändert. Unternehmen, die kein Reservierungssystem besassen, hatten nach Beginn der Liberalisierung keine Chance auf dem Markt.

Mit Hilfe gezielter Fragen lässt sich herausfinden, wie durch Einsatz der Informationstechnik Veränderungen der Wettbewerbssituation zugunsten eines Unternehmens in einer Branche vorgenommen werden können (vgl. Porter/Millar 1985):

- Können Informationssysteme helfen, Eintrittsbarrieren aufzubauen?

- Können Informationssysteme "Switching Costs" aufbauen*?

- Kann die Informationstechnik die Grundlage des Wettbewerbs verändern?

- Kann die Informationstechnik das Kräftegleichgewicht in den Beziehungen zu den Lieferanten verändern?

- Können Informationssysteme helfen, neue Produkte zu erzeugen?

Porter/Millar schlagen vor, dass sich diese Analyse nicht nur in den traditionellen Vorstellungen über eine Branche bewegen sollte. Durch Einsatz der Informationstechnik können bestehende Branchengrenzen überwunden werden. So bieten heute Flugreservierungssysteme die Möglichkeit, über Flüge hinaus Hotels und Mietwagen zu reservieren sowie Reiseversicherungen abzuschliessen ("Cross Selling").

4.3.2. Suche nach neuen Produkten und Geschäftsfeldern

Informationstechnik kann bestehende Produkte verbessern, neue Produkte schaffen sowie neue Geschäftsfelder eröffnen.

Eine Verbesserung eines bestehenden Produktes kann durch eine Erhöhung der informationellen Komponente an dem bestehenden Produkt erreicht werden (vgl. Keen 1991, Davis/Davidson 1992). Beispielsweise verknüpft die LONZA ihr Produkt Düngemittel mit einer Analyse von Bodenproben und verbessert somit durch Erhöhung des informationellen Teils den Nutzen des eigentlichen Verkaufsproduktes (vgl. 1.5.1).

Neue Produkte lassen sich durch Ausstattung bestehender Produkte mit Informationstechnik schaffen. Als Beispiel kann die elektronische Toilette aus Abschnitt 1.6. angeführt werden. Ein neues Produkt, das durch Einsatz der Informationstechnik entstanden ist, repräsentiert der "Newton" von Apple.

Fragen helfen, die Suche nach neuen Geschäftsfeldern und Produkten zu systematisieren (vgl. Porter/Millar 1985):

---

* Switching Costs sind die Kosten, die einem Marktteilnehmer entstehen, wenn er den Geschäftspartner wechselt.

- Welche Informationen, die in einem Unternehmen entstehen oder entstehen könnten, können nach aussen verkauft werden?

- Welche Kapazität der Informationsverarbeitung besteht, um ein neues Geschäft beginnen zu können?

- Ermöglicht die Informationstechnik, neue Geschäftsfelder oder Potentiale zu kreieren, die mit den bestehenden Produkten eines Unternehmens verbunden sind?

4.3.3. Suche nach strategischen Informationssystemen

Das Konzept der strategischen Informationssysteme beruht auf der Erkenntnis, dass Informationssysteme Wettbewerbsvorteile für ein Unternehmen schaffen können.

Bei der Firma GTE, einem grossen amerikanischen Telekommunikationsunternehmen, wurde eine Methode entwickelt, welche die Suche nach strategischen Informationssystemen unterstützt (vgl. Rackoff/Wiseman/Ulrich 1985, Wisemann 1985).

Den kreativen Prozess der systematischen Suche nach strategischen Informationssystemen haben die Autoren in sieben Schritte unterteilt:

- Durchführung einer Ausbildungsveranstaltung

- Anwendung des Konzepts der strategischen Informationssysteme

- Analyse der Wettbewerbsposition des Unternehmens

- Suche nach neuen Anwendungsideen

- Diskussion der Ideen für neue strategische Informationssysteme

- Evaluation der Ideen für strategische Informationssysteme

- Detaillierung der SIS-Blockbusters

Durchführung einer Ausbildungsveranstaltung

Erster Schritt ist das Ausbilden der Führungskräfte im Konzept der strategischen Informationssysteme und der strategischen Unternehmensführung (vgl. Porter 1989).

Anwendung des Konzepts der strategischen Informationssysteme

Um das Verständnis für die strategischen Zielgruppen und die strategischen Potentiale zu vertiefen, analysieren die Führungskräfte ca. 30 aktuelle Fälle. Diese Fälle stammen nicht aus dem Unternehmen, sondern aus einem Katalog, der von einem Berater mitgebracht wird. Die Analyse dieser Fälle erhöht das Verständnis für den Charakter und die Bedeutung strategischer Informationssysteme.

Analyse der Wettbewerbsposition des Unternehmens

In diesem Schritt beschäftigen sich die Führungskräfte mit der aktuellen Wettbewerbsposition des Unternehmens. Die Analyse sollte von den Mitarbeitern der Abteilung "Unternehmensplanung" durchgeführt werden und auf Märkte, Produkte, Kunden, Lieferanten, Wettbewerber, Stärken, Schwächen und Strategien eingehen.

Suche nach neuen Anwendungsideen

Für die Analyse der Beziehungen zu den externen Partnern, wie Kunden und Lieferanten, werden Fragebogen entworfen, um nach Potentialen für strategische Informationssysteme zu suchen.

Der *Strategic Option Generator* basiert auf der Vorstellung, dass durch die systematische Kombination strategischer Zielgruppen und strategischer Potentiale Ressourcen freigelegt werden, die durch den Einsatz strategischer Informationssysteme genutzt werden können (vgl. 4.3.3./1).

Unter *strategischen Zielgruppen* werden Gruppen verstanden, die direkten Kontakt zum Unternehmen haben oder aufgrund ihres Produktprogrammes mit dem Unternehmen in Konkurrenz treten. Man unterscheidet Lieferanten, Kunden und Wettbewerber.

Strategische Potentiale, wie Differenzierung, Kosten, Innovation, Wachstum und Allianzen mit anderen Unternehmen, führen zu Wettbewerbsvorteilen. Sie unterstützen die Wettbewerbsstrategie eines Unternehmens.

Die Methode des Strategic Option Generator verlangt, dass für jede strategische Zielgruppe untersucht wird, ob durch den Einsatz der Potentiale der Informationstechnik Möglichkeiten bestehen, ihr strategisches Potential zu verbessern.

Strategische Zielgruppen

	Lieferanten	Kunden	Wettbewerber
Differenzierung			
Kosten			
Innovation			
Wachstum			
Allianzen			

*(Zeilenbeschriftung links: **Strategische Potentiale**)*

Bild 4.3.3./1 Strategic Option Generator

Ergebnis einer derartigen Analyse kann es sein, dass aus der Kombination der Zeile "Allianzen" mit der Spalte "Kunden" die Idee für eine unternehmensübergreifende Anwendung entsteht, bei der die Kunden an das Netzwerk eines Unternehmens angeschlossen werden, um Direktbestellungen möglich zu machen.

Diskussion der Ideen für neue strategische Informationssysteme

Die einzelnen Ideen für strategische Anwendungen, die in den Gruppen erarbeitet wurden, werden im Plenum auf einem Flip-Chart dokumentiert. In der Diskussion werden die Ideen weiter ausgearbeitet und redundante Vorschläge beseitigt.

Evaluation der Ideen für strategische Informationssysteme

Die Anwendungsideen, die in dem vorherigen Schritt erarbeitet wurden, werden in eine Rangfolge gebracht, welche die Reihenfolge ihrer Realisierung bestimmt. Dabei kommen Kriterien wie Grösse des Wettbewerbsvorteils, Kosten für Entwicklung und Installation sowie Machbarkeit und Risiko, den Wettbewerbsvorteil aufrechtzuerhalten, zur Anwendung. Die Ideen, die in erster Linie realisiert werden sollen, repräsentieren die sogenannten "SIS-Blockbusters*".

---

* SIS = Strategic Information System

Detaillierung der SIS-Blockbusters

Im letzten Schritt arbeitet das Team an der weiteren Verfeinerung der Ideen, die in die Kategorie "SIS-Blockbuster" eingeordnet sind. Eingegangen wird auf die einzusetzende Informationstechnik, den Nutzen für die Kunden, die Wettbewerbsvorteile, Verantwortlichkeiten und die Implementierung des Vorschlags.

4.3.4. Business Process Redesign

Ein weiterer Ansatz des IT-orientierten Innovationsmanagements stellt die Verbesserung der Geschäftsprozesse eines Unternehmens durch den Einsatz der Informationstechnik dar (vgl. Drucker 1988, Kaplan/Murdock 1991, Keen 1991, Venkatraman 1991). So hat Corning Ashai Video, ein Produzent von Fernsehröhren, durch Optimierung der Ablauforganisation und durch Einsatz von Informationstechnik die Bearbeitungszeit für die Auftragsabwicklung von 44 auf unter 2 Stunden und die Anzahl der Arbeitsschritte von 230 auf 9 gesenkt (vgl. Freeman 1993).

Business Process Redesign bedeutet mehr als nur Nachdenken über kleine Verbesserungen von Abläufen und den Einsatz der Informationstechnik in Unternehmen. Basis dieser Gestaltungsmethode ist *diskontinuierliches Denken*, das überkommene Regeln und veraltete Annahmen der Geschäftstätigkeit überwindet. Business Process Redesign ist ein Ansatz zur Umstrukturierung der Geschäftsprozesse, der zu *radikalen Verbesserungen* führt (vgl. Hammer 1990).

Hammer beschreibt Business Process Redesign am Beispiel der IBM Credit, einem Tochterunternehmen der IBM, das den Kauf von Computern, Software und Serviceleistungen finanziert. Der zentrale Prozess "Finanzierung eines Objekts" dauerte im Durchschnitt sechs Tage. Nach dem Business Process Redesign wird der Prozess im Normalfall in vier Stunden durchlaufen, ohne dass zusätzliche Mitarbeiter beschäftigt wurden (vgl. Hammer/Champy 1993).

Informationstechnik spielt bei der Umgestaltung von Geschäftsprozessen eine entscheidende Rolle. So steht ein innovatives Computersystem zur Unterstützung des Finanzierungsprozesses im Mittelpunkt des veränderten Prozesses bei der IBM Credit. Es unterstützt die Mitarbeiter bei der Abwicklung ihres Geschäfts (vgl. Hammer/Champy 1993).

Davenport/Short unterscheiden fünf Funktionen, um die Abläufe eines Unternehmens umzugestalten (vgl. Davenport/Short 1990, Davenport 1993):

- Entwickeln einer Geschäftsvision und von Prozesszielen

- Identifizieren der Geschäftsprozesse, die umgestaltet werden sollen

- Verstehen und Messen der Geschäftsprozesse

- Identifizieren von Einsatzmöglichkeiten der Informationstechnik

- Entwickeln und Bauen eines Prototypen

Entwickeln einer Geschäftsvision und von Prozesszielen

Dieser Schritt stellt das Nachdenken über den Einsatz der Informationstechnik in einem Unternehmen auf eine neue Grundlage. Nicht mehr die "Rationalisierung" bestehender Abläufe ist das Ziel, sondern das Entwickeln neuer - manchmal visionärer - Abläufe. In der IBM Credit bestand die Vision darin, einen stark arbeitsteiligen Prozess durch eine Vorgehensweise, bei der ein Mitarbeiter ein Kreditgesuch komplett bearbeitet, zu ersetzen.

Das allgemeine Ziel "Rationalisieren der Verwaltung" für den Einsatz der Informationstechnik operationalisiert das Business Process Redesign durch Zielsetzungen wie Reduktion der Kosten und der Durchlaufzeit, Erhöhen der Produktionsqualität und Motivation der Mitarbeiter ab. Davenport/Short empfehlen, sich vor allem auf die Organisation der Verwaltung zu konzentrieren. Bei der Entwicklung der Vision und der Ziele sollten die Mitarbeiter von den Ergebnissen der Analyse des Geschäfts (vgl. 4.2.) ausgehen. Ein wichtiger Ausgangspunkt eines erfolgreichen Business Process Redesign sind quantitative Zielsetzungen.

Identifizieren der Geschäftsprozesse, die umgestaltet werden sollen

Die Umsetzung der Geschäftsvision würde in vielen Fällen eine Umgestaltung der meisten Geschäftsprozesse eines Unternehmens nach sich ziehen. Aus Kapazitätsgründen ist dies nicht möglich. Eine Selektion ist notwendig. Entweder konzentriert sich das Unternehmen ohne weitere Analysen auf einige Prozesse, von denen man sich Verbesserungen verspricht oder man bewertet - analog der Auswahl der Projektanträge (vgl. 8.) - systematisch alle Prozesse und ordnet sie nach Prioritäten.

Verstehen und Messen der Geschäftsprozesse

Im dritten Schritt beschäftigen sich die Führungskräfte intensiv mit den ausgewählten Prozessen des Unternehmens. Sie werden verbal beschrieben oder es werden Graphiken erstellt, aus denen die einzelnen Teilschritte ersichtlich werden. Bild 4.3.4./1 zeigt den ursprünglichen Geschäftsprozess bei der IBM Credit.

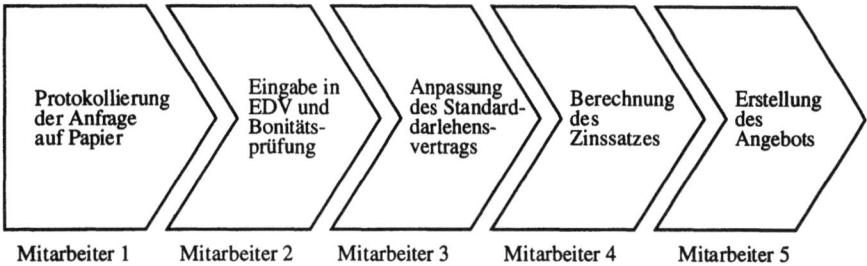

Bild 4.3.4./1 Geschäftsprozess "Finanzierung eines Objekts" bei der IBM Credit

Jeder Prozess, der umgestaltet werden soll, wird "vermessen". Beispielsweise wurde für den Geschäftsprozess der IBM Credit in Bild 4.3.4./1 die Durchlaufzeit insgesamt und für jeden Teilschritt ermittelt. Diese Messungen zeigen Potentiale für Verbesserungen auf und können am Ende des Business Process Redesign zur Beurteilung der Zielerfüllung herangezogen werden.

Identifizieren von Einsatzmöglichkeiten der Informationstechnik

In Schritt 4 identifiziert ein Unternehmen die Potentiale der Informationstechnik, mit denen die Geschäftsprozesse unterstützt werden können. Die Breite der zur Verfügung stehenden Möglichkeiten der Informationstechnik erschwert ein systematisches Vorgehen. Ein Unternehmen kann in einem ersten Teilschritt die Anwendungstypen identifizieren, die in einem Prozess zum Einsatz kommen. In einem zweiten Schritt wird geprüft, ob sich aus den Entwicklungsrichtungen, die wir in Kapitel 3 für jeden Anwendungstyp beschrieben haben, Ideen für neue Anwendungen ergeben.

Hammer empfiehlt, den Einsatz der Informationstechnik nicht aus der Sicht der bisherigen Prozesse anzugehen, sondern mit Hilfe der Informationstechnik zu versuchen, neue Ziele zu erreichen. Seiner Meinung nach kann ein optimaler Einsatz der Informationstechnik nicht deduktiv aus den bisherigen Prozessen abgeleitet werden, sondern muss induktiv gefunden werden, d.h. zuerst muss eine neue innovative Anwendungsidee gefunden werden und dann erst die Probleme, die sie lösen wird (vgl. Hammer/Champy 1993).

Entwickeln und Bauen eines Prototoyps

Im letzten Schritt wird der neue Geschäftsprozess festgelegt. Die zukünftigen
Abläufe werden dokumentiert und die computerunterstützten Anwendungen
werden entwickelt. Computerunterstützte Hilfsmittel, die aus den traditionellen
CASE-Tools (vgl. 18.5.) entstanden sind, unterstützen den Entwurfsprozess.
Ein Test des neuen Prozesses in einer Pilotinstallation hilft, Probleme frühzeitig
zu erkennen. Sie können im weiteren Entwicklungsprozess berücksichtigt
werden.

In der Regel werden die gewünschten Verbesserungen nicht auf einmal erreicht.
Der neue Prozess wird nach seiner Einführung in einem iterativen Verfahren
("continuous improvement") solange verbessert, bis das gewünschte Ziel, z.B.
eine Reduktion der Durchlaufzeit um 20%, erreicht ist.

4.3.5.   Methode des Anwendungsgenerators

Diese Methode von Österle entwickelt Ideen für neue Anwendungen der
Informationstechnik in einem Unternehmen durch eine systematische Kombination von Geschäftsanforderungen mit Potentialen der Informationstechnik
(vgl. Österle 1992).

Zentraler Ansatzpunkt für Innovationen durch Informationstechnik sind die
Beziehungen eines Unternehmens mit seinen Kunden. Durch zwischenbetriebliche Informationssysteme werden die eigenen administrativen Kosten reduziert,
der Kunde stärker an das Unternehmen gebunden und die eigene Verhand-
lungsposition verbessert.

Die Methode geht von der Analyse des Geschäfts eines Unternehmens aus und
ist in drei Schritte gegliedert (vgl. 4.3.5./1).

Identifikation der Geschäftsanforderungen

Im ersten Schritt werden die derzeitigen und zukünftigen Kommunikations-
beziehungen mit den Kunden untersucht (= Geschäftsanforderungen). Eine
Analyse der Kommunikationsbeziehungen von zwei Textilunternehmen (A und
B) kann zu folgenden Verbindungen führen:

- Einkauf A- Verkauf B

- Marktforschung A - Marktforschung B

- Buchhaltung A - Buchhaltung B

Checklisten unterstützen die Suche nach den Beziehungen. Von grosser Wichtigkeit ist es, sich nicht nur auf die naheliegenen Kommunikationsbeziehungen, wie Einkauf A - Verkauf B, zu konzentrieren, sondern auch Beziehungen, die heute nur indirekt bestehen, wie Marktforschung A - Marktforschung B oder Produktionsplanung A - Produktionsplanung B, zu berücksichtigen. Gerade diese Beziehungen bieten Potentiale für Verbesserungen. Eine vertrauensvolle Kommunikation der beiden Marktforschungsabteilungen ermöglicht eine schnellere Erkennung von Trends und der Austausch von Informationen zwischen den Produktionsplanungsabteilungen erhöht die Reaktionsfähigkeit.

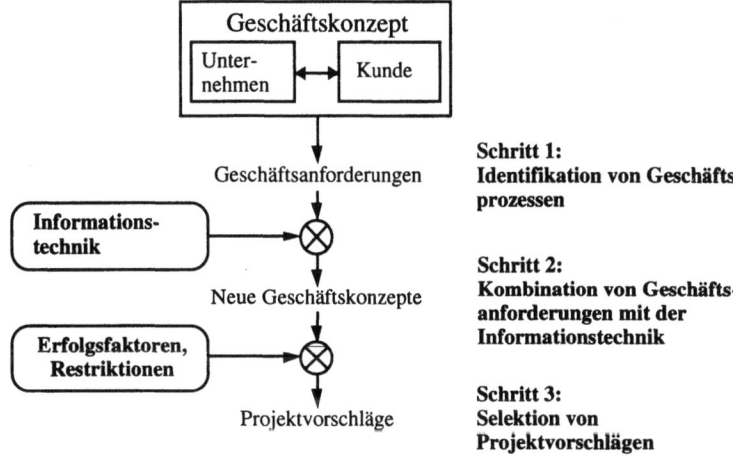

Bild 4.3.5./1 Prozess der Generierung und Selektion von Anwendungsideen

Kombination der Geschäftsanforderungen mit der Informationstechnik

Grundlage dieses Schrittes ist ein Katalog der Potentiale der Informationstechnik, der nach den Anwendungstypen gegliedert ist (vgl. 3). Ein Katalog der informationstechnischen Potentiale ermöglicht eine systematische Prüfung, wie die Anforderungen aus dem Geschäft umgesetzt werden können.

Für die Verbesserung der Kommunikationsbeziehungen zwischen zwei Unternehmen kommt der Anwendungstyp "Kommunikation" in Frage (vgl. 3.5.). Das Unternehmen untersucht in diesem Schritt jede zwischenbetriebliche Informationsbeziehung auf Verbesserungsmöglichkeiten durch den innovativen Einsatz von Informationstechnik. Angewendet auf die beiden Textilunternehmen bedeutet dies, dass untersucht wird, ob die Beziehungen zwischen den beiden Marktforschungsabteilungen durch standardisierten Informationsaustausch in

Form von Electronic-Mail, Verwendung von ISDN oder durch Groupware-Systeme verbessert werden kann. Eine konkrete Anwendungsidee besteht darin, dass mit Hilfe eines Groupware-Systems die beiden Unternehmen gegenseitig auf die Marktforschungsdaten zugreifen können.

In diesem kreativen Schritt entsteht eine Reihe von Anwendungsideen. Sie werden zur systematischen Weiterverarbeitung mit Hilfe eines Formulars dokumentiert.

Selektion von Projektvorschlägen

In der Regel findet ein Unternehmen mehr Anwendungsideen als Ressourcen zur Realisierung zur Verfügung stehen. Eine Selektion der Vorschläge ist notwendig. Österle schlägt als Kriterien die Kosten, das Ausmass der Unterstützung der Erfolgsfaktoren und betriebliche Restriktionen vor (vgl. Österle 1992).

Die Bewertung der Ideen anhand der Erfolgsfaktoren erfolgt in einem Workshop.

Resultat dieses Schrittes ist eine Anwendungsbeschreibung für jede Idee und eine nach Prioritäten geordnete Liste.

4.3.6.   Wiederverwendung von Wissen

Nicht alle neuen Anwendungsideen müssen in einem "genialen" Prozess von einem Unternehmen selbst entwickelt werden. In vielen Bereichen genügt es, durch geschicktes Umsetzen von Lösungen anderer Unternehmen oder durch Verwendung von Standardsoftware, gute Ideen für die Weiterentwicklung der eigenen Informationsverarbeitung zu gewinnen.

Aufspüren von Lösungen

In Gesprächen mit Kunden, Konkurrenten und Vertretern anderer Branchen achtet jede Führungskraft ständig darauf, ob es Ideen im Bereich der Informationsverarbeitung gibt, die dem eigenen Unternehmen nützen könnten (vgl. Beispiel 6).

Beispiel 6: Aufspüren von Lösungen

In einem Industrieunternehmen besuchte ein Verkaufsleiter einen Kunden. Während des Mittagessens klagte der Verkaufsleiter über Probleme mit der EDV/Org-Abteilung seines Unternehmens. Der Kunde entgegnete, er sei mit seinem computerunterstützten Informationssystem sehr zufrieden. Nach dem Mittagessen demonstrierte ihm der Kunde den Grund seiner Zufriedenheit: Ein neuartiges Informationssystem zeigt ihm ständig das Einkaufsvolumen mit jedem Lieferanten an. Der Verkaufsleiter erkannte den Nutzen für sein Unternehmen und forderte die Entwicklung einer Anwendung, die ihm ständig die aktuellen Umsätze mit allen Kunden liefert.

Standardsoftware

Standardsoftware bietet die Möglichkeit, umfassende Lösungen, welche die Erfahrungen vieler Unternehmen beinhalten, zu übernehmen und somit an dem Wissen eines erfahrenen Lieferanten zu partizipieren. Vor allem das Wissen um das organisatorische Umfeld ist für einen erfolgreichen Einsatz entscheidend.

In den Bereichen der Informationsverarbeitung, die für alle Unternehmen gleich sind, bietet Standardsoftware eine Möglichkeit, Innovation durch Informationstechnik zu betreiben, ohne dass grosse Risiken eingegangen werden müssen. So macht es heute auch für ein Grossunternehmen keinen Sinn, eine eigene Finanzbuchhaltung zu entwickeln.

Branchenplattformen und Templates

Eine neue Form der Übernahme von Wissen aus anderen Bereichen bieten Branchenplattformen und Templates an (vgl. 3.2.3., Österle/Sanche 1994). Beispiel 7 beschreibt ihren erfolgreichen Einsatz bei der Lufthansa.

Beispiel 7: Einsatz eines Templates bei der Lufthansa

In den Vereinigten Staaten versuchen verschiedene Fluggesellschaften seit Jahren, Vielflieger durch ein Bonussystem an sich zu binden. Jeder Flug wird dem Passagier auf einem Meilenkonto der entsprechenden Fluggesellschaft honoriert. Erreicht das Konto eine gewisse Anzahl an Meilen, erhält der Passagier als Belohnung für seine Treue einen Gutschein für einen Freiflug.

Auch in Europa führen immer mehr Fluggesellschaften ein solches Belohnungssystem ein. Die Lufthansa initiierte ein Projekt zur Realisierung ihres "Miles and More"-Programms.

Für die DV-technische Implementierung benutzt die Lufthansa das Template "Canadian-Plus" von Canadian Technology Services, einer Tochtergesellschaft der Canadian Airlines. "Canadian Plus" ist eine Anwendung zur Ver-

waltung von Vielfliegern, ihren Punktekonten und zur Koordination von Marketingaktivitäten. Die Canadian-Plus-Anwendung ist seit 1990 bei Canadian Airlines im Einsatz.

Mit der Implementierung des Programms begann die Lufthansa im März 1992. Als erstes musste sie das Template an die europäischen Verhältnisse anpassen.

Parallel zur Entwicklung der Anwendung musste die ganze Organisation aufgebaut werden. Canadian Technology Services konnte aufgrund der Erfahrung dabei wertvolle Unterstützung bieten.

4.4.   Dokumentation der Anwendungsideen

Ergebnis des IT-orientierten Innovationsmanagements sind Ideen für neue Anwendungen. Sie müssen strukturiert und dokumentiert werden, damit sie im Unternehmen leicht kommuniziert werden können.

Anwendungsbeschreibungen können folgendermassen strukturiert werden:

- Darstellung eines Namensvorschlages für die neue Anwendung durch den Bezeichner

- Beschreibung der Funktionen, der Daten und der organisatorischen Implikationen der Lösung

- geschäftliche Ziele, hier stehen insbesondere die Erfolgsfaktoren im Mittelpunkt der Betrachtung

- terminliche Vorstellungen

- Vorgaben des Kostenrahmens

- Projektorganisation, erste Vorstellungen, wer unbedingt involviert sein muss, insbesondere Projektleiter

- Angaben zur notwendigen IT-Infrastruktur

- Beispiele ähnlicher Anwendungen

Bild 4.4./1 zeigt ein Beispiel einer Anwendungsbeschreibung, wie sie aus dem IT-orientierten Innovationsmanagement resultieren könnte.

Bezeichner: *Bank-Dienstleistungs-Informationskiosk (BADIK)*

Beschreibung:

Das BADIK beschreibt multimedial die Dienstleistungen einer Bank. Es informiert die Kunden über die Eigenschaften und den Nutzen der Dienstleistungen. Zusätzlich sind Ansprechpartner enthalten.

Das BADIK wird in den Automatenzonen der Bankniederlassungen neben den Bankautomaten aufgestellt.

In einer zweiten Ausbauzone wird das BADIK an die operativen Anwendungen der Bank angeschlossen und kann Anfragen und in einigen Bereichen Aufträge entgegennehmen.

Geschäftliche Ziele:

- Reduktion der Personalkosten in den Niederlassungen um 5% innerhalb von 2 Jahren
- Ausbau des Anteils des unbedienten Geschäfts um 20% innerhalb von 2 Jahren
- Verbesserung des Images der Bank

Terminliche Vorstellungen:

- Prototyp bis 31.12.1995
- Testphasen in ausgewählten Filialen bis 31.12.1996
- Start Produktion 1.3.1997

Kostenrahmen:

- Entwicklung Prototyp: DEM   2,0 Mio
- Test: DEM   2,0 Mio
- Entwicklung BADIK: DEM   1,0 Mio
- Kosten pro Installation: DEM   0,1 Mio

Projektorganisation:

- Projektleiter: M. Lehner (Retail-Banking)
- EDV/Org: T. Klaus (Multimedia-Entwicklungen)

Anforderungen an die Infrastruktur:

- CD-ROM
- Touchscreen
- Multimedia-Datenbank
- Ähnliche Anwendungen
- Informationskioske bei den olympischen Spielen

Bild 4.4./1 Beispiel einer Anwendungsbeschreibung

4.5.   Zusammenfassung

• Das IT-orientierte Innovationsmanagement entwickelt systematisch Ideen zur Weiterentwicklung des Geschäfts eines Unternehmens.

• Eine Analyse des Geschäfts und seiner Organisation bildet die Grundlage des IT-orientierten Innovationsmanagements. Sie umfasst die Beschäftigung mit der Umwelt, den Erfolgsfaktoren, der Geschäftsstrategien, der Unternehmensstruktur, den Geschäftsprozessen und dem Führungskonzept.

• Die zentrale Aufgabe des IT-orientierten Innovationsmanagements ist die Suche nach neuen Anwendungsideen. Verschiedene Methoden stehen bereit, um diese Aufgabe zu strukturieren und zu unterstützen. Sie können jedoch nicht mechanisch im Sinne von Kreativitätstechniken angewandt werden, sondern stellen Denkprinzipien dar, die jede Führungskraft des Fachbereichs beherrschen sollte.

• Die Dokumentation der neuen Anwendungsideen erfolgt mit einem speziellen Formular, der Anwendungsbeschreibung.

5. Langfristige Planung des Informationssystems

5.1. Wesen

Ziel der langfristigen Planung des Informationssystems ist es zu zeigen, wie das Informationssystem eines Unternehmens in drei bis fünf Jahren aussehen wird.

Die langfristige Planung des Informationssystems wird mindestens einmal im Jahr durchgeführt und läuft parallel zur langfristigen Unternehmensplanung ab. Ihr Ergebnis wird in der *Informationssystem-Architektur (IS-Architektur)* festgehalten.

Die IS-Architektur zeigt, wie das bestehende Informationssystem weiterentwickelt werden sollte, um das Geschäft in Zukunft optimal zu unterstützen. Sie besteht aus einem Überblick in Form einer Abbildung sowie einer Sammlung der Datenaustauschformate. Im Überblick sind die Anwendungen beschrieben.

Anwendungen, die lokal auf einem PC oder einer Workstation zur Verfügung stehen oder auf der arbeitsplatznahen Ebene angesiedelt sind, werden in die IS-Architektur aufgenommen.

Verantwortlich für die langfristige Planung des Informationssystems ist der Fachbereich eines Unternehmens. Der IV-Ausschuss* prüft und genehmigt den Plan. In seinem Auftrag übernehmen der Leiter der EDV/Org-Abteilung und Führungskräfte aus dem Fachbereich die Verantwortung für die Umsetzung.

Die langfristige Planung des Informationssystems gliedert sich in folgende Funktionen:

- Abgleichung neuer Ideen mit dem bestehenden Informationssystem

- Prüfung standardisierter Anwendungen

- Planung der Integration

- Dokumentation

- Planung des Informationssystems in dezentralen Unternehmen

---

* Der IV-Ausschuss koordiniert in vielen Unternehmen in Vertretung der Geschäftsleitung die Weiterentwicklung und das Management der Informationsverarbeitung (vgl. 21.4.3.).

5.2. Abgleich neuer Ideen mit dem bestehenden Informationssystem

Ideen, die aus dem IT-orientierten Innovationsmanagement resultieren, werden
in einem ersten Schritt geprüft, ob sie bereits in einer bestehenden Anwendung
verwirklicht worden sind. Bei dieser Untersuchung geht es darum, unnötige
Mehrfachentwicklungen zu vermeiden.

Die langfristige Planung des Informationssystems basiert auf den bestehenden
Informationssystemen, die teilweise älter als zwanzig Jahre sind. Informationsmanagement ist eine *evolutionäre Aufgabe*, die Schritt für Schritt das bestehende Informationssystem weiterentwickelt. Revolutionäre Veränderungen bleiben
Ausnahmesituationen vorbehalten.

Zusätzlich ist zu prüfen, ob nicht bestehende Anwendungen so weiterentwickelt werden können, dass sie den neuen Anforderungen genügen, denn
viele neue innovative Anwendungen bauen auf dem bestehenden Informationssystem auf. Durch eine Erweiterung der Funktionalität einer bestehenden
Anwendung können die Ziele des neuen Anwendungsvorschlages erreicht
werden. So hat American Airlines im Laufe der vergangenen Jahre um das
Buchungssystem SABRE herum weitere Anwendungen entwickelt, die auf der
einen Seite die Buchung von Hotels und Mietwagen und auf der anderen Seite
eine deckungsbeitragsorientierte Steuerung des Geschäfts erlauben (vgl.
Beispiel 1).

5.3. Prüfung standardisierter Anwendungen

Die Prüfung standardisierter Anwendungen hat das Ziel, systematisch zu untersuchen, ob die gesamte Anwendungslandschaft oder einzelne Teile durch
Standardsoftware abgedeckt werden können.

Das Nutzenpotential von Standardsoftware kann nicht ausgeschöpft werden,
wenn in jedem Projekt von Grund auf geprüft wird, ob Standardsoftware in
Frage kommt. Der Nutzen aus dem Einsatz von Standardsoftware steigt, wenn
sich ein Unternehmen langfristig für ein "Standardsoftwarepaket", wie R/3 von
SAP, entscheidet und dessen Module sukzessive einführt. Dabei kann es
durchaus sinnvoll sein, für jeden Anwendungstyp ein eigenes Standardsoftwarepaket auszuwählen.

Beispiel 8 zeigt, wie in einem Grossunternehmen Standardsoftware für den
Anwendungstyp "Verwaltung" ausgewählt wurde.

Beispiel 8: Evaluationsprojekt für Standardsoftware (vgl. Brenner 1990)

Ein grosses Dienstleistungsunternehmen untersucht, ob für seine Verwaltungssysteme Standardsoftware in Frage kommt.

Die Evaluation des Standardsoftwarepakets wird in einem eigenen Projekt organisiert, an dem Mitarbeiter aus dem Fachbereich und der EDV/Org-Abteilung beteiligt sind. Bild 5.3./1 zeigt die einzelnen Phasen dieses Projekts im Überblick.

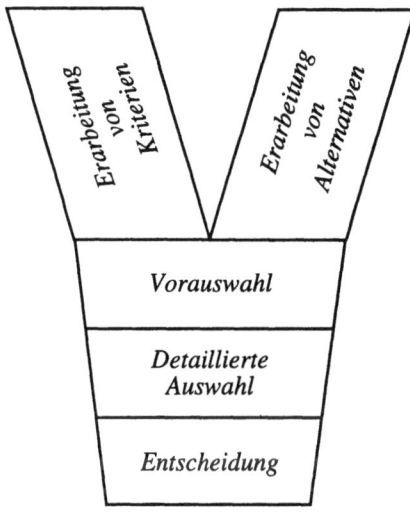

Bild 5.3./1 Phasen eines Evaluationsprojekts für Standardsoftware

- **Erarbeitung von Kriterien**

Das Projektteam erarbeitet die Kriterien, nach denen es die Standardsoftware evaluieren will. Sie gliedern sich in fünf Kategorien:

- *Anpassungsaufwand*

- *Leistungsumfang, d.h. funktionaler und datenmässiger Umfang*

- *Konzeption der Software, d.h. Softwarearchitektur und Benutzerfreundlichkeit*

- *Kosten/Nutzen, d.h. Anschaffungskosten, Kosten der Einführung, Kosten von Erweiterungen der Hardware, Kosten der Wartung und neuer Releases und der voraussichtliche Nutzen im Unternehmen*

- *Beurteilung des Lieferanten, d.h. Stellung am Markt, Qualifikation seiner Mitarbeiter und weitere Dienstleistungen*

Die Kriterien werden in Muss- und Kann-Kriterien eingeteilt.

- **Erarbeitung von Alternativen**

Aus Gesprächen, Zeitschriften, Katalogen und Messebesuchen erarbeitet das Unternehmen eine Liste der Standardsoftwarepakete, die in Frage kommen.

- **Vorauswahl**

Die Vorauswahl erfolgt, indem die Muss-Kriterien auf die in Frage kommenden Standardsoftwarepakete angewendet werden. Der Auswahlprozess darf sich aber nicht nur auf Informationen aus den schriftlichen Unterlagen stützen, sondern sollte durch Gespräche mit Anwendern der verschiedenen Softwarepakete untermauert werden.

- **Detaillierte Auswahl**

Die detaillierte Auswahl beschäftigt sich mit den verbliebenen Alternativen. In umfangreichen Einzelanalysen prüft das Projektteam die Softwarepakete. Eine straffe Führung verhindert, dass dieser Schritt zu lange dauert.

- **Entscheidung**

Das Unternehmen entscheidet sich für eine Alternative. Fachbereich und EDV/Org-Abteilung müssen den Entscheid tragen.

5.4.   Planung der Integration

Die Planung der Integration hat zum Ziel, nach Integrationspotentialen zu suchen und zu zeigen, wie sie realisiert werden können.

Der anwendungsübergreifende Charakter der Daten- und Funktionsintegration erfordert es, dass im Rahmen der langfristigen Planung des Informationssystems systematisch diese Formen der Integration geplant und danach über einen Zeitraum von oft mehr als fünf Jahren sukzessive realisiert werden. Wir unterscheiden:

- Integration bei Standardsoftware

- Integration bei Eigenentwicklung

- Schnittstellenintegration

5.4.1.   Integration bei Standardsoftware

Standardsoftware bietet die Möglichkeit, die gewünschte Integration "einzukaufen". Standardsoftwarepakete, wie R/3 von SAP oder COMET von Siemens/ Nixdorf bestehen aus Modulen für verschiedene Funktionsbereiche eines Unternehmens. Sie sind gleichzeitig im Hinblick auf Daten und Funktionen integriert. Die Integration wird realisiert, wenn ein Unternehmen sich *gesamtheitlich* für ein Standardsoftwarepaket entscheidet und nicht jedes Modul von einem anderen Hersteller bezieht.

5.4.2.   Integration bei Eigenentwicklung

Die Planung der Integration für die Teile des Informationssystems, die in Eigenentwicklung realisiert werden, kann in Anlehnung an die Methode "Business Systems Planning" der IBM vorgenommen werden (vgl. IBM 1984, Martin/Leben 1989).

• **Analyse der Geschäftsfunktionen**

Fachbereich und EDV/Org-Abteilung entwickeln gemeinsam für das Geschäft ein Funktionsmodell.

> Geschäftsfunktionen sind die Verrichtungen, die von den organisatorischen Einheiten eines Unternehmens vorgenommen werden (vgl. Österle/Gutzwiller 1992). Sie verfeinern die Geschäftsprozesse.

Geschäftsfunktionen umfassen Produktionsfunktionen, die Teile des Fertigungsprozesses sind, wie Fräsen eines Werkstücks, und informationsverarbeitende Funktionen, wie Ausdrucken einer Kundendatei. Das Informationsmanagement konzentriert sich auf die *informationsverarbeitenden Funktionen*.

Die *Geschäftsfunktionenhierarchie* strukturiert die Geschäftsfunktionen eines Unternehmens auf mehreren Verfeinerungsebenen. Bild 5.4.2./1 zeigt einen Ausschnitt aus der Geschäftsfunktionenhierarchie im Verkauf.

Die Darstellungsform in Bild 5.4.2./1 bezeichnen wir als *eingerückte Liste*. Eine horizontale Einrückung nach rechts zeigt die nächst tiefere hierarchische Ebene an. Die Liste wird folgendermassen interpretiert: Die Geschäftsfunktion "Vertrieb Unterhaltung" setzt sich auf der nächst tieferen Beschreibungsebene aus den Geschäftsfunktionen "Kunden aufnehmen", "Aufträge erfassen", "Aufträge abwickeln" etc. zusammen.

Geschäftsfunktionenhierarchie

Vertrieb Unterhaltung

   Kunden aufnehmen

   Aufträge erfassen

   Aufträge abwickeln

   Marketingmassnahmen

   Geschäftsbeziehungen aufbauen

   ...

Logistik Unterhaltung

...

Bild 5.4.2./1 Geschäftsfunktionenhierarchie

- **Analyse der Entitätstypen**

Ziel der Analyse der Entitätstypen ist es, einen Überblick über die Objekte zu erhalten, über die ein Unternehmen im Rahmen der computerunterstützten Informationsverarbeitung Informationen speichern will (Entitätstypen).

Die *Liste der Entitätstypen* zeigt diese Objekte im Überblick. Bild 5.4.2./2 enthält ein Beispiel einer eingerückten Liste von Entitätstypen.

Liste der Entitätstypen

Kundenauftrag

Kunden

   Schlüsselkunde

   Laufkunde

   ...

...

Bild 5.4.2./2 Liste der Entitätstypen

In der Vergangenheit haben viele Unternehmen im Rahmen von Projekten der langfristigen Planung des Informationssystems aus der Liste der Entitätstypen ein unternehmensweites logisches Datenmodell, wie es für die Eigenentwicklung von Anwendungssoftware notwendig ist (vgl. 11.3.), entwickelt. Die unternehmensweiten Datenmodelle erwiesen sich in der Praxis als nicht umsetzbar und gerieten in der Regel nach kurzer Zeit in Vergessenheit (vgl. Brenner 1994).

• **Erstellung der Integrations-Architektur**

Die *Integrationsplanung* verbindet die Geschäftsfunktionen und Entitäts-typen eines Unternehmens. Das Ergebnis dieser Planung ist die Integrations-Architektur.

Bild 5.4.2./3 zeigt ein Beispiel einer Integrations-Architektur. Zur Darstellung wird eine Matrix gewählt (vgl. IBM 1984). In den Spalten der Matrix werden die Entitätstypen, in den Zeilen die Geschäftsfunktionen aufgetragen. Die Zellen verbinden Geschäftsfunktionen und Entitätstypen durch die vier Attribute: "Create", (Erzeugen), "Read only" (Lesen), "Update" (Verändern) und "Delete" (Löschen).

Erzeugt eine Geschäftsfunktion einen Entitätstyp, ist in ihrem Schnittpunkt mit der Spalte dieses Entitätstyps eine Beziehung vom Typ "C" (Create) einzu-tragen. Verändert eine Geschäftsfunktion einen Entitätstyp, führt dies zum Ein-trag einer Beziehung vom Typ "U" (Update) in dem entsprechenden Feld (vgl. 5.4.2./3).

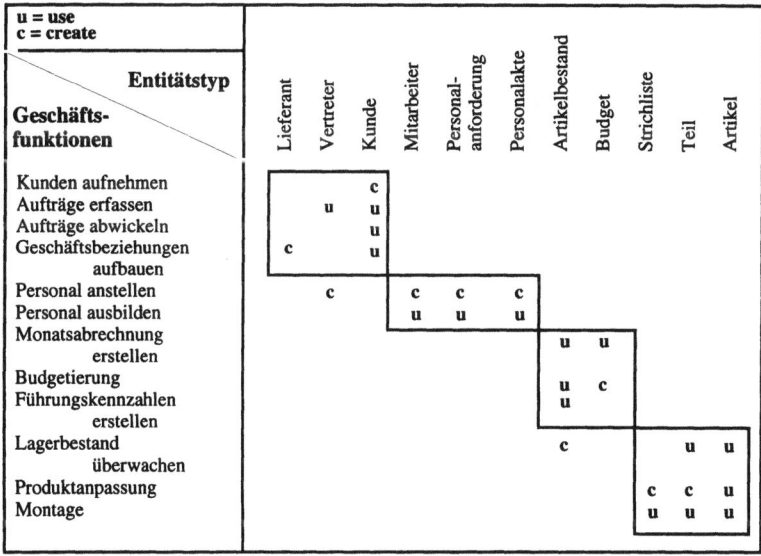

Bild 5.4.2./3 Integrations-Architektur nach BSP (vgl. IBM 1984)

Die zukünftigen Anwendungen werden nach dem Prinzip der Minimierung der Schnittstellen gebildet. Geschäftsfunktionen und Entitätstypen, die in intensiver Beziehung zueinander stehen, ergeben die Anwendungen. Sie sind in Bild 5.4.2./3 eingerahmt.

Die Integrations-Architektur von Bild 5.4.2./3 zeigt, welche Anwendungen auf welche Entitätstypen zugreifen und bildet so die Grundlage für die Datenintegration. Die Integrations-Architektur beschreibt für jeden Entitätstyp, welche Geschäftsfunktionen Anforderungen an ihn stellen können, die bei seiner Realisierung in einer Datenbank berücksichtigt werden müssen. So wird beispielsweise der Entitätstyp "Kunde" in den Geschäftsfunktionen "Kunden aufnehmen", "Aufträge erfassen" und "Aufträge abwickeln" verwendet.

5.4.3. Schnittstellenintegration

Die Integration über Schnittstellen wird ebenfalls langfristig geplant. Grundlage bilden Datenaustauschformate, mit deren Hilfe sich Anwendungen gegenseitig Daten zur Verfügung stellen.

Die Beschreibung der Entwicklungsrichtungen des Informationssystems in Kapitel 3 zeigt an mehreren Stellen, wie beispielsweise bei den Entwurfssystemen und den Prozessleitsystemen, dass vielfältige Standards für den Austausch von Daten im Entstehen sind. Im Rahmen der langfristigen Planung des Informationssystems setzt ein Unternehmen die Standards fest, die einen zwischenbetrieblichen Informationsaustausch ermöglichen. Diese Formate werden dann bei der Entwicklung der einzelnen Anwendungen berücksichtigt. Weltweiten Standards, wie EDIFACT (vgl. 3.10.), sollten bei der Auswahl der Vorzug vor innerbetrieblichen oder herstellerabhängigen Standards gegeben werden. Die Auswahl der Standards ist eine komplizierte und langwierige Aufgabe, die oft in einem Projekt mündet, das dem Evaluationsprojekt für die Auswahl eines Standardsoftwarepakets aus Beispiel 8 gleicht.

5.5. Dokumentation

Die Dokumentation der langfristigen Planung des Informationssystems erfolgt durch die IS-Architektur. Sie fasst die Ergebnisse der Planung zu einem Gesamtbild zusammen.

Die IS-Architektur besteht aus drei Bestandteilen:

- Überblick

- Anwendungsbeschreibungen

- Sammlung der Datenaustauschformate

Überblick

In der Praxis existiert eine grosse Anzahl unterschiedlicher Darstellungstechniken für IS-Architekturen.

Das Beispiel in Bild 5.5./1 stammt von dem Beratungsunternehmen *Arthur D. Little* (vgl. Zillessen 1991).

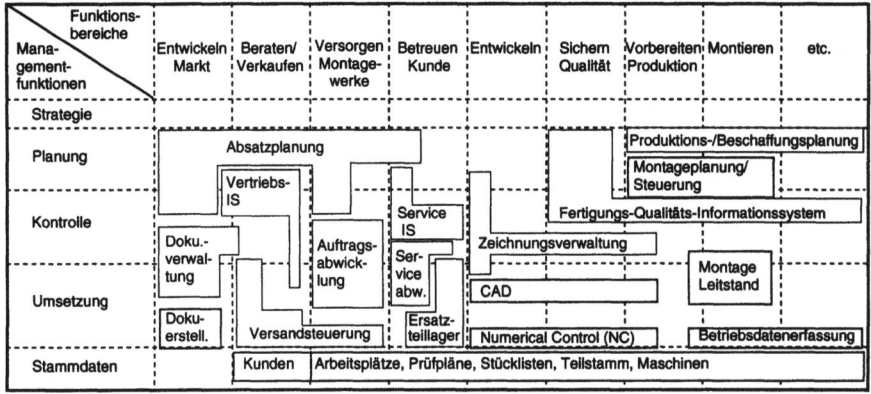

Bild 5.5./1 IS-Architektur

Diese Art der Darstellung der zukünftigen IS-Architektur verbindet die Funktionsbereiche eines Unternehmens mit den Managementfunktionen "Planung", "Kontrolle" und "Umsetzung". Jede Anwendung und Anwendungsidee wird nach diesen beiden Dimensionen eingeordnet.

Die Basis für die Managementfunktionen bilden die "Stammdaten". Dies verdeutlicht, dass im Rahmen der Informationsverarbeitung integrierte geschäftsorientierte Anwendungen erst entstehen können, wenn eine fundierte Datenbasis vorhanden ist.

Weitere Informationen aus der langfristigen Planung des Informationssystems, wie neu zu erstellende Anwendungen oder Anwendungen, die mit Hilfe von Standardsoftwarepaketen realisiert werden können, lassen sich durch farbliche Markierungen in Bild 5.5./1 hervorheben.

Die Daten- und Funktionsintegration ist aus diesem Schaubild nicht ersichtlich. Unternehmen, die einen grossen Teil ihrer Anwendungen selbst entwickeln und die Datenintegration in den Vordergrund stellen, wählen deshalb oft eine Darstellung der IS-Architektur, die sich an die Integrations-Architektur in Bild 5.4.2./3 anlehnt.

Anwendungsbeschreibungen

Die Anwendungsbeschreibungen, die im Rahmen der langfristigen Planung des Informationssystems entstehen, bauen auf denen des IT-orientierten Innovationsmanagements auf. Sie werden um die zusätzlichen Informationen erweitert, die im Rahmen der langfristigen Planung der Anwendungen erarbeitet wurden. Die Anwendungsbeschreibung aus Bild 4.4./1 wird beispielsweise um Angaben zu folgenden Fragen ergänzt:

• Grad der Neuentwicklung, d.h. bleibt eine Anwendung unverändert, muss sie erweitert oder völlig neu entwickelt werden?

• Realisierungsform, d.h. wird sie in Eigenentwicklung entstehen oder existiert eine Standardsoftware?

• Angaben zur geplanten Integration, z.B. welche Datenaustauschformate eingehalten werden sollten?

Sammlung der Datenaustauschformate

Letzter Teil der IS-Architektur ist eine Sammlung der Datenaustauschformate, die im Rahmen der Realisierung der geplanten Anwendungen zu betrachten sind. Diese Liste enthält sowohl die Bezeichner der Standards sowie eine kurze Beschreibung als auch Quellenangaben, in denen man sich über Details informieren kann.

5.6.   Langfristige Planung des Informationssystems in dezentralen Unternehmen

Die langfristige Planung des Informationssystems wird bei dezentraler Organisation für jeden Geschäftsbereich getrennt durchgeführt.

In dezentral organisierten Unternehmen besteht zusätzlich die Notwendigkeit, Teile der Informationsverarbeitung geschäftsbereichsübergreifend zu planen. Es ist sinnvoll, die Finanzbuchhaltungen der dezentralen Bereiche aufeinander abzustimmen, um eine konsolidierte Bilanz für das gesamte Unternehmen erstellen zu können. Weitere Beispiele sind, dass in den Geschäftsbereichen die gleichen CAD-Systeme benutzt werden, um den Austausch von Konstruktionsdaten zu erleichtern, oder dass ein bereichsübergreifendes Einkaufssystem angelegt wird, um die Position bei Konditionsverhandlungen zu stärken.

Integrationsbereiche

Integrationsbereiche sind die Grundlage der langfristigen Planung bereichs-übergreifender Anwendungen. Ein Integrationsbereich wird festgelegt, wenn die Informationsverarbeitung eines dezentral organisierten Unternehmens über mehrere dezentrale Bereiche hinweg einheitlich gestaltet werden soll (vgl. Österle/Brenner/Hilbers 1992). Bild 5.6./1 zeigt einen Integrationsbereich eines dezentral organisierten Unternehmens.

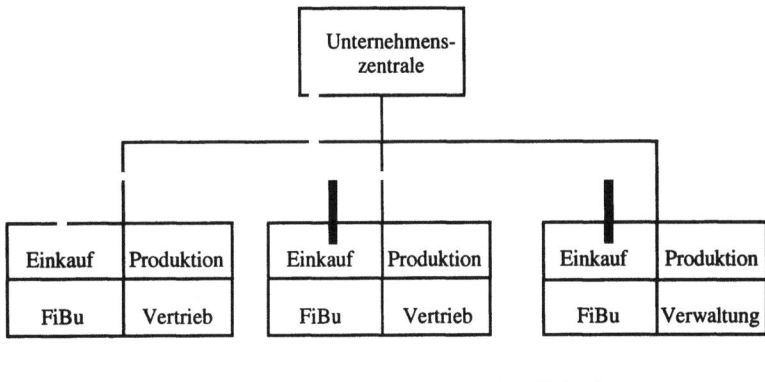

Integrationsbereich: Unternehmensweites Einkaufssystem

Bild 5.6./1 Integrationsbereiche in dezentral organisierten Unternehmen

Die Anregungen für Integrationsbereiche resultieren aus dem IT-orientierten Innovationsmanagement. Integrationsbereiche werden von der Geschäfts-leitung oder dem unternehmensweiten IV-Ausschuss beschlossen und finan-ziert. Realisiert werden sie von einem Geschäftsbereich ("main user"), stellver-tretend für das gesamte Unternehmen.

Die Beschreibung der Entwicklungspotentiale verschiedener Anwendungs-typen von Kapitel 3. beinhalten Aussagen, dass in Zukunft der unternehmens-übergreifenden Zusammenarbeit erhöhte Bedeutung zukommen wird. In diesem Fall werden Integrationsbereiche definiert, die Kunden oder Lieferanten ein-schliessen.

5.7.   Zusammenfassung

• Ziel der langfristigen Planung des Informationssystems ist es zu zeigen, wie das Informationssystem eines Unternehmens in drei bis fünf Jahren aussehen wird.

- Ergebnis der langfristigen Planung des Informationssystems ist die Informationssystem-Architektur (IS-Architektur). Sie ermöglicht eine gesamtheitliche Darstellung des zukünftigen Informationssystems, unterstützt die frühzeitige Erkennung von Integrationspotentialen und schafft die Voraussetzungen für die Integration.

- Die langfristige Planung des Informationssystems untersucht systematisch, ob neue Anwendungsideen teilweise oder vollständig bereits im bestehenden Informationssystem verwirklicht sind.

- Eine eigene Funktion im Rahmen dieses Schrittes prüft, ob standardisierte Lösungen, die eingekauft werden können, für die neuen Anwendungsideen existieren.

- Die langfristige Planung der Integration für Teile des Informationssystems, die in Eigenentwicklung entstehen, erfolgt durch eine Analyse der Geschäftsfunktionen und der Entitätstypen sowie durch die Entwicklung einer Integrations-Architektur.

- Die Dokumentation des Informationssystems erfolgt mittels der IS-Architektur. Sie besteht aus einem Überblick in Form einer Abbildung und enthält Beschreibungen der Anwendungen sowie eine Sammlung der Datenaustauschformate.

6. Langfristige Planung der IT-Infrastruktur

6.1. Wesen

> Die langfristige Planung der IT-Infrastruktur zeigt die Hard-, Software und Kommunikationstechnik, die für die Umsetzung der Informationssystem-Architektur benötigt werden. Ihr Ergebnis ist die IT-Architektur.

Die langfristige Planung der IT-Infrastruktur ist - wie die langfristige Planung des Informationssystems - auf einen Zeitraum von drei bis fünf Jahren ausgerichtet. Es handelt sich um eine Aufgabe, für welche die EDV/Org-Abteilung die Verantwortung trägt.

Aufgabe der langfristigen Planung der IT-Infrastruktur ist es nicht, ein an den neuesten Erkenntnissen der Informationstechnik orientiertes Idealbild zu erzeugen, sondern ausgehend von den Bedürfnissen und der bestehenden IT-Infrastruktur des Unternehmens eine wirtschaftlich begründete Weiterentwicklung einzuleiten.

Die langfristige Planung der IT-Infrastruktur gliedert sich in folgende Funktionen:

- Ermittlung der Entwicklungsrichtungen der Informationstechnik

- Analyse der IS-Architektur

- Vergleich der Anforderungen mit der bestehenden IT-Infrastruktur

- Evaluation der Softwarearchitektur

- Planung der IT-Infrastruktur

- Dokumentation

- Abstimmung mit der IS-Architektur

6.2. Ermittlung der Entwicklungsrichtungen der Informationstechnik

Die Ermittlung der zukünftigen Entwicklungsrichtungen der Informationstechnik sucht nach neuen Produkten und Konzepten, die für die Planung der IT-Infrastruktur von Interesse sind.

Die Analyse der zukünftigen Potentiale der Informationstechnik in Kapitel 3.
zeigt, dass ihre Entwicklung rasch voranschreitet. Es ist eine kontinuierliche
Aufgabe der Spezialisten der EDV/Org-Abteilung, sich über die informationstechnische Entwicklung zu informieren. Vorgehensweise und Ergebnisse unterscheiden sich von der Suche nach neuen unternehmerischen Anwendungsideen im Rahmen des IT-orientierten Innovationsmanagements.

Die Breite des Angebots und die Komplexität der einzelnen Produkte haben
dazu geführt, dass heute auch Grossunternehmen nicht mehr alle Entwicklungen der Informationstechnik verfolgen können. Kontakt mit dem Repräsen-
tanten und den Spezialisten der Anbieter, Lektüre der einschlägigen Zeitschriften und Messebesuche genügen Unternehmen, die wie Banken oder
Versicherungen von der Nutzung der IT-Infrastruktur abhängen, nicht, um
konkrete Entscheidungsgrundlagen für die weitere Entwicklung der IT-Infrastruktur zu erhalten. Nur durch eine intensive Beschäftigung im Unternehmen
mit den neuen Möglichkeiten können die Potentiale eingeschätzt werden.

Zusammenarbeit mit anderen Unternehmen

Vor allem für Grossunternehmen besteht die Möglichkeit, durch Zusammenarbeit mit *Herstellern* frühzeitig an neuen Möglichkeiten der Informationstechnik zu arbeiten und deren Nutzen für die eigene IT-Infrastruktur zu erkennen.

In Bereichen, in denen die computerunterstützte Informationsverarbeitung nicht
wettbewerbsrelevant ist, kann es vorteilhaft sein, mit *Unternehmen derselben
Branche* zusammenzuarbeiten. Beispielsweise können zum Test neuer Betriebssysteme wie Windows NT gemeinsame Arbeitsgruppen gebildet werden.

Zusammenarbeit mit Universitäten

Durch die Zusammenarbeit mit Hochschulen ist es möglich, Kenntnisse über die
zukünftigen Entwicklungsrichtungen der Informationstechnik zu bekommen.
In den Jahren 1988 bis 1992 haben sich sieben Unternehmen im Rahmen des
Forschungsprogramms IM2000 zusammen mit dem Institut für Wirtschaftsinformatik an der Hochschule St. Gallen intensiv mit Fragen des Computer
Aided Software Engineerings (CASE) beschäftigt und dabei wertvolle Kenntnisse über den Einsatz dieses Hilfsmittels gewonnen (vgl. Österle/Gutzwiller
1992, Gutzwiller 1994). In Zusammenarbeit mit dem Media-Lab des Massa-
chusetts Institute of Technology (MIT) haben eine Reihe von Unternehmen,

z.B. der Spielzeughersteller LEGO, neue Ideen für die Weiterentwicklung ihrer Produkte erarbeitet (vgl. Brand 1990).

Zusammenarbeit mit Beratungsunternehmen

Beratungsunternehmen, wie die CSC Index Group, Arthur D. Little oder Diebold, führen Projekte durch, in denen sie für ein Unternehmen eine Bewertung der zukünftigen informationstechnischen Entwicklung vornehmen. Zusätzlich bieten diese Unternehmen Veranstaltungen, sogenannte "Management Briefings" an, in denen sich Führungskräfte der EDV/Org-Abteilung über neue Trends in der Informationstechnik informieren können.

Aufbau eigener Entwicklungslabors

Die Schweizerische Bankgesellschaft hat ihre EDV/Org-Abteilung um einen Bereich erweitert, der sich ausschliesslich mit der zukünftigen Entwicklung der Informationstechnik beschäftigt (vgl. SBG). Das UBILAB analysiert Entwicklungen der Informationstechnik und entwickelt - ausgehend von den Bedürfnissen der Bank - Prototypen, die eine realistische Einschätzung neuer Trends der Informationstechnik erlauben. Beispielsweise wurde in den letzten Jahren im UBILAB ein multimedialer Informationskiosk entwickelt, der das ganze Spektrum der Dienstleistungen dieser Bank präsentiert.

6.3.   Analyse der IS-Architektur

> Die Analyse der IS-Architektur zeigt, welche Anforderungen aus der langfristigen Planung des Informationssystems an die zukünftige IT-Infrastruktur gestellt werden.

Wir unterscheiden eine qualitative und quantitative Analyse der IS-Architektur.

Qualitative Analyse

Die Spezialisten der EDV/Org-Abteilung untersuchen in einem ersten Schritt zusammen mit Vertretern aus dem Fachbereich jede geplante Anwendung anhand folgender Fragen:

- Welche Hardware benötigt die Anwendung?

- Welche Software benötigt die Anwendung?

- Welche Anforderungen an die Netzwerke stellt die Anwendung?

Aus der Breite des Angebots der Informationstechnik wird mit Hilfe dieser Fragen eine Vorauswahl getroffen. Ein Unternehmen beschäftigt sich beispielsweise bei der qualitativen Analyse einer Anwendung zur Unterstützung der Aussendienstmitarbeiter mit der Frage, ob die Verkäufer mit Laptops oder/und mit Mobiltelefonen ausgestattet werden.

Quantitative Analyse

Der zweite Schritt quantifiziert die Ergebnisse aus dem ersten Schritt beispielsweise durch folgende Angaben:

- zukünftige Anzahl Benutzer

- geforderter Speicherplatz

- maximale Antwortzeiten.

Diese Angaben können in diesem frühen Stadium und in Anbetracht der Kürze der Anwendungsbeschreibungen nur geschätzt werden. Es lohnt sich, in diesem frühen Stadium in die Quantifizierung einzusteigen, um eine realistische Planung der IT-Infrastruktur durchführen zu können.

6.4.   Vergleich der Anforderungen mit der bestehenden IT-Infrastruktur

Der nächste Schritt im Rahmen der Planung der zukünftigen IT-Infrastruktur besteht im Vergleich des Bedarfs, der aus der Analyse der IS-Architektur resultiert, mit der bestehenden IT-Infrastruktur.

Im Sinne eines Soll-Ist-Vergleichs wird ermittelt, in welchen Bereichen langfristig die bestehende IT-Infrastruktur weiterentwickelt werden muss und wo sie den Anforderungen genügt. Ziel dieses Schrittes ist es, den Handlungsbedarf abzuschätzen und sich nicht von den theoretisch denkbaren Entwicklungsmöglichkeiten leiten zu lassen. Entscheidungen im Rahmen des Informationsmanagements und insbesondere innerhalb der langfristigen Planung der IT-Infrastruktur müssen sich am Nutzen und der Wirtschaftlichkeit für das Unternehmen orientieren.

6.5.   Evaluation der Softwarearchitektur

Die Evaluation der Softwarearchitektur legt die Grundlagen der IT-Infrastruktur fest.

In der Vergangenheit haben *herstellerspezifische (proprietäre) Software-architekturen*, wie die Systems Application Architecture (SAA) der IBM, dominiert. Sie garantierten, dass dieselbe Anwendungssoftware auf den verschiedenen Rechnertypen eines Herstellers läuft.

Immer verbreiteter werden *offene Softwarearchitekturen*, die das Betriebssystem UNIX als Grundlage haben. Offene Systeme ermöglichen, dass auch zwischen Rechnern unterschiedlicher Hersteller Anwendungssoftware ausgetauscht werden kann.

Entscheidungen über Softwarearchitekturen sind langfristige Entscheidungen. Unternehmen, die sich in der Vergangenheit für die IBM-Welt entschieden haben, erfahren heute, wie schwierig es ist, auf eine offene Softwarearchitektur zu wechseln.

Auf der Grundlage der vorangegangenen Schritte überprüft ein Unternehmen seine Softwarearchitektur und beschäftigt sich mit der Frage, ob ein Wechsel notwendig ist. Ein Wechsel führt zu hohen Kosten und grossen Schwierigkeiten bei der Umstellung. Trotzdem prüfen immer mehr Unternehmen, wie ein Wechsel von einer proprietären zu einer offenen Softwarearchitektur aussehen könnte. Es empfiehlt sich, die Konsequenzen in einem Projekt abzuklären. Es stellt alternative Softwarearchitekturen bezüglich ihrer Eigenschaften und Kosten gegenüber. Ausserdem wird die Machbarkeit eines Wechsels abgeklärt und ein Plan erstellt, der zeigt, wie ein Unternehmen vom Ist- zum Sollzustand kommen kann. Bei der Berechnung der Kosten sind nicht nur die Kosten der neuen Hard- und Software, sondern auch die Ausbildung der Mitarbeiter der EDV/Org-Abteilung zu berücksichtigen.

6.6.   Planung der IT-Infrastruktur

> Die Planung der IT-Infrastruktur legt die zukünftige Hardware, Software, die Netzwerke und Standorte für die Rechenzentren des Unternehmens fest.

Planung der Hardware

Ausgehend von der Softwarearchitektur, dem Bedarf und den Anforderungen, kann ein Unternehmen mit der Planung der Hardware beginnen. Abhängig von der Lokalität der Informationsverarbeitung sind vier Verarbeitungsebenen (vgl. 2.5.) zu planen:

- Verarbeitung am Arbeitsplatz

- arbeitsplatznahe Verarbeitung

- zentrale Verarbeitung

- unternehmensübergreifende Verarbeitung

Für jede Ebene wird die zu beschaffende Hardware geplant. Die rasche technische Entwicklung, die Unsicherheit über die zukünftige Infrastruktur und der langfristige Charakter der IT-Architektur verhindern, dass im Rahmen dieses Schrittes konkrete Produkte betrachtet werden. Vielmehr wird für jede Ebene grundsätzlich festgelegt, welche Typen von Produkten eingesetzt werden und welche Hersteller primär zum Zuge kommen.

Die Auswahl der zukünftigen Hardware wird in erster Linie unter technischen und wirtschaftlichen Aspekten vorgenommen. Darüber hinaus sollten unseres Erachtens drei weitere Aspekte bereits in die langfristige Planung der IT-Infrastruktur einfliessen:

- *Ergonomische Gestaltung der Hardware*

  Der Kreis der Mitarbeiter, die in den Unternehmen einen grossen Teil ihrer Zeit am Bildschirm verbringen, wächst ständig. Ihre Arbeitszufriedenheit und ihr Gesundheitszustand, z.B ihre Sehkraft, hängt stark davon ab, wie ergonomisch die eingesetzte Hardware konstruiert ist.

- *Entsorgung der Geräte*

  Die Lebensdauer der Hardware ist begrenzt. Im Rahmen ökologischer und wirtschaftlicher Überlegungen sollte Hardware nur ersetzt werden, wenn es notwendig ist. Die Unternehmen sollten versuchen, die alte Hardware einer Zweitverwertung, beispielsweise durch Verkauf an die Mitarbeiter, zuzuführen. Bei der Beschaffung sollten Lieferanten bevorzugt werden, welche die Geräte wieder zurücknehmen und ein nachprüfbares Entsorgungskonzept aufweisen (vgl. 20.2.).

- *Energiebedarf*

  Die IT-Infrastruktur in den Unternehmen entwickelt sich zu einem Grossverbraucher an elektrischer Energie. Bereits bei der langfristigen Planung der IT-Infrastruktur ist dafür zu sorgen, dass energiesparende Hardware verwendet wird und dass z.B. die Abwärme des Rechenzentrums für Heizungszwecke weiterverwendet wird.

Planung der Software

Die Softwareplanung setzt - analog zur Hardwareplanung - auf der Auswahl der Softwarearchitektur auf und legt fest, auf welche Betriebssysteme und Anwendungsprogramme sich ein Unternehmen in Zukunft konzentrieren will.

Im Vordergrund steht die Auswahl von Softwarepaketen, d.h. es werden für die Textverarbeitung, Tabellenkalkulation, Graphik und Datenbank auf der Ebene des Arbeitsplatzes Produkte eines Herstellers gewählt.

Von steigender Bedeutung wird die Auswahl der "Middleware" sein. Als Middleware bezeichnen wir die Softwarekomponenten, die zwischen dem eigentlichen Betriebssystem und der Anwendungssoftware liegen. Dazu gehören Datenbankmanagementsysteme, wie ORACLE, DB2 oder Groupwareprodukte, wie LOTUS NOTES. Sie haben neben der Softwarearchitektur entscheidenden Einfluss auf die Portabilität der Anwendungen.

Planung der Netzwerke

Im Rahmen der Netzwerkplanung wird festgelegt, welche Standorte auf welche Weise miteinander verkabelt werden. Wir unterscheiden In-house- und Out-of-house-Netzwerke.

Die *In-house-Netzwerkplanung* legt fest, welche Netzwerke innerhalb der einzelnen Gebäude zu legen sind. Hier wird beispielsweise entschieden, ob alle Arbeitsplätze verkabelt werden und welche Netzwerkprotokolle zum Einsatz kommen. Traditionelle In-house-Netzwerke, wie Ethernet oder Token-Ring, müssen in Zukunft durch leistungsfähigere Netzwerke abgelöst werden, wenn z.B. die Potentiale des Imaging (vgl. 3.2.3.) im Verwaltungsbereich genutzt werden sollen.

Die *Out-of-house-Netzwerkplanung* ist für Unternehmen relevant, die über mehrere Standorte verfügen. Die Planung der IT-Infrastruktur legt fest, ob die einzelnen Standorte durch Wähl- oder Standleitungen verbunden werden oder ob Verbindungen via Satellit notwendig sind.

Bei den Überlegungen im Rahmen der Planung der Out-of-house-Netzwerke muss auch berücksichtigt werden, ob öffentliche oder private Anbieter für die Netzwerke in Anspruch genommen werden.

In immer mehr Branchen kommt es, wie die Entwicklungsrichtungen der Anwendungstypen zeigen, zu unternehmensübergreifender Zusammenarbeit. Die Netzwerke für diese übergreifenden Informationssysteme sind im Rahmen dieses Planungsschrittes zu konzipieren.

Standortplanung für die Rechenzentren

Die IT-Infrastruktur des Arbeitsplatzes, die arbeitsplatznahe Infrastruktur und die Netzwerke sind auf das ganze Unternehmen verteilt.

Die zentrale IT-Infrastruktur wird in *Rechenzentren* zusammengefasst. Innerhalb der langfristigen Planung der IT-Infrastruktur muss darüber nachgedacht werden, welche Rechenzentren in welcher Grösse zur Erfüllung der Anforderungen aus der langfristigen Planung des Informationssystems notwendig sind.

Bei der Planung sind verschiedene Tendenzen zu berücksichtigen:

*   Die Verlagerung von Aufgaben an den Arbeitsplatz und auf die arbeitsplatznahe Ebene, z.B. durch Client-Server-Architekturen, verringert den Bedarf an zentralen Rechenzentrumsleistungen.

*   In Grossunternehmen mit mehreren Standorten ist es durch die verbesserten Netzwerke technisch möglich und auch wirtschaftlich sinnvoll, die zentralen Verarbeitungskapazitäten an einem Ort zu konzentrieren.

*   Die Verkleinerung des Platzbedarfs für Rechner und Speicher erlaubt es in Zukunft, den Platzbedarf für die Rechenzentren zu verringern.

In Branchen, in denen an den Kunden aus rechtlichen Gründen oder aus Gewohnheit sehr viel Papier gesandt wird, wie in Banken und Versicherungen, muss die Standortfrage der Rechenzentren, vor allem der Drucker, zusätzlich unter logistischen Aspekten betrachtet werden. Ausdruck, Packstrassen und Transport zur Post müssen auch in Stosszeiten, z.B. am Jahresende, reibungslos funktionieren.

Im Rahmen der Standortplanung stellt sich für viele Unternehmen die Frage, ob der Aufbau eines eigenen Rechenzentrums vorteilhaft ist oder ob nicht der Betrieb der Rechenzentren und der Netzwerke spezialisierten Anbietern überlassen werden sollte, um die Vorteile des Outsourcings zu nutzen (vgl. 21.6.).

6.7. Dokumentation

Die Dokumentation der IT-Infrastruktur fasst die Ergebnisse der langfristigen Planung der IT-Infrastruktur zu einem Gesamtbild - der IT-Architektur - zusammen.

Die IT-Architektur zeigt, wie die IT-Infrastruktur eines Unternehmens in fünf Jahren aussehen soll.

Sie besteht aus folgenden Teilen:

• Überblick über die IT-Infrastruktur

• Beschreibung der einzelnen Komponenten mittels Netzwerk- und Standortplan

• Sammlung der Standards

Überblick über die IT-Infrastruktur

Der Überblick über die IT-Infrastruktur vermittelt ein Gesamtbild der Hard- und Software sowie der Netzwerke, die in Unternehmen langfristig benötigt werden, um den Anforderungen aus der langfristigen Planung des Informationssystems zu entsprechen. Bild 6.7./1 zeigt, wie der Überblick gestaltet sein könnte.

IT / Ebene	Hardware	Software	Netzwerke
Arbeits-platz			
Arbeits-platznah			
Zentral			
Unter-nehmens-über-greifend			

Bild 6.7./1 Überblick über die IT-Infrastruktur

Beispiel 9 zeigt die Bestandteile der Softwarearchitektur eines Dienstleistungsunternehmens:

Beispiel 9: Softwarearchitektur

Ein grosses Dienstleistungsunternehmen entscheidet sich für eine offene Softwarearchitektur. Im einzelnen werden folgende Festlegungen getroffen:

- *Betriebssysteme:*   *MS-Windows NT und IEEE POSIX*

- *Benutzeroberfläche:*   *X-Window und MS-Windows*

- *Programmiersprachen:*   *C, COBOL 85, C++*

- *Netzwerke:*   *TCP/IP und IBM-SNA*

- *Datenbankabfragesprache:*   *X/OPEN SQL*

Hardware-, Software- und Netzwerkarchitektur

Zusätzlich zu dem Überblick enthält die IT-Architektur eine detaillierte Darstellung der Hard-, Software- und Netzwerkarchitektur.

Der Netzwerk- und Standortplan zeigt die Standorte des Unternehmens und die Rechenzentren. Er enthält Angaben zur Grösse und den Eigentumsverhältnissen der Rechenzentren sowie Angaben zu den In-house- und Out-of-house-Netzwerken des Unternehmens.

Sammlung der Standards

Der dritte Teil der IT-Architektur enthält eine detaillierte Sammlung der informationstechnischen Standards, die einzuhalten sind (vgl. Frenkel 1990).

6.8.   Abstimmung mit der IS-Architektur

IS- und IT-Architektur müssen aufeinander abgestimmt sein. Dies bedeutet, dass in einem iterativen Prozess überprüft werden muss, ob sich alle Anforderungen, die sich aus der Planung des Informationssystems ergeben, wirtschaftlich realisieren lassen. In vielen Fällen stellt sich bei innovativen Anwendungen heraus, dass die Informationstechnik nicht zu dem angekündigten Zeitpunkt verfügbar ist. In diesen Fällen kommt aus der langfristigen Planung der IT-Infrastruktur eine Rückmeldung an die langfristige Planung des Informationssystems, worauf die entsprechende Anwendung gestrichen oder in den Grenzen der verfügbaren Technologie realisiert wird.

6.9.   Zusammenfassung

• Die langfristige Planung der IT-Infrastruktur eines Unternehmens schafft die Voraussetzungen für die Entwicklung und den Betrieb der Anwendungen eines Unternehmens.

• Ergebnis der langfristigen Planung der IT-Infrastruktur ist die IT-Architektur. Sie ist in vier Ebenen gegliedert: Infrastruktur am Arbeitsplatz, arbeitsplatznahe Infrastruktur, zentrale Infrastruktur und unternehmensübergreifende Infrastruktur.

• Die Analyse der zukünftigen Entwicklungsrichtungen hat das Ziel, neue Produkte der Informationstechnik zu erkennen, die in den nächsten drei bis fünf Jahren auf den Markt kommen und deren Einsatz für das Unternehmen vorteilhaft sind.

• Grundlage der langfristigen Planung der IT-Infrastruktur ist die Analyse der IS-Architektur. Die Anforderungen aus der IS-Architektur werden mit der bestehenden IT-Infrastruktur verglichen, um unnötige Investitionen zu vermeiden.

• Zentrale Fragestellung im Rahmen der langfristigen Planung der IT-Infrastruktur ist die Überprüfung der Softwarearchitektur.

• Die Planung der IT-Infrastruktur setzt sich aus einer Hardware-, Software- und Netzwerk- und Standortplanung zusammen.

• Über technische und wirtschaftliche Kriterien hinaus sollten ergonomische und ökologische Kriterien bei der Konzeption der IT-Infrastruktur eine Rolle spielen.

• Die Dokumentation der IT-Infrastruktur erfolgt mittels der IT-Architektur. Sie besteht aus einem Überblick über die IT-Infrastruktur, einem Netzwerk- und Standortplan und einer Sammlung der Standards.

• In mehreren Iterationen werden IS-Architektur und IT-Architektur aufeinander abgestimmt.

7. Planung des IV-Leitbildes

7.1. Wesen

> Das IV-Leitbild bildet die Grundlage für eine kontinuierliche Entwicklung der betrieblichen Informationsverarbeitung.

Ziel der Planung des IV-Leitbildes ist es, einen Rahmen für Entscheidungen über die zukünftige Informationsverarbeitung und das Informationsmanagement zu schaffen, der über einen längeren Zeitraum gültig ist.

Das IV-Leitbild ist ein Dokument, das 15 bis 40 Seiten umfasst. Es ermöglicht eine zielorientierte Gestaltung der Informationsverarbeitung und ihres Managements. Seine Adressaten sind Entscheidungträger auf allen Stufen eines Unternehmens sowie Projektleiter und Projektausschussmitglieder.

Das IV-Leitbild wird alle drei bis fünf Jahre erstellt. Verantwortlich für die Erstellung ist die Leitung einer Behörde oder der IV-Ausschuss eines Unternehmens.

Die *Umsetzung des IV-Leitbildes* erfolgt durch Beachten seiner Vorgaben im Rahmen des Informationsmanagements und bei der Entwicklung der Anwendungen. Technische Ausführungsbestimmungen und eine Management Summary bilden die Grundlage seiner Umsetzung.

Die *technischen Ausführungsbestimmungen* enthalten konkrete Aussagen, Standards und Normen. Ihr Umfang reicht von wenigen Seiten bis zu mehreren tausend Seiten.

Die *Management-Summary* ist ein Instrument der Werbung für die Informationsverarbeitung und ihre Ziele. Seine Adressaten sind alle Mitarbeiter und soweit notwendig auch Interessenten ausserhalb eines Unternehmens.

Die Planung des IV-Leitbildes gliedert sich in folgende Funktionen:

- Formulierung der Inhalte

- Entwicklung des IV-Leitbildes

- Weiterentwicklung des IV-Leitbildes

7.2.   Formulierung der Inhalte

> Formulierung der Inhalte des IV-Leitbildes bedeutet, zu allen inhalt-
> lichen Punkten relevante Aussagen zu erarbeiten.

Zuerst wird in einem Projekt, das nicht länger als sechs Monate gehen sollte,
eine erste Vision erstellt. Auftraggeber sind die Leitung einer Behörde oder der
IV-Ausschuss eines Unternehmens. Er setzt ein Projektteam ein, das aus nicht
mehr als sechs Mitarbeitern besteht. Die Mehrheit der Mitarbeiter kommt aus
der EDV/Org-Abteilung. Der Fachbereich ist durch einen Mitarbeiter vertreten.
Den Vorsitz hat der Leiter der EDV/Org-Abteilung.

Die Inhalte des IV-Leitbildes (vgl. Earl 1989, Ward e.a. 1990) lassen sich in fünf
Bereiche einteilen:

- Allgemeines zum IV-Leitbild

- Informationsverarbeitung

- Informationsmanagement

- Bereichsübergreifende Regelungen

- Schlussbestimmungen

Beispiel 10 zeigt die Inhalte eines IV-Leitbildes.

> *Beispiel 10: IV-Leitbild einer öffentlichen Verwaltung*

*Bild 7.2./1 zeigt das IV-Leitbild einer öffentlichen Verwaltung in der Schweiz
im Überblick. Es ist in fünf Abschnitte aufgeteilt. Der erste Teil bezieht sich
auf das Leitbild selbst. Er enthält Aussagen zum Zweck des Leitbildes, zu
seinem Gültigkeitsbereich und zur Umsetzung. Der Teil "Gestaltung der
Informationsverarbeitung" beschäftigt sich mit den Zielen und der Gestaltung
der Anwendungen sowie mit der Hardware, der Software und den Netzwerken. Der dritte Teil beschreibt das Informationsmanagement. Die öffentliche Verwaltung, deren IV-Leitbild in Bild 7.2./1 dargestellt wird, besteht
aus einer Vielzahl untergeordneter Behörden. Von dem IV-Leitbild wird
verlangt, dass klare Aussagen zur verwaltungsübergreifenden Zusammenarbeit gemacht werden. Diese ist in Abschnitt 4 geregelt. Der Abschnitt
"Schlussbestimmungen" behandelt, wie das IV-Leitbild in Kraft gesetzt wird
und wann und wie es überarbeitet wird.*

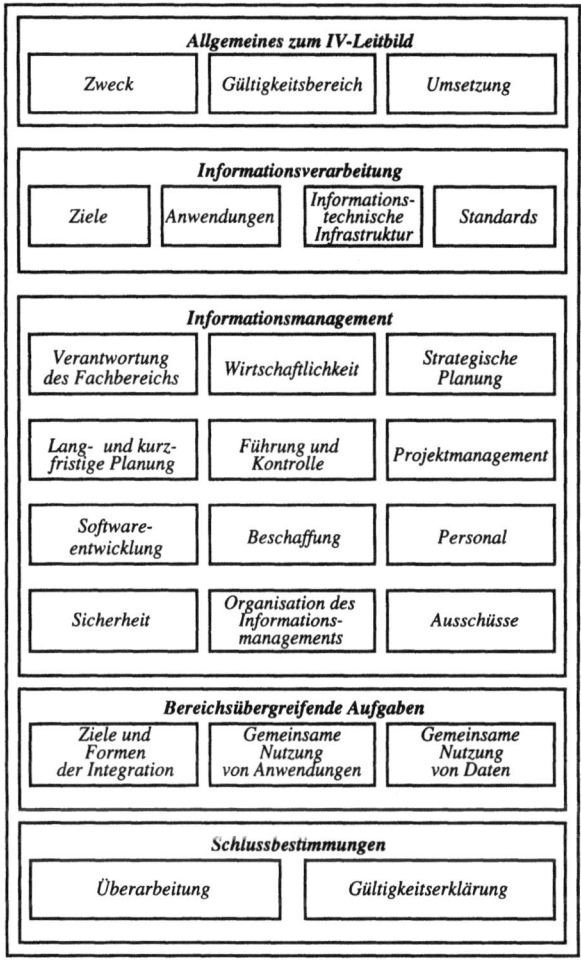

Bild 7.2./1 Struktur des IV-Leitbildes einer öffentlichen Vewaltung

Konkretisierungsgrad der Aussagen

Viele Leitbilder in der Praxis enthalten nur allgemeine, nicht konkretisierte Aussagen über Benutzerfreundlichkeit und Wirtschaftlichkeit. Beispiele derartiger Formulierungen sind: "Die Informationstechnik ist für den Menschen da, und nicht der Mensch für die Technik", "Die Ziele der Informationsverarbeitung befinden sich in Einklang mit den Zielen des Unternehmens" und "Eine ergonomische Gestaltung der computerunterstützten Anwendungen ist anzustreben". Aussagen dieser Art sind nicht in der Lage, die betriebliche Wirklichkeit zu gestalten. Von einem IV-Leitbild wird verlangt, dass seine Aussagen so konkret sind, dass Entscheidungen an ihm ausgerichtet werden können und nachgeprüft werden kann, ob die Vorgaben erfüllt werden.

Die Erfüllung dieser Forderung stellt hohe Anforderungen an das Team, welches das IV-Leitbild entwickelt. Es muss ein Leitbild formulieren, das konkrete Entscheidungen anstelle allgemeingültiger Aussagen enthält. Es werden keine Formulierungen verwendet, wie beispielsweise "Der Einsatz von Standardsoftware ist nach Möglichkeit anzustreben", sondern Aussagen, wie "Im kommerziellen Bereich ist Standardsoftware des Herstellers SAP einzusetzen".

Die präzise Formulierung der Aussagen des IV-Leitbildes ist eine Hilfestellung zur präzisen Formulierung von Zielen. So schlägt Heinrich vier Punkte vor, um strategische Ziele festzulegen (vgl. Heinrich 1992). Im folgenden wird gezeigt, wie konkrete Ziele und Vorgaben im IV-Leitbild mit dieser Methode bestimmt werden können:

- Zielinhalt: Einführung eines Standardsoftwarepakets

- Zielmassstab: Anzahl eingeführter Module des Pakets

- Zielerreichung: Alle Module des Verwaltungssystems

- Zeit: Bis zum 31.12.1996

Der Zielinhalt bestimmt die Eigenschaften oder Merkmale, die geplant, überwacht und gesteuert werden sollen. Der Zielmassstab definiert die Dimension des Zielinhalts und wie dieser gemessen werden soll. Das Ausmass der Zielerreichung legt den Umfang des Zielinhalts fest. Der zeitliche Bezug der Zielerreichung bestimmt den Zeitraum, in dem das angestrebte Zielausmass erreicht werden soll.

Langfristige Orientierung

Das IV-Leitbild zielt darauf ab, *langfristig* die Wirklichkeit eines Unternehmens zu gestalten. Es kann dafür sorgen, dass in einem Unternehmen langfristig Standardsoftware eines bestimmten Herstellers eingesetzt wird. Diese Vorgaben werden aber nur erreicht, wenn über mehrere Jahre in dieselbe Richtung gearbeitet wird.

Das IV-Leitbild muss versuchen, die *zukünftige Entwicklung* des Unternehmens und der Informationstechnik zu antizipieren. Wenn neue Inhalte auftauchen, wie Multimedia, offene Systeme oder Client-Server-Architekturen, erfolgt eine

Änderung des IV-Leitbildes nur nach Prüfung der Inhalte, z.B. in einem Anwendungsprojekt, in einer Erfahrungsgruppe oder mit Hilfe eines Beraters.

Die Forderung nach einer längerfristigen Gültigkeit steht der nach hohem Konkretisierungsgrad der Aussagen entgegen. Eine allgemeingültige Empfehlung, wie dieser Widerspruch gelöst werden kann, gibt es nicht. Eine jährliche Überarbeitung des IV-Leitbildes stellt sicher, dass - wie bei der rollierenden Planung - langfristige, zukunftsorientierte Aussagen konkretisiert werden können.

7.3.   Entwicklung des IV-Leitbildes

In jedem Unternehmen existieren *kritische Fragen*, die im IV-Leitbild beantwortet werden müssen. Dies kann beispielsweise aus technischer Sicht die Auswahl von Standardsoftware, der Entscheid für einen Standard, aus organisatorischer Sicht der Grad der Dezentralisierung der EDV/Org-Abteilung oder die Regelung bereichsübergreifender Zusammenarbeit sein. Das Projektteam, welches das IV-Leitbild entwickelt, ist in vielen Fällen mit der Beantwortung dieser Fragen überfordert. Es empfiehlt sich, Evaluationsprojekte zu initiieren und spezielle Projektteams einzusetzen, die sich mit den kritischen Fragen beschäftigen. Bild 7.3./1 zeigt, wie in einem Unternehmen parallel zur Erarbeitung des IV-Leitbildes in mehreren Teilprojekten diese Fragen behandelt und entschieden wurden.

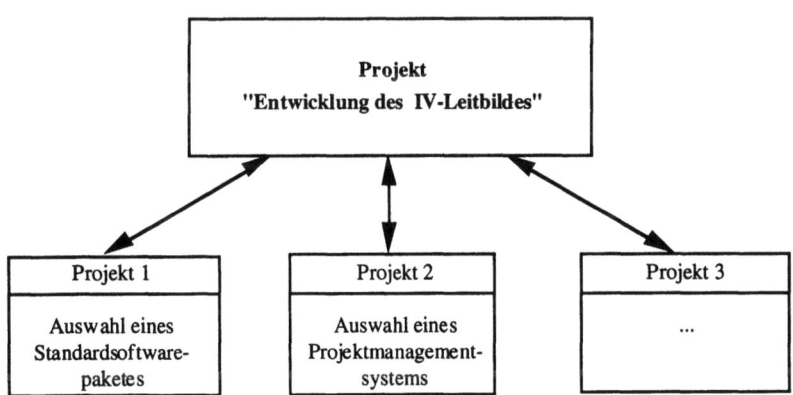

Bild 7.3./1 Entwicklung der Inhalte eines IV-Leitbildes

Dieses Vorgehen erlaubt die Einbeziehung von Spezialisten für Detailfragen. Die Anzahl und Herkunft der Mitarbeiter richtet sich nach dem Gegenstand des Projekts. Beispielsweise kann die Auswahl eines Standardsoftwarepaketes in einem eigenen "Evaluationsprojekt" organisiert sein.

Nach Abschluss der Entwicklung des IV-Leitbildes legt das Projektteam, welches das IV-Leitbild erstellt, dem Auftraggeber einen Entwurf vor. Jedes Mitglied überprüft die Inhalte in bezug auf die Auswirkungen auf seinen Bereich und die Umsetzbarkeit. In der nächsten Sitzung werden die offenen Fragen besprochen und das IV-Leitbild in Kraft gesetzt.

7.4.   Weiterentwicklung des IV-Leitbildes

Ständig kommen aus dem Unternehmen Anregungen für neue Inhalte oder Anträge zur Änderung bestehender Formulierungen. Alle betroffenen Mitarbeiter können *Änderungsanträge* stellen, über die der IV-Ausschuss oder die Leitung einer Behörde auf Antrag des Leiters der EDV/Org-Abteilung entscheidet.

Der langfristige Charakter verbietet es, das IV-Leitbild laufend zu verändern. Einmal im Jahr wird es dem aktuellen Entwicklungsstand angepasst. Ungefähr alle drei bis fünf Jahre sollte das Leitbild von Grund auf neu erstellt werden.

7.5.   Zusammenfassung

- Das IV-Leitbild ist die Grundlage einer kontinuierlichen und langfristig orientierten Entwicklung der betrieblichen Informationsverarbeitung. Es handelt sich um ein Dokument, das 15 bis 40 Seiten umfasst.

- Das IV-Leitbild umfasst Aussagen zur Gestaltung der computerunterstützten betrieblichen Informationsverarbeitung und zum Informationsmanagement.

- Die Aussagen im IV-Leitbild müssen so konkret wie möglich formuliert sein. Sind die Vorgaben wie Zielsetzungen aufgebaut, kann geprüft werden, ob sie eingehalten werden.

- Die langfristige Orientierung der Aussagen des IV-Leitbildes verlangt Kompromisse zwischen der präzisen Formulierung der Vorgaben und der Unsicherheit über die zukünftige Entwicklung. Eine regelmässige Überarbeitung stellt sicher, dass die Aussagen über innovative Bereiche im Laufe der Zeit immer konkreter werden.

- Die Entwicklung des ersten IV-Leitbildes erfolgt in einem eigenständigen Projekt. Zur Lösung kritischer Fragen, z.B. welche "Standardsoftwarepakete" in der Verwaltung eingesetzt werden sollen, werden eigenständige Evaluationsprojekte eingerichtet.

8. IV-Entwicklungsplanung

8.1. Wesen

> IS-Entwicklungsplanung ist die Aufgabe, in der aus den Ideen für neue Anwendungen und der Entwicklung der IT-Infrastruktur Projekte formuliert werden und in der ein Unternehmen entscheidet, welche Projekte in welcher Reihenfolge mit welchem personellem und finanziellem Aufwand realisiert werden.

Die IV-Entwicklungsplanung beschäftigt sich mit allen Typen von Projekten des Informationsmanagements (vgl. Earl 1989):

* Eigenentwicklung von Anwendungen

* Einführung von Standardsoftware

* Wartung und Erweiterung bestehender Anwendungen

* Evaluation von Hardware, Software und Standards

* Einführung von Hardware und Software

* Um- und Neubau von Rechenzentren

* experimentelle und innovative Projekte

Neben diesen Typen von Projekten existieren in den Unternehmen weitere Projektkategorien, die berücksichtigt werden müssen:

* laufende Projekte

* nicht genehmigte Projekte

Die nicht genehmigten Projekte verdienen besondere Beachtung. In fast jedem Unternehmen existiert ein Sockel nicht genehmigter Projekte, der in der IV-Entwicklungsplanung berücksichtigt werden muss, z.B. durch Reservierung eines Anteils der Entwicklungskapazität.

Für die IV-Entwicklungsplanung ist der Fachbereich verantwortlich. Seine Mitarbeit ist notwendig, um die Projekte zu formulieren. Er entscheidet, mit welcher Priorität die vorgeschlagenen Anwendungsideen realisiert werden und welche personellen und finanziellen Mittel das Unternehmen für die Weiterentwicklung der Informationsverarbeitung einsetzt.

Die IV-Entwicklungsplanung gliedert sich in folgende Funktionen:

• Projektformulierung

• Limitierung der Projektgrösse

• Analyse der betrieblichen Abhängigkeiten der Projektvorschläge

• Analyse der geschäftlichen Prioritäten

• Migrations- und Ressourcenplanung

• Entwicklungsplanung in dezentral organisierten Unternehmen

8.2.   Projektformulierung

> Die Projektformulierung hat das Ziel, die Anwendungsbeschrei-
> bungen, die im Rahmen des IT-orientierten Innovationsmanagements,
> der langfristigen Planung des Informationssystems sowie der IT-
> Infrastruktur entstanden sind, soweit zu präzisieren, dass sie beurteilt
> werden können.

Beschreibung der Projektanträge für die Anwendungsideen

Ein *Projektantrag* beschreibt in knapper Form ein Projekt mit seinen wichtigsten Eigenschaften. Die strukturierte Beschreibung im Projektantrag gewährleistet, dass objektiv über Projektvorschläge entschieden werden kann.

Der Projektantrag ist folgendermassen strukturiert[*]:

• Name des Antrags

• Ersteller des Antrags

• Erstellungsdatum

• Ziele des Projektvorschlags

• Beschreibung des Projektvorschlags

• Wirtschaftlichkeitsbetrachtung (quantitativ und qualitativ)

---

[*] Diese Struktur lehnt sich an ein Formular an, das die IMG Information Management Gesellschaft in St. Gallen seit Jahren erfolgreich einsetzt.

- Auftraggeber

- Projektausschuss

- Projektteam

- Risiken des Projektvorschlags

- Begrenzungen des Projektvorschlags

- Abhängigkeiten von anderen Projekten

Von besonderer Wichtigkeit für die weitere Beurteilung ist die Quantifizierung der "Wirtschaftlichkeit", beispielsweise in Form der Amortisationsdauer (vgl. 8.5.).

Erstellung einer Machbarkeitsstudie für grössere Projekte

Grössere Vorhaben arbeiten Fachbereich und EDV/Org-Abteilung im Rahmen einer *Machbarkeitsstudie* aus.

Die Machbarkeitsstudie bildet - wenn das Projekt genehmigt wird - die Grundlage für die eigentliche Projektarbeit. Die Anfertigung einer Machbarkeitsstudie ist keine Vorentscheidung für ein Projekt, sondern ein Mittel, um die Entscheidungsgrundlage zu verbessern. Viele Risiken und Limitierungen der späteren Lösung werden bereits in einer frühen Phase erkannt.

Die Machbarkeitsstudie schafft eine fundierte Grundlage für Entscheidungen über einen Projektvorschlag. Ihr Umfang beträgt ca. 20 Seiten und sie hat folgenden Inhalt:

- **Management-Summary**

Die Management-Summary fasst die wesentlichen Erkenntnisse der Studie zusammen, enthält eine Beurteilung des Projektvorhabens und einen konkreten Vorschlag für das weitere Vorgehen.

- **Ausgangslage**

Die Ausgangslage zeigt die aktuellen Probleme des zu untersuchenden betrieblichen Bereichs. Typische Inhalte sind die Ist-Organisation, die wesentlichen Geschäftsfunktionen und eine Liste der Probleme bei der Informationsverarbeitung.

- **Ziele/Pflichtenheft**

Das Team formuliert die Ziele des Projekts so präzise wie möglich. Quantifizierten, nachprüfbaren Zielsetzungen ist der Vorzug zu geben. Eine Zielhierarchie unterstützt die Operationalisierung der Ziele. Die Ziele werden soweit ausgearbeitet, dass sie bei Ausschreibungen Grundlage des Pflichtenhefts sind.

- **Lösungsansatz**

Auf der Grundlage der Zielsetzungen entwickelt das Team alternative Lösungsansätze. Sie werden in Form der Ablauf- und Aufbauorganisation und einer Beschreibung der Daten und Funktionen dokumentiert. Kommt Standardsoftware in Frage, evaluiert das Team als Grundlage für die Wirtschaftlichkeitsberechnungen, welche Möglichkeiten existieren und welche Anbieter auf den ersten Blick in Frage kommen.

Für die Realisierung jedes Projektvorschlags sollten mindestens vier Alternativen ausgearbeitet werden. Eine Alternative repräsentiert den gegenwärtigen Ist-Zustand. Die übrigen beschäftigen sich mit dem Einsatz der Informationstechnik, beispielsweise in Form einer PC-Lösung (vgl. Sokolovsky 1992). Das Team bewertet die Alternativen und entscheidet sich für eine Variante.

- **Wirtschaftlichkeitsanalyse**

Die Wirtschaftlichkeitsanalyse ist in vier Rubriken gegliedert: quantitative Kosten, qualitative Kosten, quantitativer Nutzen, qualitativer Nutzen. Sie zeigt die Entwicklung dieser Grössen für mehrere Jahre an. Aus diesen Angaben wird die Amortisationsdauer berechnet. Sie ist in der IV-Entwicklungsplanung die zentrale Grösse für die quantitative Beurteilung der Projekte.

- **Risikoanalyse**

Die Risikoanalyse vermittelt einen Überblick über die Faktoren, die sich beschleunigend oder verzögernd auf das Projekt auswirken können.

- **Projektorganisation und Projektplanung**

Dieser Teil der Machbarkeitsstudie enthält eine vorläufige Projektorganisation und eine Zeitplanung. Die voraussichtliche Projektorganisation umfasst die Namen der Mitarbeiter, ihre Funktion im Projekt und den Anteil der Arbeitszeit, den sie in das Projekt einbringen.

Die Erstellung einer Machbarkeitsstudie über einen Projektvorschlag bedeutet zunächst einen deutlichen *Mehraufwand*. Viele Mitarbeiter sträuben sich dagegen, weil nicht sicher ist, ob das Projekt begonnen wird. Aus unternehmerischer Sicht ist diesen Argumenten entgegenzuhalten, dass die Effektivität der EDV/Org-Abteilung erhöht wird, wenn nur über Projektvorschläge entschieden wird, von denen feststeht, dass sie den Wünschen der Auftraggeber entsprechen und eine realistische Chance haben, erfolgreich beendet zu werden.

8.3.   Limitierung der Projektgrösse

Die Limitierung der Projektgrösse hat das Ziel, die Projekte inhaltlich und vom Umfang derart einzugrenzen, dass eine reale Chance zur erfolgreichen Umsetzung besteht.

Eine grosse Anzahl von Projekten wird erfolglos abgebrochen. Eine der wichtigsten Ursachen liegt in der Grösse der Projekte. Eine Begrenzung von Projekten ist sowohl hinsichtlich der Dauer als auch der Anzahl der beteiligten Personen notwendig (vgl. Comittee 1994).

Begrenzung der Dauer von Projekten

Viele Unternehmen machen die Erfahrung, dass Projekte, deren Dauer drei Jahre überschreitet, fehlschlagen. Trotzdem finden sich in der Praxis Projekte mit einem Planungshorizont von vier oder mehr Jahren.

Eine Projektdauer von mehr als *zwei Jahren* steht im Widerspruch zu den ständigen Veränderungen in den Unternehmen. Die kontinuierlichen Anpassungen der Unternehmensführung an eine veränderte Umwelt wirken sich auf die Projekte durch veränderte Zielsetzungen, Personalwechsel und Reorganisationen aus. Je länger die Projekte dauern, um so grösser ist die Gefahr, dass sie bei Fertigstellung nicht mehr in die unternehmerische Wirklichkeit passen, von der bei Beginn ausgegangen wurde.

Begrenzung der Anzahl der beteiligten Mitarbeiter

Eine weitere Erfahrung mit Grossprojekten führt zur Forderung nach einer Beschränkung der Anzahl der *beteiligten Mitarbeiter*. Erfahrungen aus der Psychologie und Beobachtungen in der Projektpraxis zeigen, dass Teams mit mehr als sieben Teilnehmern nur sehr schwer zu führen sind. Ein Unternehmen sollte davon absehen, bei Terminproblemen die Lösung in der Erhöhung der Anzahl der Projektmitarbeiter zu suchen. *Brooks* hat bereits Anfang der 70er

Jahre darauf hingewiesen, dass sich Zeit und Anzahl der beteiligten Mitarbeiter nicht beliebig substituieren lassen (vgl. Brooks 1975).

Grundregel für die Grösse von Projekten

Aufgrund dieser beiden Erfahrungen stellen wir eine Grundregel für die Grösse von Projekten im Rahmen eines Informationsmanagements auf:

*   Projekte dürfen nicht länger als 18 Kalendermonate dauern.

*   Das Projektteam darf höchsten sieben Personen umfassen.

*   Insgesamt soll der Personalaufwand nicht mehr als 10 Mannjahre betragen.

Rahmenprojekte für grössere Vorhaben

In der Praxis des Informationsmanagements in grossen Unternehmen gibt es immer wieder Grossprojekte, die über diese beiden Begrenzungen hinausgehen. Diese Vorhaben werden bereits vor Projektbeginn in Teilprojekte aufgelöst und in einem *Rahmenprojekt* zusammengefasst. Die Verantwortlichen richten Gremien ein, welche die Koordination zwischen den einzelnen Teilprojekten sicherstellen.

8.4.   Analyse der betrieblichen Abhängigkeiten der Projektvorschläge

Die Analyse der betrieblichen Abhängigkeiten untersucht die Abhängigkeiten der Projektvorschläge aus der langfristigen Planung des Informationssystems.

Die beiden Beispiele 11 und 12 illustrieren zwei unterschiedliche Arten betrieblicher Abhängigkeiten.

Beispiel 11: Geographische Strukturierung

Ein Handelsunternehmen hat 95 Filialen, die auf ganz Deutschland verteilt sind. Dem IV-Ausschuss des Unternehmens liegt ein Projektvorschlag "Einführung elektronischer Datenkassen" vor. Bei der unternehmerischen Bewertung wird dieses Projekt mit der höchsten Dringlichkeit versehen.

Es ist weder unternehmerisch sinnvoll, noch von der Kapazität der EDV/Org-Abteilung her möglich, in einem Schritt alle Filialen mit dem neuen System auszurüsten. Die Analyse der betrieblichen Abhängigkeiten führt zu einer Reihenfolge, in der die einzelnen Filialen umgerüstet werden. Als Kriterium für die Reihenfolge der Einführung werden die Ergebnisse einer ABC-Analyse der Deckungsbeiträge der einzelnen Filialen genommen.

Beispiel 12: Einführung eines Führungsinformationssystems

Ein grosses Dienstleistungsunternehmen setzt sich zum Ziel, mit höchster Priorität die Qualität der Führungsinformationen zu verbessern. Eine mehrdimensionale Deckungsbeitragsrechnung soll eine Analyse des Erfolgs nach den Dimensionen "Zeitraum", "Produktgruppen" und "Geographische Märkte" ermöglichen.

Die Machbarkeitsstudie kommt zum klaren Ergebnis, dass auf der Basis der heutigen Finanzbuchhaltung ein mehrdimensionales Führungsinformationssystem unmöglich sei. Man müsste entweder alle Daten auf der Stufe des Führungsinformationssystems neu eingeben oder das gesamte Finanz- und Rechnungswesen von Grund auf erneuern. Der IV-Ausschuss entscheidet sich für die zweite Alternative. Die Machbarkeitsstudie schlägt vor, ein weit verbreitetes Standardsoftwarepaket einzusetzen.

Die Analyse der betrieblichen Abhängigkeiten zeigt auf, in welcher Reihenfolge die Module des Standardsoftwarepakets eingeführt werden müssen. Ergebnis ist, dass die mehrdimensionale Deckungsbeitragsrechnung - obwohl von der Geschäftsleitung mit höchster Priorität versehen - frühestens in vier Jahren vorliegen wird.

Folgende Faktoren können die Ursache betrieblicher Abhängigkeiten zwischen Projektvorschlägen sein:

- betriebswirtschaftliche Zusammenhänge

  Beispiel: Führungsinformationssysteme bauen auf den operativen Systemen auf.

- informationstechnische Zusammenhänge

  Beispiel: Die automatische Dateneingabe durch Scanner-Kassen muss funktionieren, bevor die dabei entstehenden Daten in einem Führungsinformationssystem genutzt werden können.

- Überschreitung organisatorischer Grenzen, sowohl innerbetrieblich als auch zwischenbetrieblich

Beispiel: Bevor der Datenaustausch durchgeführt werden kann, müssen auf beiden Seiten geeignete Anwendungen zur Verfügung stehen.

- Zusammenhänge aus der Konzeption der Software

Beispiel: Die vom Lieferanten empfohlene Reihenfolge bei der Einführung eines Standardsoftwarepaketes.

- Verfügbarkeit von Know-how bei den Mitarbeitern im Fachbereich und EDV/Org-Abteilung sowie Dauer des Aufbaus dieses Wissens

- Restriktionen der bestehenden informationstechnischen Infrastruktur

Beispiel: Eine Erweiterung der Zentraleinheit aus Kapazitätsgründen, wenn relationale Datenbanktechnologie eingesetzt wird, oder der Aufbau von Netzwerken als Grundlage für den Datenaustausch.

- bestehende Anwendungen und organisatorische Lösungen

Beispiel: Bei Ersatz einer Anwendung müssen die Datenbestände übernommen werden.

- Notwendigkeit eines gestaffelten Vorgehens

Beispiel: Einführung einer neuen Anwendung entweder pro Abteilung, pro dezentralem Bereich, pro Niederlassung oder pro Land.

Die Vielzahl der Faktoren vermittelt einen Eindruck von der Schwierigkeit der Analyse der betrieblichen Abhängigkeiten. Um einen realistischen IV-Entwicklungsplan zu erhalten, ist es unerlässlich, die Abhängigkeiten zwischen den potentiellen Projekten zu ermitteln.

8.5.   Analyse der geschäftlichen Prioritäten

Ziel dieses Planungsschrittes ist die Bestimmung der Wichtigkeit der einzelnen Projektanträge aus unternehmerischer Sicht sowie die Festlegung der Reihenfolge, in der sie - unter Berücksichtigung ihrer Abhängigkeiten - realisiert werden sollten.

In der Praxis und Lehre existieren verschiedene Methoden zur unternehmerische Bewertung der Projektvorschläge (vgl. Buss 1983, Bauknecht/Hanker 1988, Parker/Trainor/Benson 1989). Wir behandeln in diesem Lehrbuch:

- Portfolio-Methode

- Bewertung mittels kritischer Erfolgsfaktoren

- Wirtschaftlichkeitsanalyse

Portfolio-Methode

Die Portfolio-Methode von Projektvorschlägen lehnt sich an die Portfolio-analysen von Produkten und strategischen Geschäftsbereichen an, die von der Boston Consulting Group und McKinsey entwickelt wurden und zu einem festen Bestandteil der strategischen Unternehmensplanung geworden sind (vgl. Hinterhuber 1992). Beispiel 13 zeigt, wie ein schweizerisches Grossunternehmen seine Projekte mit Hilfe der Portfolio-Methode bewertet (vgl. McFarlan 1984, Bauknecht/Hanker 1988).

Beispiel 13: Portfolio-Analyse von Projektvorschlägen (vgl. Hilbers 1992)

Das Unternehmen formuliert in seinen Geschäftsbereichen Projektanträge. Der IV-Ausschuss ist für ihre Bewertung verantwortlich. Die beiden Dimensionen, die der Bewertung zu Grunde liegen, sind: Strategische Bedeutung und Wirtschaftlichkeit.

Die strategische Bedeutung der Projekte wird anhand des potentiellen Gewinns an Marktvorteilen und des Einflusses auf die Informationsversorgung beurteilt.

Über eine Gewichtung der Einzelfaktoren ordnet das Team jedem Projekt jeweils einen Punktwert für die Wirtschaftlichkeit und einen für die strategische Bedeutung des Projekts zu. Alle Projekte werden anschliessend gemeinsam in einer Vierfelder-Matrix (vgl. 8.5./1) positioniert.

Die Felder dieser Matrix ordnen die Projekte in "Durchbruchprojekte" (hohe strategische Bedeutung, jedoch geringe Wirtschaftlichkeit), "Waffe" (hohe strategische Bedeutung und hohe Wirtschaftlichkeit), "Unterstützungs-projekte" (geringe strategische Bedeutung, knappe Wirtschaftlichkeit) und in Projekte vom Typ "Fabrik" (hohe Wirtschaftlichkeit, geringe strategische Bedeutung) ein.

Die Einordnung der ca. 100 Projekte in diese Matrix ergab eine erhebliche Konzentration beim Projekttyp "Unterstützung". Die Verteilung der Ressourcen auf Projekte von geringer strategischer Bedeutung und schwacher Wirtschaftlichkeit gilt es zu überdenken.

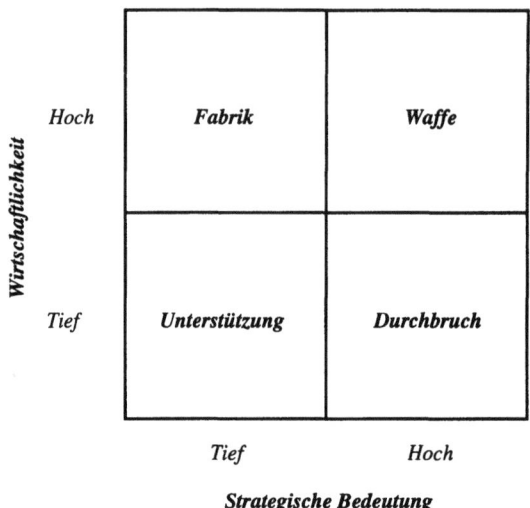

Bild 8.5./1 Portfolio-Matrix

Die Bewertung von Projektvorschlägen mit Hilfe der Portfolio-Methode erlaubt eine übersichtliche und gesamtheitliche Darstellung der Projekvorschläge eines Unternehmens. In der Praxis ist es unwahrscheinlich, dass über eine grössere Anzahl von Projekten gemeinsam entschieden wird. In der Regel muss getrennt für jedes einzelne Projekt eine Entscheidung gefunden werden. Dabei erweist sich die Portfolio-Analyse als untaugliches Instrument.

Wirtschaftlichkeitsanalyse

Projekte sollten nach den *gleichen* Kriterien wie alle übrigen Investitionen eines Unternehmens beurteilt werden. *Wirtschaftlichkeit* im Sinne des Verhältnisses von eingesetzten zu erzeugten Werten ist dabei das entscheidende Kriterium (vgl. Anselstetter 1984, Schumann 1992).

Die *Investitionstheorie* der Betriebswirtschaftslehre beurteilt die Wirtschaftlichkeit von Projekten aufgrund quantitativer und qualitativer Kriterien.

Quantitative Kriterien sind Grössen, wie interner Zinsfuss, Barwert, Rendite, Amortisationsdauer, Kosten und Einsparungen beziehungsweise Gewinne, ausgedrückt in Prozentangaben oder in absoluten Grössen.

Als *qualitative Kriterien* werden z.B. Erhöhung der Servicequalität, Vermeidung von Wartezeiten für Kunden und Verbesserung des Images eines Unternehmens benutzt. Die Bedeutung der quantitativen Kriterien für Entscheidungen ist in der Praxis höher als die der qualitativen Grössen.

Die *Amortisationsdauer* (Pay-Back-Period) ist ein entscheidendes quantitatives Kriterium. Sie ergibt sich aus der Division der Kosten durch den erwarteten Nutzen eines Projektes. Die Amortisationsdauer erlaubt auf einfache Weise eine quantitative Beurteilung der Projektvorschläge, ohne dass man sich mit "komplizierten" Fragen, wie der Verzinsung, beschäftigen muss.

Die Amortisationszeit als Entscheidungsgrundlage kann in der Praxis zu Verzerrungen führen. Die Durchführung von Projekten mit kurzer Amortisationsdauer, die in absoluten Zahlen nur einen geringen Nutzen aufweisen, verhindern die Realisierung von Projekten mit einer schlechteren Amortisationsdauer aber einem höheren Nutzen. Die Beurteilung von Projektvorschlägen nach ihrer Amortisationszeit sollte durch eine Betrachtung der absoluten Grösse ergänzt werden.

Bild 8.5./2 zeigt die Struktur einer Wirtschaftlichkeitsanalyse, mittels der die Amortisationszeit berechnet werden kann.

	1995	1996	1997	...
Einmaliger Nutzen ...				
Laufender Nutzen ...				
Gesamter Nutzen				
Einmalige Kosten ...				
Laufende Kosten ...				
Gesamte Kosten				
Amortisationsdauer				

Bild 8.5./2 Struktur einer Wirtschaftlichkeitsrechnung

Die Analyse sollte sich auf den gesamten Lebenszyklus einer Anwendung beziehen und nicht nur auf die Dauer der Entwicklung. Empirische Analysen ergaben, dass nur ca. 30% der Gesamtkosten einer Anwendung während ihrer Entwicklung entstehen (vgl. Österle 1981).

Den *Nutzen* schätzt man, indem positive Effekte der Informationsverarbeitung, wie die Erhöhung der Geschwindigkeit und der Produktivität, die Verbesserung der Qualität und die Senkung der Kosten in monetären Grössen ausgedrückt werden.

Es ist nicht sinnvoll, durch stärker mathematisch untermauerte Berechnungsverfahren eine Genauigkeit der Bewertung vorzutäuschen, die bei der Beurteilung von Projektvorschlägen aufgrund der verfügbaren Rohdaten, insbesondere bei den Nutzenschätzungen, nicht haltbar ist.

Parallel zu den quantifizierbaren Kriterien ermittelt das Team, das die Projektvorschläge bewertet, den *qualitativen Nutzen*, der sich in Effekten, z.B. einer Verbesserung des Image, äussert, und die *qualitativen Kosten*, z.B. durch Erhöhung der Komplexität eines Prozesses.

Bewertung mittels kritischer Erfolgsfaktoren

Eine weitere Methode zur unternehmerischen Bewertung der Projektanträge orientiert sich an der Unterstützung der kritischen Erfolgsfaktoren des Unternehmens.

Die unternehmerische Bewertung bezieht sich sowohl auf die Projektvorschläge als auch auf bereits laufende Projekte. Der IV-Ausschuss ist für die unternehmerische Bewertung der Projektvorschläge verantwortlich.

Die Entwicklungsplanung sieht zwei Vorgehensweisen vor, um den Beitrag der Projektvorschläge zur Unterstützung der Erfolgsfaktoren zu ermitteln:

Verfahren 1 geht von Erfolgsfaktoren aus. Der IV-Ausschuss diskutiert jeden einzelnen Projektantrag und bestimmt auf einer Skala, wie stark die Realisierung der Anwendung die Erfolgsfaktoren unterstützt. Objektivität ist nicht möglich; wichtig ist der Konsens. Von Vorteil ist, dass in der Diskussion des IV-Ausschusses jeder Projektvorschlag intensiv analysiert wird. Bei diesen Gesprächen besteht jedoch die Gefahr der Beeinflussung durch höherrangige Mitglieder des IV-Ausschusses. Das Dokument in Bild 8.5./3 zeigt das Ergebnis dieser Vorgehensweise.

Bei *Verfahren 2* ist jedes Mitglied des IV-Ausschusses aufgefordert, jedem Projekt eine Anzahl von Punkten entsprechend dessen unternehmerischer Bedeutung zu geben. Die Punkte pro Projekt werden addiert und ergeben eine Rangfolge der Projekte. Dieses Verfahren ist objektiver als Verfahren 1. Bei seiner Anwendung kommt es aber zu keiner vertieften Diskussion im IV-Ausschuss über den unternehmerischen Nutzen der einzelnen Vorschläge.

Beispiel 14 zeigt, wie in einem Unternehmen Projektvorschläge mit Hilfe dieser Methode bewertet werden.

Beispiel 14: Unternehmerische Bewertung von Projekten

Der IV-Ausschuss eines Unternehmens hat die Projektvorschläge und die laufenden Projekte bewertet. Bild 8.5./3 zeigt das Resultat.

Unternehmerische Bewertung von Projekten

Projekte / Erfolgsfaktoren	Verbesserung Kundennähe	Entwicklung Mitarbeiter	Verbesserung Informations-fluss	Entscheid
Laufende Geschäfts-partner-DB	++	+	+	*ja*
Laufende Anlage-rechnung				*MUSS*
Neue Finanz-buchhaltung	0	0	++	*ja*
Neue Rechnungs-wesen	0	+	++	*ja*
Neue Verkaufs-prognose	0	0	++	*nein*
Neue Verkaufsad-ministration	++	0	+	*nein*
Neue Verkaufs-steuerung	++	+	++	*ja*
Neue Lager-buchhaltung	0	0	+	*nein*

Diese Bewertung wurde von den Mitgliedern des IV-Ausschusses erarbeitet.

Bild 8.5./3 Unternehmerische Bewertung von Projekten

Infrastrukturprojekte oder innovative Vorhaben haben in dem oben dargestellten Verfahren keine Chance, realisiert zu werden. Der IV-Ausschuss kann wichtigen Projekten das Prädikat "Muss" verleihen, um ihre Durchführung sicherzustellen.

8.6.   Migrations- und Ressourcenplanung

Die Migrations- und Ressourcenplanung basiert auf den Analysen der betrieblichen Abhängigkeiten und der geschäftlichen Prioritäten. Sie legt fest, welche Projekte im Rahmen der finanziellen und personellen Ressourcen eines Unternehmens in Angriff genommen werden können und welche Ressourcen für den laufenden Betrieb benötigt werden.

Migrationsplanung

Die Migrationsplanung bestimmt die Reihenfolge der Bearbeitung der Projekte.

Die Ergebnisse der Analyse der Abhängigkeiten und der geschäftlichen Prioritäten kombiniert der Leiter der EDV/Org-Abteilung zu einer "Wunschreihenfolge der Projekte".

Eine Darstellung der Projekte auf der Grundlage eines Balkendiagramms (vgl. 8.6./1) gibt einen Überblick über die beabsichtigte Reihenfolge der genehmigten Projekte.

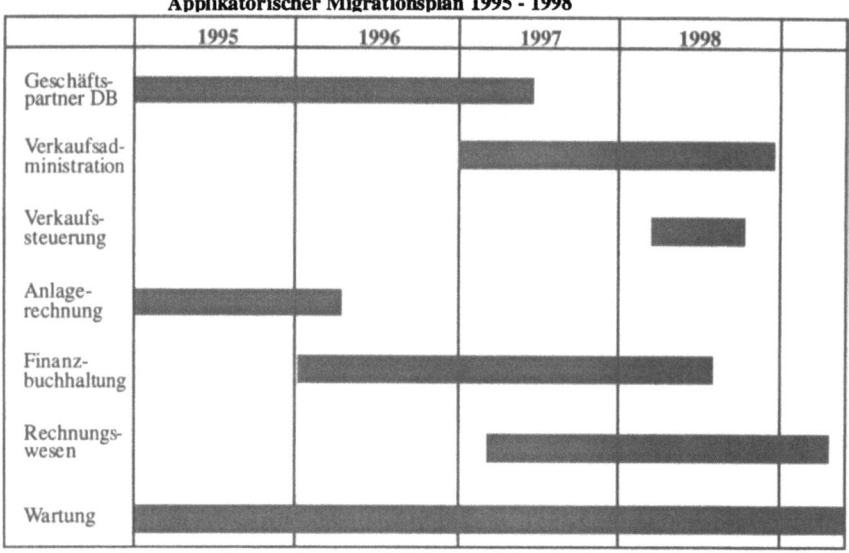

Bild 8.6./1 Migrationsplan

Bei der Migrationsplanung ist zu berücksichtigen, dass ein Teil der vorhandenen Ressourcen durch laufende Projekte, Muss-Projekte und die Wartung bestehender Anwendungen sowie den laufenden Betrieb gebunden ist. Es sollten nicht alle vorhandenen personellen und finanziellen Kapazitäten ausgeschöpft werden. Auch in Unternehmen, die ein ausgebautes Informationsmanagement besitzen, müssen immer wieder Projekte, vor allem Änderungsanträge, ungeplant bearbeitet werden. Ausserdem sollte ein Teil der Ressourcen für innovative Vorhaben vorgesehen werden.

Personalplanung

Die langfristige Personalplanung geht von den Ergebnissen des Migrationsplans aus. Für jeden Projektvorschlag existieren aus seinem Projektantrag oder aus seiner Machbarkeitsstudie Schätzungen über den Personalaufwand für dessen Realisierung. Zusätzlich kommt die Schätzung der Mitarbeiter, die für den laufenden Betrieb der Informationsverarbeitung benötigt werden.

Der Personalbedarf des Fachbereichs und der EDV/Org-Abteilung wird getrennt aufgeführt. Diese Differenzierung dient in erster Linie dazu, den Beitrag des Fachbereichs zu dokumentieren. Der Einsatz externer Berater wird ebenfalls getrennt ausgewiesen.

Finanzplanung

Parallel zur Migrationsplanung und zur Personalplanung läuft die langfristige Finanzplanung ab. Der Finanzplan zeigt die gesamten Aufwendungen für die Weiterentwicklung und den Betrieb der Informationsverarbeitung.

Der Finanzplan differenziert die internen Kosten nach Personal- und Sachkosten. Die Personalkosten bauen auf den Angaben aus dem Personalplan auf. Die Sachkosten enthalten Infrastrukturkosten, die auf die Projekte umgelegt werden, und direkte Anschaffungen, wie Standardsoftware. Die Kosten externer Beratung sind im Finanzplan getrennt ausgewiesen.

Abgleichung von Migrations-, Personal- und Finanzplan

Die Migrationsplanung, die Personal- und Finanzplanung sind eng miteinander verbunden. In einem iterativen Prozess wird im Rahmen der langfristigen Planung Sorge getragen, dass nur die Projekte in den Migrationsplan kommen, für die Mittel und Personal vorhanden sind. Jede Veränderung in einem der drei Pläne führt dazu, dass die beiden anderen angepasst werden müssen. Wenn z.B. ein neues Projekt eingeplant wird, sind seine personellen Kapazitäten und finanziellen Auswirkungen in den Plan zu integrieren. Dieser Abstimmungsprozess kann in einem Unternehmen zu grossen Konflikten führen, da in der Regel auf viele Anwendungsideen verzichtet werden muss, weil keine Mittel vorhanden sind.

Risikoanalyse des Entwicklungsplans

Aktives Risikomanagement bedeutet, dass der Leiter der EDV/Org-Abteilung und die Verantwortlichen in den Fachbereichen von sich aus tätig werden. Die Erfahrungen in der Praxis zeigen, dass durch unrealistische IV-Entwicklungspläne und den damit zusammenhängenden Termin- und Kostenüberschreitungen bei den Geschäftsleitungen in der Vergangenheit viel Vertrauen verloren wurde.

Folgende Punkte erweisen sich als relevant, wenn es um die Risikobeurteilung des IV-Entwicklungsplans geht (vgl. Cash/McFarlan/McKenny 1988):

- Berücksichtigung der Initialisierungsphase von Projekten

- Anzahl parallel laufender Projekte pro Anwendungsbereich

- gegenseitige Abhängigkeiten der Projekte

- Verfügbarkeit der Projektmitarbeiter, insbesondere im Fachbereich

- Know-how und Erfahrung der Mitarbeiter der EDV/Org-Abteilung und des Fachbereichs

- Grad der Vertrautheit mit den eingesetzten Methoden und Tools

- Abhängigkeiten von Einzelpersonen, z.B. Experten

- Solidität der Zeitplanung, Berücksichtigung von Urlaub, Ausbildung etc.

- Klima in den betroffenen Bereichen

Die Risikoanalyse identifiziert nicht nur die Faktoren, die verzögernd auf den IV-Entwicklungsplan Einfluss nehmen können, sondern sucht auch nach Faktoren, die das Gesamtrisiko vermindern.

8.7.   Entwicklungsplanung in dezentral organisierten Unternehmen

In dezentral organisierten Unternehmen stellt sich die Frage, ob unternehmensweit über die Verwendung der Mittel entschieden wird oder ob jeder Geschäftsbereich autonom ist in seinen Entscheidungen und wie Integrationsprojekte finanziert werden.

Die Entscheidungsbefugnisse erstrecken sich in Unternehmen, in denen die dezentralen Geschäftsbereiche die volle Gewinnverantwortung tragen, auch auf

Investitionen im Bereich der Informationsverarbeitung. Es ist geradezu ein Vorteil dieser Organisationsform, dass "vor Ort" über die Fragen der Weiterentwicklung der Informationsverarbeitung entschieden wird. Viele Konflikte um die knappen Entwicklungsressourcen, die bei einer zentralen Verteilung der Mittel entstehen, tauchen bei dieser Organisationsform nicht auf. Jeder autonome Geschäftsbereich kann selbst entscheiden, wieviele seiner Mittel er in die Weiterentwicklung der Informationsverarbeitung investieren will.

Die Finanzierung der Integrationsbereiche erfolgt entweder durch die Zentrale des Unternehmens oder durch gemeinsame Finanzierung der Geschäftsbereiche, die von dem Integrationsbereich profitieren. Es gehört zu den zentralen Herausforderungen für die Führung dezentraler Unternehmen, Synergien in Form von Integrationsbereichen durchzusetzen und eine Finanzierungsform zu finden, die nicht allzu grosse Konflikte auslöst.

8.8. Zusammenfassung

- Im Rahmen der IV-Entwicklungsplanung werden aus Anwendungsideen Projekte formuliert und darüber entschieden, in welcher Reihenfolge, mit welchem personellen und finanziellen Aufwand sie realisiert werden.

- Die Projektformulierung hat das Ziel, die Anwendungsideen soweit auszuarbeiten, dass auf einer nachvollziehbaren Basis über sie entschieden werden kann. Entweder wird ein Projektantrag erstellt oder eine Machbarkeitsstudie angefertigt.

- Projekte sollten nicht länger als 18 Monate dauern und maximal sieben Mitarbeiter umfassen.

- Die Analyse der betrieblichen Abhängigkeiten prüft die informationstechnischer und betriebswirtschaftlicher Zusammenhänge der Projektanträge.

- Die Analyse der geschäftlichen Priorität stellt eine Rangfolge der Projekte aufgrund ihrer Bedeutung für die zukünftige Entwicklung des Geschäfts auf. Die Wirtschaftlichkeit der Anwendungsideen ist das entscheidende Kriterium.

- Die Migrations- und Ressourcenplanung führt zu einer Reihenfolge, in der die Projekte bearbeitet werden. Die Personalplanung befasst sich mit der Einbeziehung der Mitarbeiter aus der EDV/Org-Abteilung und des Fachbereichs. Die Finanzplanung ermittelt die finanziellen Konsequenzen.

- Eine systematische Risikoanalyse untersucht, welche Faktoren in einem Unternehmen existieren, die sich hemmend oder beschleunigend auf die Umsetzung der Entwicklungsplanung auswirken können.

9. Kurzfristige Planung

9.1. Wesen

> Die kurzfristige Planung ist ein Teil des betrieblichen Budgetierungsprozesses und bezieht sich auf einen Zeitraum von einem Jahr. Sie verfeinert die langfristige Planung, indem sie die vorhandenen Ressourcen aufteilt und Zwischenergebnisse definiert. Die Ressourcenaufteilung berücksichtigt neue Projekte der betrieblichen Informationsverarbeitung sowie die Wartung des bestehenden Informationssystems.

Die kurzfristige Planung nimmt der Leiter der EDV/Org-Abteilung für seinen Bereich und jeder Linienverantwortliche/Kostenstellenverantwortliche für die Aufgaben, die das Informationsmanagement betreffen, in seinem Führungsbereich vor. Im Fachbereich fliesst die kurzfristige Planung der Informationsverarbeitung in die normale Kostenstellenplanung mit ein.

Die kurzfristige Planung gliedert sich in folgende Funktionen:

- Analyse der Ausgangssituation

- Planung der Projekte und des laufenden Betriebs

- Personalplanung

- Finanzplanung

- Operative Planung

9.2. Analyse der Ausgangssituation

Erster Schritt im Rahmen der kurzfristigen Planung ist die Analyse der Ausgangssituation. Dabei werden vier Teilaufgaben unterschieden:

- Überprüfung der Vorgaben aus der langfristigen Planung

- Analyse neu aufgetretener Anforderungen (Wartung)

- Analyse der finanziellen und personellen Mittel

- Analyse der laufenden Projekte

Überprüfung der Vorgaben aus der langfristigen Planung

Aus der Entwicklungsplanung existieren Planungsvorgaben, an welchen Projekten, mit welcher Anzahl an Personen und welchem finanziellem Aufwand im nächsten Jahr gearbeitet werden sollte.

Im ersten Schritt der kurzfristigen Planung muss überprüft werden, ob diese Vorgaben noch gelten oder ob inzwischen Umstände eingetreten sind, die diese Planungsvorgaben obsolet machen.

Analyse neu aufgetretener Anforderungen

Laufend entstehen in einem Unternehmen neue Anforderungen an die Informationsverarbeitung. Selbst im Zeitraum zwischen dem Abschluss der langfristigen Planung in einem Unternehmen und dem Beginn der kurzfristigen Planung können neue Anforderungen entstanden sein, die in der Planung berücksichtigt werden müssen. So kommt es beim Kauf einer neuen Gesellschaft vor, dass die Zusammenlegung der beiden Informationssysteme, jenseits aller langfristigen Planung, mit hoher Priorität in die Planung genommen werden muss, um die erwarteten Synergien in kürzester Zeit zu realisieren.

Analyse der finanziellen und personellen Mittel

Die langfristige Entwicklungsplanung ging von den finanziellen und personellen Vorgaben der langfristigen Unternehmensplanung aus. Bevor mit der kurzfristigen Planung begonnen wird, informieren sich die Planenden bei der Geschäftsleitung über aktuelle Vorgaben. Die Vorgaben stammen aus dem Finanz- und Rechnungswesen, wie "Die Kosten des letzten Jahres können maximal um fünf Prozent überschritten werden" oder aus dem Personalwesen, wie "Keine Neueinstellungen, nur Ersatz der Abgänge".

Analyse der laufenden Projekte

Ziel dieses Schrittes ist es festzustellen, ob die laufenden Projekte die Termine und die Kostenvorgaben einhalten oder ob mit Verzögerungen und Kostenüberschreitungen zu rechnen ist. Je nach Führungsstil fordert der für die Planung Verantwortliche entweder von jedem Projektleiter einen schriftlichen Bericht an oder spricht mit den Projektleitern und verschafft sich einen Überblick.

9.3. Planung der Projekte und des laufenden Betriebs

Vor Beginn der kurzfristigen Planung fordert der Leiter der Anwendungs-
entwicklungsabteilung der EDV/Org-Abteilung den Fachbereich auf, die bereits
für das nächste Jahr bekannten notwendigen Veränderungen der bestehenden
Anwendungen als Wartungsanträge zu formulieren und an ihn weiterzuleiten.
Diese Informationen bilden die Grundlage einer Grobplanung der Wartungsaufgaben, in der Kapazitätsreserven zur kurzfristigen Beseitigung von Fehlern
oder für unvorhergesehene Wartungsarbeiten berücksichtigt werden.

Der erste Schritt der kurzfristigen Planung beschäftigt sich mit den Projekten
und dem laufenden Betrieb. Auf der Grundlage der Analyse der Ausgangslage
wird festgelegt, welche personellen und finanziellen Ressourcen den einzelnen
Projekten in der Planungsperiode zur Verfügung gestellt werden müssen und
welcher Ressourcenbedarf durch den Betrieb der Informationsverarbeitung
sowie durch spezielle Aufgaben zu erwarten ist. Ein Beispiel für eine spezielle
Aufgabe ist die Umsetzung eines Sicherheitskonzeptes, die nicht als Projekt
definiert ist.

Jeder Kostenstellenverantwortliche im Fachbereich und in der EDV/Org-
Abteilung ist aufgefordert, eine Planung der Projekte und des laufenden
Betriebes durchzuführen.

9.4. Personalplanung

Auf der Grundlage der Ausbildungspläne und der langfristigen Vorgaben aus
der IV-Entwicklungsplanung sowie der aktuellen Situation wird über die
geplante personelle Ausstattung in der EDV/Org-Abteilung und den einzelnen
Abteilungen des Fachbereichs diskutiert.

Ziel ist es, die optimale Anzahl von Mitarbeitern zu finden, um die Zielvorgaben
zu erreichen und gleichzeitig die angestrebte Wirtschaftlichkeit nicht zu gefährden.

Im Rahmen der kurzfristigen Planung muss die Mitarbeit des Fachbereichs in
den Projekten geplant werden. Eine erfolgreiche Umsetzung der Planung in
konkrete Anwendungen setzt voraus, dass Fachbereich und EDV/Org-Abtei-
lung in den Projekten zusammenarbeiten. Probleme entstehen in der Praxis dadurch, dass der Fachbereich zu wenig personelle Kapazität zur Verfügung stellt.
Im Rahmen der kurzfristigen Personalplanung geht der Leiter der EDV/Org-

Abteilung mit den Projektleitern die Beteiligung des Fachbereichs durch und
prüft, ob die Vorgaben aus dem Projektantrag eingehalten werden und ob
Bedarf für eine erweiterte Beteiligung besteht.

Im Zusammenhang mit der kurzfristigen Personalplanung wird der Bedarf für
externe Beratungsleistungen festgelegt. Bedarf besteht, wenn Kapazitäts-
anforderungen aus den Projekten oder aus dem laufenden Betrieb vorliegen, die
mit den geplanten Mitarbeitern nicht erfüllt werden können. Eine Alternative
zur Inanspruchnahme externer Beratungsleistungen ist eine Erhöhung des
Mitarbeiterbestandes oder die Streichung von Vorhaben.

Nach fast 20 Jahren kontinuierlicher Zunahme der Mitarbeiterzahl in den
EDV/Org-Abteilungen müssen heute in vielen Unternehmen Arbeitsplätze in der
Informationsverarbeitung abgebaut werden. Die kurzfristige Personalplanung
legt fest, welche Arbeitsplätze im nächsten Jahr gestrichen werden und auf wen
die Arbeit verteilt wird bzw. welche Funktionen nicht mehr wahrgenommen
werden.

Einen besonderen Platz im Rahmen der kurzfristigen Planung nimmt die *Aus-
und Weiterbildung der Mitarbeiter* ein. Die Vorgesetzten aus dem Fachbereich
und der EDV/Org-Abteilung sollten mit jedem Mitarbeiter in einem Gespräch für
die nächsten Jahre einen Ausbildungsplan erstellen, der in die kurzfristige
Planung einzubringen ist.

9.5.   Finanzplanung

Letzter Schritt der kurzfristigen Planung ist die finanzielle Planung. Aus den
geplanten Kosten des Betriebs und der Projekte wird ein kurzfristiger Finanzplan erstellt. Er ist nach Kostenarten gegliedert und basiert auf dem Budget für
das nächste Jahr.

Da in der Regel mehr Mittel für die Weiterentwicklung der Informationsverarbeitung beansprucht werden als es die Geschäftsleitung oder in dezentral
organisierten Unternehmen die Bereichsleitung will, kann der kurzfristige
Finanzplan nicht in einem einmaligen Schritt erstellt werden. In einem *iterativen
Prozess* finden solange Kürzungen im Bereich des laufenden Betriebs der Projekte, der Ausbildung und des Personals statt, bis ein Kompromiss zwischen den
geschäftlichen Zielen und der Weiterentwicklung der Informationsverarbeitung
gefunden wird.

9.6.   Operative Planung

Die kurzfristige Planung stellt die Grundlage für das laufende Geschäft dar. In seinem Verlauf kommt es immer wieder vor, dass im Sinne einer operativen Planung Aufgaben für den Zeitraum eines Monats oder eines Quartals detailliert geplant werden müssen. So werden in vielen Unternehmen die Wartungsarbeiten auf Wochenbasis geplant.

9.7.   Zusammenfassung

* Die kurzfristige Planung läuft parallel zum Budgetierungsprozess ab und bezieht sich auf das nächste Jahr.

* Ausgangspunkt der kurzfristigen Planung sind die Vorgaben aus der langfristigen IV-Entwicklungsplanung, den neu aufgetretenen Anforderungen, aktuelle finanzielle und personelle Vorgaben und die bereits bekannten Wartungsaufträge für das nächste Jahr.

* Die Planung der Projekte und des laufenden Betriebs berücksichtigt neue Projekte, laufende Projekte und Wartungsarbeiten. Die personelle und finanzielle Planung zeigt die voraussichtliche Beanspruchung der Ressourcen im nächsten Jahr.

Teil III: Umsetzung

Der dritte Teil dieses Lehrbuches beschäftigt sich mit der Umsetzung im Rahmen des Informationsmanagements. Bild III./1 zeigt, wie die Umsetzung in das Informationsmanagement eingebettet ist und aus welchen Funktionen sie sich zusammensetzt.

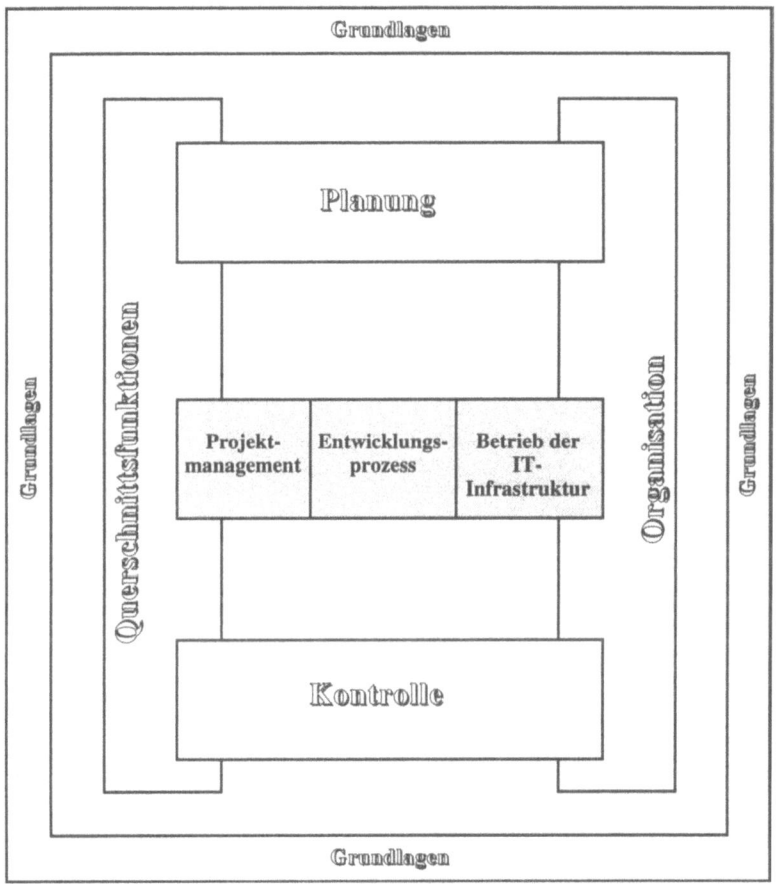

Bild III./1: Umsetzung als Teil des Informationsmanagements

Das *Projektmanagement* ist dafür verantwortlich, dass die Ziele eines Projekts im Rahmen der vorgegebenen Termine und Kosten in der geforderten Qualität erreicht werden. Ein erfolgreiches Projektmanagement ist die wichtigste Grundlage für die Umsetzung der Vorstellungen aus der Planung. Es setzt sich aus dem Aufstellen der Projektorganisation, der Vorbereitung des Projekts, der Projektführung und der Qualitätssicherung zusammen.

Der *Entwicklungsprozess* ist ein Vorgang der schrittweisen Verfeinerung, bei
dem aus groben Vorstellungen über eine zukünftige Anwendung konkrete
Programme, Datenbanken und organisatorische Lösungen entstehen. Er wird
mit Hilfe des Informationsmanagements gesteuert. In Kapitel 11. dieses Lehrbuches beschreiben wir einen Entwicklungsprozess für die Eigenentwicklung
von Anwendungen und für die Einführung von Standardsoftware.

Der *Betrieb der IT-Infrastruktur* ist dafür verantwortlich, dass nach Projekt-
abschluss die IT-Infrastruktur von den Benutzern ständig genutzt werden kann.
Er sorgt dafür, dass das Informationssystem so wirtschaftlich wie möglich den
Benutzern in einem Unternehmen zur Verfügung steht.

10. Projektmanagement

10.1. Wesen

Ein *Projekt* stellt ein Vorhaben dar, das durch folgende Eigenschaften charakterisiert werden kann:

- Es ist ist zeitlich begrenzt, d.h. hat einen Anfang und ein Ende.

- Es hat ein Ziel.

- Der Erfolg ist messbar.

- Es sind mehrere Personen beteiligt.

- Es weist eine gewisse Einmaligkeit auf, d.h. es ist für die Beteiligten keine Routineangelegenheit.

- Neben dem Projekt laufen in einem Unternehmen noch andere Aktivitäten, gegen die das Projekt abgegrenzt werden kann.

- Es zerfällt in Teilaufgaben, die koordiniert werden müssen.

> Das Projektmanagement ist dafür verantwortlich, dass die Projektziele im Rahmen der vorgegebenen Termine und Kosten sowie in der geforderten Qualität erreicht werden (vgl. Zehnder 1986).

In Anwendungsprojekten ist der Fachbereich, in IT-Infrastrukturprojekten die EDV/Org-Abteilung für das Projektmanagement verantwortlich.

Das Projektmanagement gliedert sich in folgende Funktionen:

- Aufstellen der Projektorganisation

- Vorbereitung eines Projektes

- Projektführung

- Qualitätssicherung

10.2. Projektorganisation

> Die Projektorganisation legt fest, wer in einem Projekt für welche Aufgaben verantwortlich ist und mit welchem Anteil seiner Arbeitszeit er einem Projekt zur Verfügung steht.

Die Projektorganisation ist ein zentraler Faktor für den Erfolg eines Projektes. Bereits im Rahmen der Projektformulierung als Teil der Entwicklungsplanung beginnt die Beschäftigung mit der Projektorganisation, indem Fragen der Projektleitung und -mitarbeit geklärt werden (vgl. 8.2.).

10.2.1. Instanzen der Projektorganisation

Die Instanzen der Projektorganisation stellen die einzelnen Elemente der "Projektaufbauorganisation" dar. Bild 10.2.1./1 zeigt idealtypisch die Instanzen der Projektorganisation.

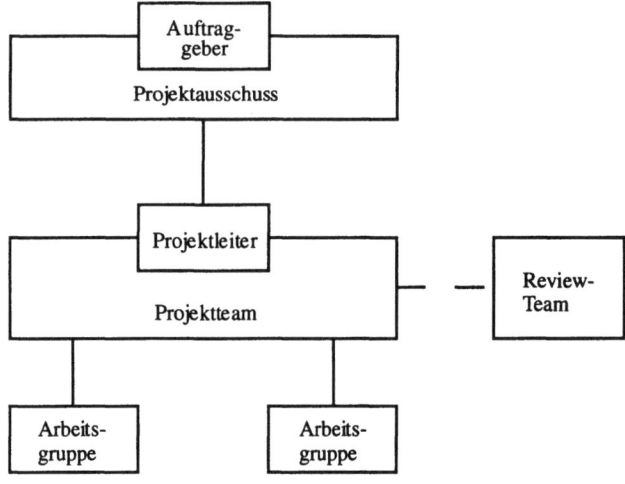

Bild 10.2.1./1 Instanzen der Projektorganisation

Aufstellen der Projektorganisation bedeutet, die einzelnen Instanzen mit geeigneten Mitarbeitern zu besetzen.

Auftraggeber

Der Auftraggeber oder Sponsor verankert ein Projekt in der Hierarchie eines Unternehmens. Er ist dafür verantwortlich, dass die finanziellen und personellen Ressourcen zur Verfügung stehen.

Er sollte in der Hierarchie des Unternehmens so hoch wie möglich angesiedelt, in vielen Projekten sogar Mitglied der Geschäftsleitung sein. Ohne einen Auftraggeber, der sich voll mit dieser Rolle identifizieren kann, sollte nicht mit einem Projekt begonnen werden.

Der Auftraggeber kommt bei Projekten, in denen Anwendungen entwickelt werden, aus dem Fachbereich. Bei Projekten, welche die IT-Infrastruktur betreffen, kann der Auftraggeber auch ein leitender Mitarbeiter der EDV/Org-Abteilung sein.

Projektausschuss

Der Projektausschuss überwacht den Projektleiter und das Projektteam. Er ist verantwortlich für einen reibungslosen Ablauf des Projektes und mit Entscheidungsbefugnis ausgestattet. "Politische Konflikte", die das Projektteam überfordern, werden im Projektausschuss gelöst.

Den Vorsitz des Projektausschusses sollte der Auftraggeber oder eine von ihm ernannte Persönlickeit einnehmen. Bei Anwendungsprojekten sollte der Vorsitzende des Projektausschusses aus dem Fachbereich kommen.

Grundsätzlich sollten alle Parteien eines Unternehmens, die Interesse an dem Projekt haben oder von ihm betroffen sind, im Projektausschuss vertreten sein. Die Erfahrungen aus Projekten zeigen, dass die Interessengruppen einem Projekt den grössten Schaden zufügen, die nicht in die Projektorganisation eingebunden sind.

Projektleiter

Trotz des Zieles, möglichst alle beteiligten Parteien einzubinden, sollte die Zahl der Mitglieder des Projektausschusses auf zehn begrenzt sein, da sonst keine effektiven Sitzungen mehr möglich sind.

Der Projektleiter ist persönlich dafür verantwortlich, dass ein Projekt in inhaltlicher, terminlicher und finanzieller Hinsicht den Erwartungen des Auftraggebers entspricht. Er verwendet seine ganze oder einen überwiegenden Teil seiner Arbeitszeit für das Projekt. Seine Aufgaben umfassen das Führen des Projektteams und das Treffen von Entscheidungen bei inhaltlichen Fragen.

Der Projektleiter eines Projektes sollte

- aus dem Fachbereich kommen, wenn es sich um ein Anwendungsprojekt handelt

- aus der EDV/ORG-Abteilung kommen, wenn es sich um ein IT-Infrastrukturprojekt handelt.

Die Aufgaben des Projektleiters umfassen:

* Suche nach pragmatischen Lösungen

* Realisierung von Ideen

* Führung eines Teams

* Wahrnehmung von Umweltveränderungen und entsprechendes Handeln

Das Anforderungsprofil eines Projektleiters lässt sich wie folgt beschreiben:

* Er ist bei Team- und selbständigen Arbeiten kreativ.

* Er ist ergebnisorientiert.

* Er ist belastbar.

Projektteam

Das Projektteam stellt die Instanz dar, welche die eigentliche Projektarbeit leistet. Es setzt sich bei einem Anwendungsprojekt aus Mitarbeitern des Fachbereichs und der EDV/Org-Abteilung zusammen. Die Projektmitarbeiter bringen in der Regel nur einen Teil ihrer Arbeitszeit in das Projekt ein.

Hinsichtlich der Anzahl und der Personen der Teammitglieder lassen sich zwei Arten von Projektteams unterscheiden.

Das geschlossene Projektteam wird von Anfang bis zum Ende durch dieselben Personen gebildet. Im Gegensatz dazu kann sich in einem offenen Projektteam die Zusammensetzung des Teams im Laufe der Projektabwicklung ändern.

Arbeitsgruppe

Ergeben sich aus den Zielen des Projektes Aufgaben, welche das Projektteam nicht selbst durchführen kann und die eng mit dem Projekt verbunden sind, richtet der Projektausschuss Arbeitsgruppen ein. Sie können sachgebietsbezogen oder fachspezifisch ausgerichtet sein und entwickeln Lösungen im Auftrag des Projektteams.

Reviewteam

Das Reviewteam ist für die Qualitätssicherung verantwortlich. Es überprüft die Ergebnisse einer Phase. Das Reviewteam gibt seine Ergebnisse direkt an den Projektleiter und das Projektteam weiter, ohne den Projektausschuss zu involvieren, um nicht den Eindruck einer Kontrollinstanz zu erwecken.

10.2.2.   Formen der Projektorganisation

Je nach Abhängigkeit eines Projektes von der Linienorganisation lasssen sich drei Formen der Projektorganisation unterscheiden (vgl. Daenzer/Huber 1992):

- Reine Projektorganisation

- Matrix-Projektorganisation

- Einfluss-Projektorganisation

Reine Projektorganisation

Bei der reinen Projektorganisation ist das Projektteam vollständig aus der bestehenden Organisation des Unternehmens herausgelöst (vgl. 10.2.2./1).

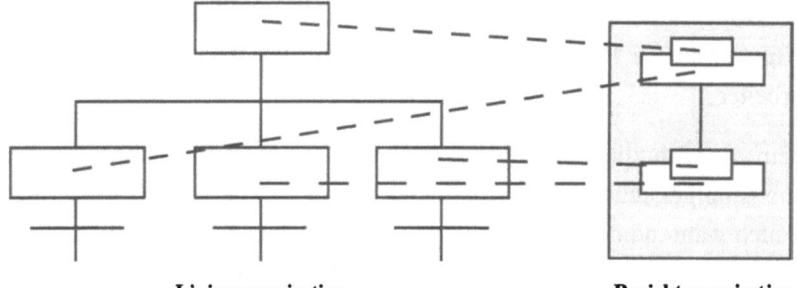

Linienorganisation   **Projektorganisation**

Bild 10.2.2./1 Reine Projektorganisation

Die Mitarbeiter des Projektteams sind dem Projektleiter fachlich und disziplinarisch unterstellt.

Die reine Projektorganisation wird vor allem bei Grossprojekten gewählt. Sie hat den Vorteil, dass sich alle Mitarbeiter voll auf das Projekt konzentrieren können. Probleme entstehen bei der Rekrutierung der Mitarbeiter. Sie fühlen sich unsicher, wie ihre Karriere nach dem Ende des Projektes weiterläuft. Ein weiteres Problem resultiert daraus, dass - vor allem bei längerer Dauer der Projekte - der Kontakt der Teammitglieder zu der bestehenden Organisation des Unternehmens verlorengeht.

Matrix-Projektorganisation

Bei der Matrix-Organisation besteht das Projektteam aus einem vollamtlichen Projektleiter sowie Mitarbeitern, die nur einen Teil ihrer Arbeitszeit in das Projekt einbringen. Die Projektmitarbeiter unterstehen fachlich dem Projektleiter und disziplinarisch ihren Linienvorgesetzten (vgl. 10.2.2./2).

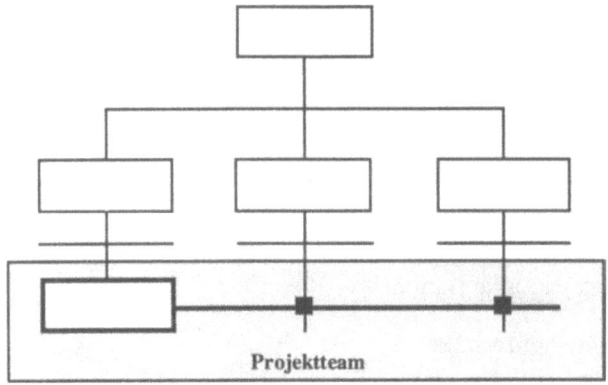

Bild 10.2.2./2 Matrix-Projektorganisation

Diese Doppelunterstellung der Projektmitarbeiter führt zu einem ständigen Konflikt zwischen Projektleiter und Linienvorgesetzten um die Kapazität der Mitarbeiter.

Diesem grundsätzlichen Problem stehen einige Vorteile der Matrix-Projektorganisation gegenüber: Die Mitarbeiter fühlen sich persönlich sicher, denn sie sind auch während des Projektes in die Linie eingebunden. Fachliche Erfahrungen fliessen unmittelbar in das Projekt ein. Ein weiterer Vorteil besteht darin, dass Spezialisten in das Projekt eingebunden werden können, da sie nur einen Teil ihrer Arbeitszeit zur Verfügung stellen.

Einfluss-Projektorganisation

Kennzeichen der Einfluss-Projektorganisation oder Projektkoordination ist, dass es einen Projektleiter (Projektkoordinator) gibt, der mit den Mitarbeitern der bestehenden Organisation versucht, die Projektziele zu erreichen. Die Einfluss-Projektorganisation ist in Bild 10.2.2./3 skizziert.

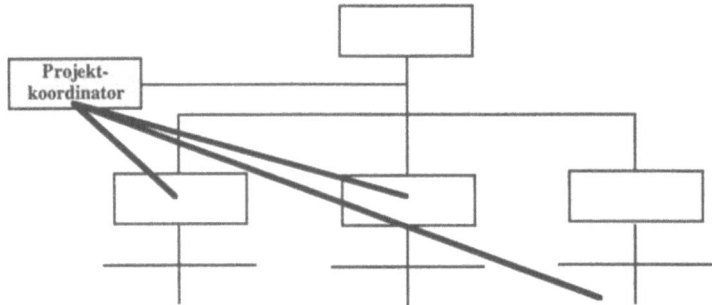

Bild 10.2.2./3 Einfluss Projektorganisation

Der Projektleiter ist in der Regel nicht vollamtlich eingesetzt. Die Arbeitszeit, welche die Mitarbeiter der Organisation für das Projekt zur Verfügung stellen, ist nicht fest vereinbart. Die Erfüllung der Projektziele ist davon abhängig, ob es dem Projektkoordinator gelingt, die Mitarbeiter zur Erfüllung der für das Projekt notwendigen Aufgaben zu motivieren. Der Erfolg ist in hohem Masse von der Persönlichkeit des Projektleiters abhängig.

Die Projektkoordination ermöglicht einen flexiblen Einsatz der Mitarbeiter, da eine Person an mehreren Projekten arbeiten kann. Eine Reorganisation oder Umverteilung der Aufgaben ist nicht notwendig. Negativ wirkt sich aus, dass niemand die volle Verantwortung für das Projekt übernimmt und dass die "Projektmitarbeiter" oft die Arbeiten für das Projekt mit niedriger Priorität versehen und ihre angestammte Arbeit vorziehen.

10.2.3. Suche nach einem Auftraggeber

Die Suche nach dem Auftraggeber ist problemlos, wenn die Idee für ein Projekt von einem Mitglied der Geschäftsleitung kommt. Diese Persönlichkeit ist für die Rolle des Auftraggebers prädestiniert.

Kommt eine Anwendungsidee "bottom up", d.h. aus dem Kreis der mittleren oder unteren Hierarchiestufe, sind oft grössere Anstrengungen notwendig, bis ein Auftraggeber gefunden ist. Durch Präsentationen und Gespräche "kämpft" der Spiritus Rector einer Idee, bis er einen Auftraggeber gefunden hat. Hat er keinen Erfolg, sollte nicht mit dem Projekt begonnen werden.

10.2.4. Aufstellen Projektausschuss

Das Aufstellen des Projektausschusses nehmen der Auftraggeber eines Projektes und der Projektleiter gemeinsam vor. Neben dem bereits erwähnten Kriterium der Vertretung aller Parteien, spielen Persönlichkeit, fachliche Kompetenz und Interesse für die computerunterstützte Informationsverarbeitung eine Rolle bei der Auswahl der Mitarbeiter.

In Einzelgesprächen suchen sie Persönlichkeiten, die für den Projektausschuss in Frage kommen und gewinnen sie für diese Aufgabe.

10.2.5. Auswahl Projektleiter

Die Auswahl des Projektleiters entscheidet letztlich über den Erfolg des Projektes.

Die Auswahl des Projektleiters fällt in den Verantwortungsbereich des Auftraggebers. Er wählt einen Mitarbeiter aus seinem Bereich aus, der möglichst viele
der Anforderungen an einen guten Projektleiter erfüllt.

Weitere Vorschläge für die Besetzung von Projektleiterpositionen kommen vor
allem in Grossunternehmen von der Personalabteilung. Sie besitzt eine "Liste"
von Nachwuchskräften, die Führungserfahrung benötigen und als Projektleiter
in Frage kommen.

Mitarbeiter mit diesem Qualifikationsprofil für die Leitung eines Projektes zu
gewinnen, ist nicht einfach. Sie sind in der Regel bereits in ihrer aktuellen
Funktion für das Unternehmen unverzichtbar.

Bei der Suche nach einem Projektleiter stellt man durch Gespräche mit dem
Kandidaten sicher, dass er für die gesamte Dauer des Projektes zur Verfügung
steht. Ein Wechsel des Projektleiters führt in der Regel zu grösseren
Verzögerungen oder zum Abbruch des Projektes.

10.2.6.   Aufstellen Projektteam

Bei der Auswahl des Projektteams achten der Projektausschuss und der Projektleiter darauf, dass die Kriterien der fachlichen Kompetenz, der Fähigkeit zur
Teamarbeit und der Belastbarkeit berücksichtigt werden.

Das Projektteam sollte incl. dem Projektleiter auf höchstens sieben Mitarbeiter
begrenzt werden. Die moderne Organisations- und Personalforschung beweist,
dass sich bei Gruppen mit mehr als sieben Personen die Gruppendynamik
verschlechtert. Überschreitet ein Projekt diesen Rahmen, sollte es in mehrere
Teilprojekte aufgespalten werden (vgl. 8.3.)

10.2.7.   Aufstellen Reviewteam

Die Reviewteams sollten nicht nur aus Mitarbeitern des eigenen Unternehmens
bestehen. Durch Hinzuziehen externer Mitarbeiter kann die Qualität der Umsetzung gesteigert werden.

Das Reviewteam setzt sich aus hochrangigen Mitarbeitern aus dem Fachbereich
und Führungskräften aus der EDV/Org-Abteilung sowie externen Beratern zusammen. Es tagt nach Bedarf, aber mindestens zweimal jährlich.

10.2.8.   Auswahl Berater

Externe Berater sollten nach Möglichkeit vor Beginn des Projektes ausgewählt werden. Auch erfahrene externe Berater benötigen eine mehrwöchige Anlaufzeit, bis sie produktiv eingesetzt werden können. Je weiter ein Projekt fortgeschritten ist, um so länger dauert der Lernprozess. Es zeigt sich, dass der Projektablauf gestört wird, wenn neue Mitarbeiter - egal ob interne oder externe - hinzukommen.

Kriterien für die Auswahl sind: "Persönlichkeit", "soziale Kompetenz" und "fachliche Kompetenz". Daneben sollte darauf geachtet werden, dass der Berater auch persönlich zur Verfügung steht.

10.3.   Vorbereitung eines Projektes

Vorbereiten eines Projektes bedeutet, die Infrastruktur bereitzustellen, um einen erfolgreichen Verlauf des Projektes zu gewährleisten (vgl. von Deym e.a. 1981). Für die Vorbereitung verantwortlich ist der Projektleiter.

Räume

In Projekten, die sich über einen längeren Zeitraum erstrecken und in denen mehr als drei Personen arbeiten, empfiehlt es sich, einen "Projektraum" zu beschaffen, der als Sitzungszimmer für das Projektteam und für Gespräche mit Anwendern oder Anbietern dient und Aufbewahrungsort für die Projektdokumentation ist.

Der Raum sollte zentral gelegen sein, damit Mitarbeiter aus dem von dem Projekt betroffenen Bereich ohne grössere Mühe zu diesem gelangen können. Der Raum wird so ausgestattet, dass Projektionsmöglichkeiten bestehen und Analysetechniken, wie Top-Mapping (vgl. 4.2.), eingesetzt werden können.

Methoden und Tools

Der Prozess der Systementwicklung ist darauf angewiesen, dass Methoden und computerunterstützte Werkzeuge (Tools) zur Verfügung stehen. Vor Beginn des Projektes sollten diese Methoden ausgewählt und installiert werden. Kapitel 19 dieses Lehrbuches beschäftigt sich mit der Auswahl von Methoden und Tools.

Auf dem Markt existieren verschiedene computerunterstützte Tools für das Projektmanagement. Beispiele sind MicrosoftProject, Timeline und MacProject.

Diese Tools basieren in der Regel auf Netzplänen und ermöglichen eine sehr genaue Planung der einzelnen Aktivitäten, ihrer Abhängigkeiten sowie ihrer Termine und teilweise ihrer Kosten. Bild 10.3./1 zeigt einen typischen Ausschnitt aus einer langfristigen IV-Planung, die mit dem Tool "MacProject" erstellt wurde.

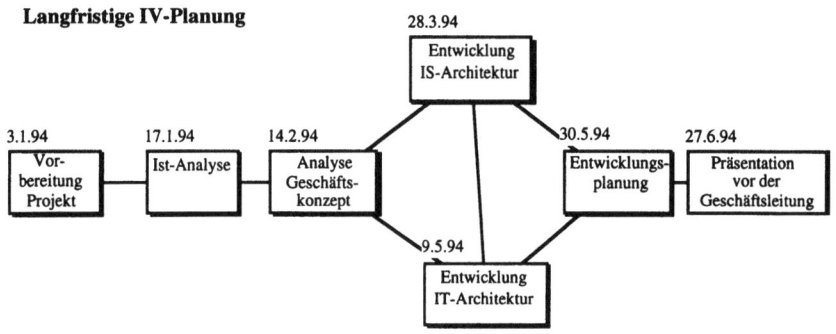

Bild 10.3./1 Phase Voruntersuchung mit MacProject

Der Netzplan macht die Aktivitäten transparent, die ein Projektteam im Rahmen einer langfristigen IV-Planung durchführen muss. Die Daten über den die Funktionen beschreibenden Kästen zeigen den frühestmöglichen Zeitpunkt des Beginns der einzelnen Aktivitäten. Weitere Informationen, beispielsweise zu den Kosten oder den beteiligten Mitarbeitern, können zusätzlich eingegeben werden.

Der Einsatz dieser Werkzeuge, vor allem die Verwaltung der Daten, verursacht beträchtlichen Aufwand beim Projektleiter.

Die netzplanorientierten Werkzeuge unterstützen die Termin- und Ressourcenplanung. Andere Aspekte des Projektmanagements, z.B. Mitarbeiterführung oder Qualitätssicherung, können von ihnen nicht berücksichtigt werden.

Immer wieder beobachten wir, dass durch die Einführung neuer Methoden und Tools die eigentliche Projektarbeit behindert wird. Der erste Teil des Projektes dient oft dem Test des Werkzeuges und der Schulung des Projektteams. An den eigentlichen Projektzielen kann nicht gearbeitet werden, weil die Beschäftigung mit den neuen Hilfsmitteln zu viele Ressourcen bindet. Die Einführung neuer Methoden und Tools ist vom eigentlichen Projekt zu trennen. Lediglich einfache Methoden, wie eine neue Moderationstechnik, sollten im Verlaufe eines Projektes neu eingeführt werden.

Abrechnungssysteme

Die Wirtschaftlichkeit der Projekte lässt sich nur nachweisen und kontrollieren, wenn ihre Kosten so verursachungsgerecht wie möglich erfasst und weiterbelastet werden. Deshalb installiert der Projektleiter vor Beginn eines Projektes ein Abrechnungssystem, das es erlaubt, Personal- und Sachkosten des Projektes zu erfassen und später an die Fachbereiche, in deren Auftrag die Anwendung entwickelt wird, weiterzubelasten. Von besonderer Bedeutung ist es, dass die entstehenden Kosten der EDV/Org-Abteilung und des Fachbereichs erfasst werden.

Kapitel 18 beschäftigt sich detailliert mit dem Rechnungwesen im Rahmen des Informationsmanagements. An dieser Stelle sei lediglich erwähnt, dass es nicht darauf ankommt, ein ausgefeiltes computerunterstütztes Abrechnungssystem zu installieren, sondern dass es genügt, eine einfache PC-Lösung mit einer Schnittstelle in das betriebliche Rechnungswesen zu schaffen.

Ausbildung

Dem Projektleiter und jedem Projektmitarbeiter muss die Möglichkeit gegeben werden, auf einen Wissensstand zu kommen, der es ihnen erlaubt, ihre Aufgaben im Projekt zu erfüllen.

Folgende Ausbildungsinhalte werden vorgesehen:

* Projektmanagement

* Projektleitung/-führung

* Informationsmanagement

* Systementwicklung

* fachspezifische Inhalte, z.B. im Controlling oder Marketing, insbesondere für Mitarbeiter der EDV/Org-Abteilung

* spezielle Methoden und Tools, die im Projekt zum Einsatz kommen werden

* Einführung in die Grundlagen der Informationstechnik und betrieblichen Informationsverarbeitung, vor allem für Mitarbeiter des Fachbereichs

Es hat sich in der Praxis bewährt, die Ausbildung eines Projektteams gemeinsam durchzuführen. Neben der Vermittlung des notwendigen Wissens hilft der gemeinsame Besuch interner und externer Ausbildungsveranstaltungen, die Gruppendynamik im Projektteam in Gang zu setzen.

10.4. Projektführung

Projektführung bedeutet, zwischen den Instanzen der Projektaufbauorganisation geschlossene Führungskreisläufe einzurichten (vgl. 10.4./1).

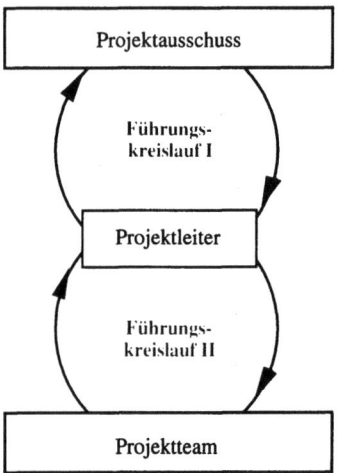

Bild 10.4./1 Projektführung

Wir unterscheiden zwei Führungskreisläufe (vgl. 10.4./1).

Diese beiden Führungskreisläufe stellen sicher, dass Projekte plan- und damit termingerecht ablaufen.

Führungskreislauf 1: Projektausschuss zu Projektleiter

Der erste Führungskreislauf besteht zwischen dem Projektleiter und dem Projektausschuss.

In diesem Führungskreislauf geht es um die Überwachung der Arbeit des Projektteams und das Lösen von Konflikten, mit denen das Projektteam überfordert ist. Aufgabe des Projektleiters ist es, vor den Sitzungen des Projektausschusses einen Statusbericht zu erstellen und diesen anschliessend in den Sitzungen mündlich zu erläutern. Auf dieser Grundlage diskutiert der Projektausschuss den Fortschritt und die Probleme des Projektes. Zusätzlich bringt jedes Mitglied Kommentare, Meinungen und Entwicklungen aus dem Bereich, den es vertritt, in die Sitzungen mit ein. Am Ende der Sitzung erteilt der Projektausschuss dem Projektleiter mündlich oder mittels eines Protokolls Anweisungen für die weitere Arbeit.

Führungskreislauf 2: Projektleitung zu Projektteam

Führungskreislauf 2 steht für die operative Steuerung eines Projektes. Er ist dafür verantwortlich, dass die Ziele des Projektes unter Einhaltung der vorgesehenen Ressourcen erreicht werden. Ausgangspunkt ist der Führungskreislauf, den wir in Abschnitt 1.4. beschrieben haben.

Planung der Aktivitäten bedeutet, dass sich der Projektleiter vor Beginn des Projektes und jeder Teilaufgabe überlegt, in welche Schritte das Vorhaben unterteilt wird, welchen Aufwand sie bedeuten und welchen zeitlichen Umfang sie haben. Ziel ist es, die Ressourcen für die Erledigung einer Aufgabe zu bestimmen. Die Planung gewährleistet, dass die vorhandenen Ressourcen effizient eingesetzt werden (Wirtschaftlichkeit).

Schriftlich formulierte *Arbeitsaufträge* haben sich als wirkungsvolles Führungsinstrument im Rahmen des Projektmanagements erwiesen. Ein Arbeitsauftrag enthält folgende Angaben zu einer Projekttätigkeit:

- Bezeichner, Datum und laufende Nummer des Arbeitsauftrags

- Verfasser des Arbeitsauftrags

- Mitarbeiter an dem Arbeitsauftrag, incl. geplanter Kapazität

- geplanter Start und geplantes Ende des Arbeitsauftrags und Zwischentermine

- detaillierte Beschreibung des Arbeitsauftrags

Der Projektleiter füllt rechtzeitig vor der wöchentlichen Sitzung den Arbeitsauftrag aus und ist so in der Lage, den Mitarbeitern im Projektteam präzise Anweisungen zu erteilen.

Der Auftraggeber ist durch das Ausfüllen des Arbeitsauftrages im Sinne einer Selbstkontrolle gezwungen, den Inhalt seiner Anweisungen zu überdenken, bevor andere mit ihrer Erledigung beginnen. Die Arbeitsaufträge werden in einer gemeinsamen Sitzung des Projektleiters mit den Mitarbeitern des Projektteams besprochen und verabschiedet.

Umsetzung bedeutet, die verabschiedeten Aktivitäten im Rahmen des Entwicklungsprozesses (vgl. 11.) durchzuführen. Parallel dazu ist der Aufwand, der zur Bewältigung der Aufgaben benötigt wird, zu erfassen.

Die Projektführung erfolgt im Rahmen regelmässiger Sitzungen. Bewährt hat sich, dass sich das Projektteam wöchentlich mit dem Projektleiter trifft, den Verlauf der Arbeiten bespricht und so den Projektablauf kontrolliert. Bei diesen Sitzungen berichten die Projektmitarbeiter über den Stand der Arbeiten, Abweichungen von der Planung werden besprochen. Je öfter diese Besprechungen stattfinden, um so rascher kann auf Abweichungen reagiert werden.

10.5. Qualitätssicherung

Das Reviewteam trifft sich in regelmässigen Abständen, zumindest aber immer, wenn Zwischenergebnisse, z.B. in Form von Phasenabschlussberichten, vorliegen. In Form von "Walk Throughs" oder Diskussionen werden die Berichte oder Prototypen überprüft und Empfehlungen für die weitere Projektarbeit ausgesprochen.

Folgende Fragen stehen im Mittelpunkt:

• Werden die Termine eingehalten?

• Wird das Budget eingehalten?

• Entsprechen die bisherigen Ergebnisse den Erwartungen des Fachbereichs?

• Werden die vorgeschriebenen Methoden und Tools eingesetzt?

• Wie verläuft die Zusammenarbeit im Projektteam?

• Stellen die EDV/Org-Abteilungen die versprochenen Kapazitäten zur Verfügung?

• Wie verläuft die Zusammenarbeit mit den externen Beratern?

Einige Grossunternehmen haben zur Qualitätssicherung der Umsetzung der Projektarbeit und zur Sicherung der Akzeptanz der Informationssysteme "Show Rooms" eingerichtet, in denen Prototypen der zukünftigen Anwendungen installiert werden. Die zukünftigen Benutzer testen an diesen Systemen, ob die geplante Lösung ihren Anforderungen entspricht. Kritik und Anregungen werden erfasst und an das Projektteam weitergeleitet.

10.6. Zusammenfassung

* Das Projektmanagement ist dafür verantwortlich, dass die Projektziele im Rahmen der vorgegebenen Termine und Kosten erreicht werden.

* Die Projektaufbauorganisation setzt sich aus einem Auftraggeber, einem Projektausschuss, einem Projektleiter, einem Projektteam, Arbeitsgruppen und einem Reviewteam zusammen.

* Je nach Grad der Autonomie der Projektorganisation von der bestehenden Organisation des Unternehmens lassen sich die reine Projektorganisation, die Matrix-Projektorganisation und die Einfluss-Projektorganisation unterscheiden.

* Der Auftraggeber ist für die Suche nach dem Projektleiter verantwortlich. Zusammen mit dem Projektleiter stellt er den Projektausschuss, das Projektteam und das Reviewteam zusammen.

* Die Vorbereitung eines Projektes umfasst die Suche nach geeigneten Räumlichkeiten, die Auswahl der Methoden und Tools, die Installation eines Abrechnungssystems und die Ausbildung der Mitarbeiter im Projekt. Die Verantwortung für diese Aufgaben liegt beim Projektleiter.

* Projektführung bedeutet zwischen Instanzen der Projektorganisation einen Führungskreislauf aufzubauen. Wir unterscheiden die Führungskreisläufe zwischen dem Projektausschuss und dem Projektleiter sowie zwischen dem Projektleiter und dem Projektteam.

11. Entwicklungsprozess

11.1. Wesen

> Der Entwicklungsprozess ist ein Vorgang der schrittweisen Verfeinerung, in dem aus den groben Ideen über eine zukünftige Anwendung, wie sie im Rahmen der langfristigen Planung des Informationssystems und der Projektformulierung entstanden sind, organisatorische Lösungen, Programme und Datenbanken entstehen.

Wartung des Informationssystems

Die computerunterstützten Anwendungen eines Unternehmens müssen im Rahmen der *Wartung* ständig veränderten Wünschen der Benutzer oder Entwicklungen der Umwelt angepasst werden. Das Vorgehen bei der Wartung entspricht grundsätzlich dem Vorgehen bei der Neuentwicklung einer Anwendung. Wartungsprojekte sind in der Regel vom Umfang her kleiner.

Individuelle Informationsverarbeitung

Immer mehr Unternehmen gehen angesichts der grossen Verbreitung von PCs und Workstations sowie dem erhöhten Ausbildungsgrad der Benutzer dazu über, Anwendungen im Rahmen der *individuellen Datenverarbeitung* durch die Benutzer entwickeln zu lassen. Dies geschieht mittels Datenbankprogrammen, wie "dBase" oder "Access", oder Tabellenkalkulationsprogrammen, wie "Excel" oder "Lotus". Ein Vorgehen nach einem systematischen Entwicklungsprozess gewährleistet, dass die Anwendungen wirtschaftlich und termingerecht erstellt werden.

Das Kapitel "Entwicklungsprozess" gliedert sich wie folgt:

* Grundlagen

* Eigenentwicklung von Software

* Einführung von Standardsoftware

11.2. Grundlagen

Der Entwurf von Informationssystemen erweist sich in der Praxis als ein sehr komplexer Vorgang. Fünf Konzepte haben sich als wirkungsvolle Instrumente zur Reduktion der Komplexität erwiesen. Sie sind in Bild 11.2./1 dargestellt.

- Bildung von Sichten

- Unterscheidung von Abstraktionsebenen

- Bildung von Phasen

- Verwendung computerunterstützter Hilfsmittel (CASE = Computer Aided Software Engineering)

- Unterscheidung verschiedener Typen von Vorgehensmodellen

Bild 11.2./1 Konzepte zur Reduktion der Komplexität

Bildung von Sichten

Die Entwicklung von Anwendungen unterscheidet drei Sichten auf das Informationssystem:

- Daten

- Funktionen

- Organisation

> Daten sind die Repräsentanten von Informationen auf einem bestimmten Medium (Datenträger).

Ein Unternehmen besitzt beispielsweise Daten über seine Kunden. Bild 11.2./2 zeigt eine Beschreibung der Kundenadresse in Form einer eingerückten Liste.

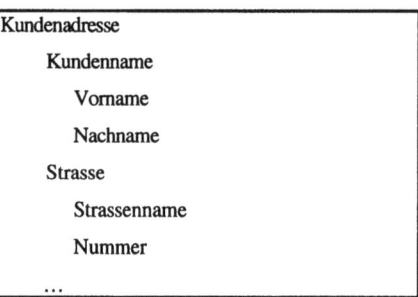

Bild 11.2./2 Aufbau einer Kundenadresse

> Funktionen sind Verrichtungen, die von den organisatorischen Einheiten eines Unternehmens vorgenommen werden (vgl. Österle/Gutzwiller 1992).

Die Funktionen lassen sich wie die Daten hierarchisch strukturieren. Bild 11.2./3 zeigt eine Verfeinerung der Funktion "Erfassen Aufträge".

```
┌──────────────────────────────────────────────┐
│ Erfassen Aufträge                            │
│                                              │
│     Suchen nach Kunden                       │
│                                              │
│     Suchen nach Produkt                      │
│                                              │
│     Erfassen Auftragszeile                   │
│                                              │
│     ...                                      │
└──────────────────────────────────────────────┘
```

Bild 11.2./3 Aufbau der Funktion "Erfassen Aufträge"

Die Sicht "Organisation" setzt sich aus der Ablauf- und Aufbauorganisation zusammen. Ausgangspunkt der *Gestaltung der Aufbau- und Ablauforganisation* sind die Geschäftsprozesse, auf die wir bereits in Abschnitt 1.5.1. eingegangen sind.

Die drei Sichten sind miteinander verknüpft. So benötigen die Funktionen Daten als Input und erzeugen Daten als Output, während die Ablauforganisation die zeitliche Reihenfolge der Funktionen aufzeigt. Im Rahmen des Entwurfs werden die drei Sichten so weit wie möglich getrennt behandelt. *Abstimmungsprozesse* stellen sicher, dass die drei Sichten konsistent, d.h. widerspruchsfrei, sind.

Unterscheidung von Abstraktionsebenen

Auf der *geschäftlichen Ebene* wird der Bereich des Unternehmens, für den eine Anwendung konzipiert wird, modelliert. Ausgangspunkt bilden die Unterlagen aus dem IT-orientierten Innovationsmanagement und der langfristigen Planung des Informationssystems. Auf den in diesen Schritten entwickelten Vorstellungen, erstellt das Projektteam ein Modell des Geschäfts, das organisatorische Aspekte und die Möglichkeiten der Informationstechnik berücksichtigt.

Auf der *fachlichen Ebene* wird die zukünftige Anwendung aus der betrieblichen Sicht entwickelt. Aspekte der Implementierung spielen keine Rolle. Auf dieser Abstraktionsebene werden die Funktionen der späteren Anwendung ermittelt und konkretisiert. In einigen Methoden wird diese Ebene auch als logische oder konzeptionelle Ebene bezeichnet.

Ziel der Arbeiten auf der *technischen Ebene* ist es, die Lösung vor dem Hintergrund der Implementation auf einer bestimmen IT-Infrastruktur (Zielumgebung) anzupassen und anschliessend zu implementieren.

Bildung von Phasen

Der Entwicklungsprozess lässt sich in *Phasen* teilen. Die Phasen entsprechen Zeitabschnitten, in denen vorher festgelegte Ergebnisse erzielt werden müssen. Beispiele für die Phasen des Entwicklungsprozesses sind:

- Voruntersuchung

- Analyse

- Design

- Konstruktionsdesign

- Konstruktion

Verwendung computerunterstützter Hilfsmittel

Im Rahmen des Entwurfsprozesses fällt eine Vielzahl von Entwurfsergebnissen an. Viele von ihnen hängen inhaltlich zusammen. Computerunterstützte Werkzeuge für den Softwareentwurf (Computer Aided Software Engineering Tools) speichern die Ergebnisse, unterstützen die Präsentation und besitzen Funktionen zum Prüfen der Konsistenz.

Unterscheidung verschiedener Typen von Vorgehensmodellen

In der Praxis und Wissenschaft existiert ein breites Spektrum von Methoden zur Entwicklung von Anwendungen (Anwendungssoftware). So existieren spezielle Vorgehensmodelle für die:

- Eigenentwicklung von Anwendungssoftware

- Einführung von Standardsoftware

- Entwicklung multimedialer Informationssysteme

Dieses Lehrbuch beschränkt sich auf die Eigenentwicklung von Anwendungssoftware und die Einführung von Standardsoftware.

11.3.   Eigenentwicklung von Anwendungssoftware

11.3.1.   Wesen

Der Prozess der Eigenentwicklung von Anwendungssoftware bedeutet, die Anforderungen aus dem IT-orientierten Innovationsmanagement und der langfristigen Planung des Informationssystems soweit zu konkretisieren, dass die EDV/Org-Abteilung des Unternehmens die Software implementieren kann.

11.3.2. Phasen der Entwicklung

Den Entwicklungsprozess bei der Eigenentwicklung von Anwendungssoftware beschreiben wir mit Hilfe der Methode "Information Engineering" von Texas Instruments (vgl. TI 1990). Die Grundlagen dieser Methode wurden Anfang der 70er Jahre von James Martin geschaffen und seitdem kontinuierlich weiterentwickelt. Heute wird sie von verschiedenen Beratungsunternehmen eingesetzt. Information Engineering wird von dem CASE-Tool "Information Engineering Facility (IEF)" unterstützt.

Information Engineering bietet verschiedene alternative Entwurfsprozesse an, Anwendungen in Eigenentwicklung zu erstellen. Wir wählen das "Rapid Application Development". Es sieht eine starke Einbindung des Fachbereichs vor (vgl. TI 1993).

Rapid Application Development umfasst die folgenden Phasen:

* Bedarfsplanung (Requirements Planning)

* Entwurf mit dem Benutzer (User Design)

* Implementierung (Construction)

* Einführung (Cutover)

"Rapid Application Development" ist eine Methode, die nur im Zusammenhang mit IEF eingesetzt werden kann. Die Entwurfsergebnisse jeder Phase werden in diesem Werkzeug abgelegt. Das Tool besitzt die Stärke, dass eine Anwendung nicht Zeile für Zeile programmiert werden muss, sondern dass aus besonders strukturierten Entwurfsdokumenten, die in IEF abgelegt wurden, der Programmcode erzeugt (generiert) wird.

Bedarfsplanung

Die Phase "Bedarfsplanung" bildet den Einstieg in den Softwareentwicklungsprozess. Sie hat folgende Ziele:

* Verständnis der Geschäftsziele, die mit dem Projekt erreicht werden sollen

* Verständnis des geschäftlichen Umfeldes des Projektes

- Verständnis der bestehenden Anwendungen

- Prüfung der langfristigen Anwendungsplanung, des Projektantrages und der Machbarkeitsstudie auf Verwendbarkeit

- Identifikation der Geschäftsfunktionen hinsichtlich der Unterstützung durch die Anwendungen

Das Projektteam verschafft sich zunächst ein allgemeines Verständnis des Hintergrundes des Projekts durch Gespräche mit Führungskräften im Fachbereich und der EDV/Org-Abteilung.

In einem zweiten Schritt setzt sich das Projektteam mit den Zielen und der Abgrenzung des Projekts auseinander. Eine verfeinerte Beschreibung der geplanten Anwendung wird erstellt und der erwartete Nutzen formuliert.

Der nächste Schritt dient der Vorbereitung der Workshops. Auftraggeber und Projektleiter suchen die Mitarbeiter aus, die das System entwickeln. Das Team sollte Wissen aus allen Bereichen des Untersuchungsbereichs aufweisen und in der Hierarchie möglichst hoch verankert sein, um verbindliche Entscheidungen treffen zu können.

Innerhalb der Phase "Bedarfsplanung" beschäftigt sich das Projektteam mit den bestehenden Anwendungen des Untersuchungsbereichs. Dokumente, die bereits über die Anwendung, beispielsweise im Rahmen des IT-orientierten Innovationsmanagements, der langfristigen Planungen des Informationssystems oder der Projektformulierung entstanden sind, werden daraufhin untersucht, welche Funktionen und Daten sie verwenden und wie sie von den Benutzern beurteilt werden.

Zentrales Element zur Erkennung der Anforderungen sind Workshops. Das Projektteam trifft sich mit ausgewählten Benutzern. In einem ersten Schritt wird ein fachliches Modell der zukünftigen Anwendungen in Form von Daten- und Funktionsmodellen skizziert. Die Grenzen und der Nutzen der Anwendung werden diskutiert und die Anforderungen an die Implementierung, z.B. Sicherheitsanforderungen oder erwartete Schwierigkeiten bei Reorganisationen, werden beschrieben.

Der letzte Schritt im Rahmen dieser Phase verfeinert die Ergebnisse des Workshops. Das Projektteam ermittelt die organisatorischen Konsequenzen aus der geplanten Anwendung sowie Veränderungen der Aufbau- und Ablauforganisation. Bereits zu diesem frühen Zeitpunkt beschäftigt sich das Projektteam zum ersten Mal mit der notwendigen IT-Infrastruktur. Auf der Grundlage der Beschreibungen der Anwendung und der IT-Infrastruktur können die Kosten und der Nutzen des Projekts geschätzt werden.

Entwurf mit dem Benutzer

Die Phase "Entwurf mit dem Benutzer" setzt im Sinne der schrittweisen Verfeinerung auf den Ergebnissen der vorherigen Phase auf. Sie hat folgende Ziele:

- detaillierte Analyse des Geschäfts im Untersuchungsbereich

- Entwurf der computerunterstützten und manuellen Abläufe (Ablauforganisation)

- Entwurf der Bildschirmmasken und Ausdrucke

- Auswahl eines Verfahrens zur Implementierung

- Vorbereitung eines Plans zur Einführung der Anwendung

Im Rahmen dieser Phase verfeinert das Projektteam das Daten- und Funktionsmodell der vorhergehenden Phase. In getrennten Schritten wird am Daten- und Funktionsmodell weitergearbeitet. Auf dieser Grundlage überarbeitet das Projektteam die Anforderungen an die IT-Infrastruktur.

Im Anschluss beschäftigt sich das Projektteam mit der informationstechnischen Implementierung der Anwendung. Der Dialogablauf und die wichtigsten Bildschirmmasken werden entworfen.

In einem weiteren Schritt wird das entworfene System durch die IEF auf Konsistenz überprüft. Die Mitglieder des Projektteams, die für die Implementierung verantwortlich sind, entwickeln mit Hilfe der IEF einen Prototypen. Er enthält die Bildschirmmasken und simuliert den Dialogablauf. Parallel dazu beginnt das Projektteam im Rahmen des Datenbankdesigns, sich mit der Implementierung des Datenmodells zu beschäftigen.

Der nächste Schritt befasst sich mit der Planung der Implementierung und der Einführung. Der Schätzung der Kosten der Implementierung und der Planung der Testabläufe widmet das Projektteam besondere Aufmerksamkeit.

Die letzten Aufgaben dieser Phase beschäftigen sich mit der Diskussion von Verbesserungsvorschlägen, die seit den Workshops entstanden sind, und mit dem Einführungsplan.

Implementierung

Die Phase "Implementierung" generiert aus den Ergebnissen der vorherigen Phasen mit Hilfe von IEF die Anwendung.

Im einzelnen werden die folgenden Zielsetzungen angestrebt:

• Abschluss des Entwurfs der Anwendung

• Generierung und Test der Anwendung

• Vorbereitung der Benutzerdokumentation

• Entwurf, Implementierung und Test der Software für die Datenübernahme

• Vorbereitung der Übernahme der Anwendung von der Entwicklung in den produktiven Betrieb

Im ersten Schritt wird die Anwendung implementiert. Aus dem Datenbankdesign wird computerunterstützt die Datenbank generiert. Danach werden die einzelnen Transaktionen auf der technischen Ebene spezifiziert und daraus die Programme erzeugt. Die einzelnen Module werden im Anschluss an die Generierung auf ihre Funktionsfähigkeit getestet.

Von zentraler Bedeutung für die Qualität der Anwendung sind umfangreiche Tests. Ein Integrationstest stellt sicher, dass Teile der Anwendung, die von verschiedenen Projektteammitgliedern bearbeitet wurden, zusammenpassen. Ein Anwendungstest überprüft die Funktionalität und die informationstechnischen Eigenschaften, wie die Antwortzeit der Anwendung. Ein Akzeptanztest ermittelt die Zufriedenheit der Benutzer. In diese Tests ist die Stelle "Qualitätssicherung" der EDV/Org-Abteilung als unabhängige, externe Instanz eingebunden.

Im letzten Schritt dieser Phase bereitet das Projektteam die Einführung vor.

Einführung

Die Einführung ist die letzte Phase des Rapid Application Development. Sie übergibt die Anwendung dem produktiven Betrieb.

Folgende Ziele werden im Rahmen der Einführung angestrebt:

- Installation der Anwendung in der Produktionsumgebung*

- Optimierung der Effektivität der Anwendung zur Erreichung der Geschäftsziele

- Identifikation von zukünftigen Verbesserungsmöglichkeiten

Die Einführung der Anwendung beginnt mit der Ausbildung der Benutzer. Ausbildungsveranstaltungen werden geplant und durchgeführt. Zusätzlich sorgt das Projektteam dafür, dass die Ausbildung in der neuen Anwendung in das permanente Schulungsangebot des Unternehmens übernommen wird.

Bevor mit dem produktiven Betrieb der neuen Anwendung begonnen wird, werden die Daten aus den alten Anwendungen mit Hilfe von Konvertierungsprogrammen in die neue Anwendung überführt.

Nach Abschluss der Übernahme der Daten kann mit dem Transfer der Programme vom Testsystem auf das produktive System begonnen werden. Die bestehende IT-Infrastruktur wird an die neue Anwendung angepasst. Parallel werden die Mitarbeiter des Rechenzentrums ausgebildet.

Wenn die Anwendung in Betrieb ist, überwacht das Projektteam noch eine Zeit diese, um die Benutzer und das Rechenzentrum bei der Behebung von "Kinderkrankheiten" zu unterstützen und um Verbesserungsmöglichkeiten zu identifizieren, die im Rahmen der Wartung in Angriff genommen werden.

11.4. Einführung von Standardsoftware

11.4.1. Wesen

Ziel der Einführung von Standardsoftware ist es, die erworbene Software an die Anforderungen eines Unternehmens anzupassen. Dabei existieren zwei Vorgehensweisen:

- Anpassung der Software durch Programmierung

- Parametrisierung der Software

---

*   Produktionsumgebung ist der Teil der IT-Infrastruktur eines Unternehmens, auf der die fertiggestellten Anwendungen betrieben werden.

Anpassung der Software durch Programmierung bedeutet, dass die Lieferanten der Software oder die EDV/Org-Abteilung des Unternehmens die Standardsoftware um zusätzliche Programme erweitern. Dieser Weg hat sich in der Praxis als falsch erwiesen. Viele Vorteile der Standardsoftware gehen verloren, wenn diese in grösserem Umfang durch Eigenentwicklung verändert wird. Die Standardsoftware verliert die "Releasefähigkeit". Weiterentwicklungen durch den Hersteller können nicht genutzt werden.

Der sinnvollere Weg bei der Einführung von Standardsoftware liegt in der *Parametrisierung*. Parameter entsprechen Variablen in Tabellen, mit deren Hilfe die branchen- und unternehmensindividuelle Anpassung der Standardsoftware vorgenommen wird (vgl. Mertens/Wedel/Hartinger 1991). Parametrisierung bedeutet die Parameter der Software so einzustellen, dass die Standardsoftware den Bedürfnissen eines einzelnen Untenehmens entspricht.

So wird die Standardsoftware COMET von Siemens mit Hilfe von Tabellen an die Organisation eines Unternehmens angepasst. Je nach Unternehmens- und Organisationsstruktur kann die Standardsoftware ohne Programmierung parametrisiert werden. Bild 11.4.1./1 zeigt einen Ausschnitt aus dem Fragenkatalog, mit dessen Hilfe die Standardsoftware COMET parametrisiert wird (vgl. COMET/Siemens 1993).

Siemens Nixdorf COMET Top
CHICO - Checkliste

AB/FAK Grundmodul

o   AB 017 Wieviel Verkaufsartikel haben Sie?

    HLP   **Mit dieser Antwort beeinflussen Sie die Grösse
der Preisdatei (AF-05302CCC)**

o   AB 018 Wieviel unterschiedliche Verkaufspreise haben Sie durchschnittlich pro
Verkaufsartikel Eingabebereich 1 - 9999

    HLP   **Verkaufspreise können sein:
- Preise aus Preislisten
- kundenspezifische Sonderpreise
- mengenabhängige Staffelpreise**

o   AB 025 Wollen Sie mit Integration zur COMET Top Lagerwirtschaft arbeiten?

    HLP   **Ohne Integration können lediglich Artikel ohne Bestands-
führung (Dispositionskennzeichen 8 und 9) fakturiert
werden.**

o   AB 026 Wollen Sie mit Integration zur COMET Top Einkaufsabwicklung
arbeiten?

Bild 11.4.1./1 Fragenkatalog der Standardsoftware COMET (Ausschnitt)

Jede der in Bild 11.4.1./1 aufgeführten Fragen korrespondiert mit einem Parameter zur Anpassung der Software. So wird durch Beantwortung der Frage AB 017 die Grösse der Preisdatei, durch Beantwortung der Frage AB 025 die Integration der Lagerwirtschaft in die Software beeinflusst.

Standardsoftware und Reorganisation

Der unternehmerische Nutzen der Standardsoftware kann nur realisiert werden, wenn parallel zur Parametrisierung der Standardsoftware eine organisatorische Lösung entwickelt wird, die an die Eigenschaften der Standardsoftware angepasst wird.

11.4.2.   Phasen der Einführung

Den Entwicklungsprozess bei der Einführung von Standardsoftware beschreiben wir mit Hilfe der Methode PROMET-StdASW der Information Management Gesellschaft St. Gallen/München (vgl. IMG 1994). PROMET besteht aus einem Handbuch und einer Diskette, auf der für die meisten Formulare Templates gespeichert sind.

PROMET gliedert ein Projekt in vier Phasen (Bild 11.4.2./1)

```
•   Voruntersuchung

•   Konzeption

•   Realisierung

•   Einführung
```

Bild 11.4.2./1 Phasen der Projektmethode PROMET

Voruntersuchung

Die Phase "Voruntersuchung" schafft die Voraussetzungen für das Projekt. Sie strebt folgende Ziele an:

• Aufstellen der Projektorganisation und Schulung der Mitarbeiter

• Analyse des Ist-Zustands

• Analyse der Probleme und der Wirtschaftlichkeit

• Vorbereitung der Phase "Konzeption"

Im Rahmen des *Aufstellens der Projektorganisation* werden die Schritte durchlaufen, die wir in Abschnitt 10.2. aufgeführt haben. Ein weiterer vorbereitender
Schritt sorgt für die Infrastruktur des Projekts. Grosse Bedeutung kommt der
Schulung der Mitarbeiter zu. Im Vordergrund steht die Schulung an der ausgewählten Standardsoftware und dem Projektmanagementsystem.

Zu einem sehr frühen Zeitpunkt findet ein *Kick-Off-Meeting* mit allen Projekt-
beteiligten statt. Dieses bildet ein Diskussionsforum hinsichtlich der Inhalte und
Ziele des Projekts, des Projektablaufes und der Projektorganisation.

Die inhaltlichen Arbeiten beginnen mit der *Analyse des Ist-Zustandes*. In einem
ersten Schritt wird der Untersuchungsbereich festgelegt. Die Organisations-
einheiten, die innerhalb des zu untersuchenden Bereichs liegen, werden
beschrieben. Dazu werden alle Unterlagen, beispielsweise Organigramme,
Strategiepapiere und Pläne, gesammelt.

Auf die Analyse folgt eine für das weitere Vorgehen zentrale Aufgabe, die
Sammlung der *Geschäftsvorfälle und Geschäftsprozesse*. Geschäftsvorfälle im
Sinne von PROMET gleichen den Geschäftsfunktionen aus Abschnitt 5.4., sie
verfeinern die Geschäftsprozesse. Es handelt sich um Aufgaben, wie "Aufträge
erfassen" oder "Reklamationen bearbeiten", die in dem Untersuchungsbereich
anfallen und für das Geschäft von Bedeutung sind. Jeder Geschäftsvorfall wird
mit Hilfe eines Formulars von PROMET ausführlich beschrieben.

Eine weitere Teilaufgabe der Voruntersuchung widmet sich der Identifikation
bestehender Daten im Untersuchungsbereich. Ziel ist es, die Grundlagen für die
spätere Übernahme der bestehenden computerunterstützten Datenbanken in
die Standardsoftware zu schaffen, da in vielen Unternehmen grosse Datenbanken existieren, die auf keinen Fall neu eingegeben werden können.

Auf der Grundlage der vorangegangenen Analyseschritte formuliert das Projektteam *die Probleme*, die im Verlauf des Projekts auftreten können, und zeigt
Lösungsmöglichkeiten auf. Das Spektrum kann von erwartetem Widerstand bei
der Umsetzung der organisatorischen Veränderungen bis zu Problemen mit
Betriebssystemen bei der Übernahme der alten Daten in die neue Lösung
reichen.

PROMET geht davon aus, dass vor Projektbeginn eine Wirtschaftlichkeits-
berechnung im Projektantrag oder in der Machbarkeitsstudie vorgenommen

wurde. Diese wird aufgrund der Erkenntnisse aus der Voruntersuchung über-arbeitet.

Letzter Schritt im Rahmen der Phase "Voruntersuchung" ist die Planung der Phase "Konzeption" und die *Phasenfreigabe* durch den Projektausschuss. Mit der Phasenfreigabe entscheidet der Projektausschuss, ob das Projekt weiter-verfolgt wird.

Konzeption

Die Phase "Konzeption" schafft die Voraussetzungen für die Implementierung der Standardsoftware. Die Ergebnisse der Phase "Voruntersuchung" werden verfeinert und parallel wird nach Möglichkeiten der Optimierung der Organisation gesucht.

Die Phase Konzeption hat folgende Ziele:

- Parametrisierung der Standardsoftware im Entwicklungssystem

- Konzeption der Aufbau- und Ablauforganisation

- Konzeption der Datenübernahme

- Konzeption des Einführungsplans

Einen Schwerpunkt der Phase "Konzeption" bildet die *Installation und Parametrisierung* der Standardsoftware. Die Parametrisierung bildet die Soll-Geschäftsprozesse mit ihren Geschäftsvorfällen auf dem Entwicklungssystem ab. Jeder Geschäftsvorfall wird zusätzlich mit einem Formular beschrieben. Das Projektteam überlegt sich, wie die Geschäftsprozesse und die Geschäftsvorfälle aussehen sollen. In einem weiteren Schritt parametrisiert es das Entwicklungs-system* und prüft anschliessend, ob die gewünschten Ergebnisse eingetreten sind. Die Grundlage bilden die Ist-Geschäftsvorfälle aus der Voruntersuchung. Aufbauend auf der Prüfung jedes Ist-Vorfalles wird bei diesem Schritt ein Soll-Ablauf konzipiert. Parallel zur Parametrisierung beschäftigt sich das Projektteam mit der *Organisation*. Organigramme und Funktionsmatrizen** werden ent-worfen. Sie veranschaulichen die geplanten Strukturen und Abläufe.

---

* Entwicklungssystem ist die Zentraleinheit, auf der die Anwendung entwickelt wird.

** Funktionsmatrizen sind tabellarische Gegenüberstellungen organisatorischer Stellen und von Geschäftsfunktionen, aus denen hervorgeht, in welcher Weise die Stellen an der Erfüllung der Funktionen beteiligt sind, z.B. in verantwortlicher oder kontrollierender Art und Weise.

Die Arbeiten an der Übernahme von Daten aus dem alten EDV-System werden im Rahmen der Phase "Konzeption" weitergeführt. Das Projektteam identifiziert und dokumentiert die Schnittstellen. Jedes Datenelement, das übernommen werden soll, muss erfasst werden. Parallel dazu muss ein Plan für die Übernahme von Stamm- und Bewegungsdaten erstellt werden.

Eine weitere Aktivität der Phase "Konzeption" ist die Planung der Einführung. Die Schulung für die betroffenen Mitarbeiter im Fachbereich ist zu planen. Ein Katastrophenplan ("Lebensversicherung") ist für den Fall vorzusehen, dass die Standardsoftware bei der Einführung versagt. Ein Sachmittelkonzept ist zu erstellen, aus dem hervorgeht, ob und wieviele Terminals, Drucker und Netzwerkanschlüsse notwendig sind.

Auch im Rahmen dieser Phase sieht PROMET vor, dass die Wirtschaftlichkeitsvorschau überarbeitet und an die neuen Erkenntnisse, insbesondere aus der Konzeption der Organisation, angepasst wird.

Realisierung

Die Phase "Realisierung" hat die Aufgabe, die Standardsoftware in Einklang mit detaillierten Vorgaben zur Organisation zu bringen und abschliessend zu parametrisieren sowie die Voraussetzungen zu schaffen, dass in der nächsten Phase das Produktivsystem parametrisiert und eingeführt werden kann.

Die Phase "Realisierung" hat folgende Ziele:

- abschliessende Parametrisierung des Entwicklungssystems

- Definition von Testfällen und Test des Entwicklungssystems

- detaillierte Konzeption der Organisation

- Übernahme und Erfassung der Daten

- Programmierung der Schnittstellen

- Erarbeitung der Ausfallplanung

- Umsetzung der Einführungsplanung (Schulung, "Lebensversicherung" und Installation der Sachmittel)

In einem ersten Schritt ist die Parametrisierung des Entwicklungssystems abzuschliessen und zu testen. Formulare, Listen, Berichte und die Anwenderberechtigungen werden eingerichtet.

Jede Schnittstelle, die im Rahmen der Phase "Konzeption" identifiziert wurde, wird programmiert und im Entwicklungssystem getestet. Das Projektteam entwickelt die Testfälle und führt anschliessend die Tests durch.

Ein weiterer Aufgabenkreis im Rahmen der Phase "Realisierung" ist die *Erstellung des detaillierten Organisationskonzepts*. Das Projektteam legt fest, wieviele Mitarbeitertage eine Stelle voraussichtlich für die Ausübung einer Aufgabe in einem Jahr benötigt und welche Kompetenzen die Stellen besitzen. Das Projektteam erstellt für jede Stelle eine Stellenbeschreibung.

Die *Stamm- und Bewegungsdaten* sind auf die Standardsoftware zu übernehmen. Vor der Übernahme ist die Qualität und Vollständigkeit der bestehenden Datenbestände sicherzustellen. Die Übernahme erfolgt mittels spezieller Programme oder durch manuelle Eingabe.

Ein weiterer Schritt beschäftigt sich mit der *Umsetzung der Einführungsplanung*. Die geplanten Schulungsmassnahmen sind durchzuführen, der Katastrophenplan ist zu überarbeiten und die geplanten Sachmittel zu installieren.

Sämtliche Dokumente, die nach der Einführung der Standardsoftware noch von Interesse sind, werden in einer Schlussdokumentation zusammengefasst. Sie bestehen aus einem Organisations- und einem Systemhandbuch.

Abgeschlossen wird diese Phase mit der Anpassung der Wirtschaftlichkeitsvorschau an neue Erkenntnisse.

Einführung

Die Phase "Einführung" übergibt die Standardsoftware in den produktiven Betrieb, korrigiert Probleme, die während der Inbetriebnahme auftreten und unterstützt die Benutzer.

Die Phase "Einführung" hat folgende Ziele:

- Parametrisierung des Produktivsystems

- Übernahme der Daten

- Unterstützung des Fachbereichs bei der Umstellung

- Durchführung kurzfristig notwendiger Änderungen

- abschliessende Wirtschaftlichkeitsanalyse

Die Parameter und Schnittstellenprogramme aus dem Entwicklungssystem werden in das *Produktivsystem* übertragen, ebenso die Stamm- und Bewegungsdaten. Anschliessend ist die Anwendung mit Hilfe der Testfälle, die bereits in der Phase "Realisierung" angelegt wurden, zu testen.

Eine erneute Durchsicht des Katastrophenplans stellt sicher, dass für den "Ernstfall" vorgesorgt ist. Ausserdem ist die installierte Infrastruktur zu überprüfen. Das Projektteam unterstützt die Einführung aktiv, indem es aufgetretene Fehler behebt und Ideen für die Weiterentwicklung der Anwendung sammelt.

Abschliessend erstellt das Projektteam einen Wirtschaftlichkeitsnachweis im Sinne einer Nachkalkulation des Projekts. Der Wirtschaftlichkeitsnachweis basiert auf den Wirtschaftlichkeitsvorschauen, die in den einzelnen Phasen erstellt wurden, und zeigt den qualitativen und quantitativen Nutzen und die qualitativen und quantitativen Kosten auf.

11.5. Zusammenfassung

- Der Entwicklungsprozess ist ein Vorgang der schrittweisen Verfeinerung, in dem aus groben Ideen über eine zukünftige Anwendung organisatorische Lösungen, Programme und Datenbanken entstehen.

- Das Projektmanagement ist für den Ablauf des Entwicklungsprozesses verantwortlich.

- Der Entwurf von Informationssystemen ist in der Praxis ein komplexer Vorgang. Die Bildung von Sichten, die Unterscheidung verschiedener Abstraktionsebenen, die Bildung von Phasen, die Verwendung computerunterstützter Hilfsmittel (CASE) und die Unterscheidung verschiedener Typen von Vorgehensmodellen stellen Instrumente zur Reduktion der Komplexität dar.

- Eigenentwicklung von Anwendungssoftware bedeutet, die Anforderungen an eine Anwendung soweit zu konkretisieren, dass sie von der EDV/Org-Abteilung programmiert werden können. Daten-, Funktions- und Organisationsentwurf sind die wesentlichen Komponenten der Eigenentwicklung von Software.

- Die Methode des "Rapid Application Development" dient der Eigenentwicklung von Anwendungssoftware. Sie unterscheidet die Phasen

"Bedarfsplanung", "Entwurf mit dem Benutzer", "Implementierung" und
"Einführung".

- Ziel der Einführung von Standardsoftware ist es, nach organisatorischen
  Lösungen zu suchen, die betriebswirtschaftlich geeignet sind und keine
  Modifikation der Standardsoftware verursachen, sowie die erworbene Soft-
  ware den Anforderungen eines Unternehmens anzupassen.

- Die Methode PROMET-StdASW wird bei der Einführung von Standardsoftware eingesetzt. Sie unterscheidet die Phasen "Voruntersuchung",
  "Konzeption", "Realisierung" und "Einführung".

12. Betrieb der IT-Infrastruktur

12.1. Wesen

> Die Funktion "Betrieb der IT-Infrastruktur" umfasst alle Aufgaben, die dafür sorgen, dass die geplante und im Rahmen von Projekten installierte IT-Infrastruktur zur Verfügung steht ("Produktion"), dass den Benutzern bei Problemen rasch geholfen wird und ein Krisenmanagement für Ausfälle zur Verfügung steht.

Unternehmerisches Ziel des Betriebs der IT-Infrastruktur ist es, dem Benutzer auf wirtschaftliche Weise den Service zur Verfügung zu stellen, den er zur Abwicklung des Geschäfts benötigt.

Der Betrieb der IT-Infrastruktur ist eine Aufgabe, die von Spezialisten in der EDV/Org-Abteilung durchgeführt wird. Sie bleibt dem Fachbereich in der Regel verborgen. Er wird erst mit Problemen des Betriebs konfrontiert, wenn Schwierigkeiten auftreten.

Einen Eindruck vom Umfang und von der Komplexität dieses Aufgabenkreises vermittelt die Besichtigung eines Grossrechenzentrums einer Bank oder einer Versicherung. Es handelt sich um industrieähnlich organisierte Produktionsstätten, in denen Informatik-Spezialisten, Elektriker, Nachrichten- und Klimatechniker zusammenarbeiten.

Die Funktion "Betrieb der IT-Infrastruktur" beschränkt sich nicht auf die grossen Rechenzentren, sondern berücksichtigt auch die IT-Infrastruktur innerhalb der Abteilungen und bei den Benutzern.

Der Betrieb der IT-Infrastruktur gliedert sich in folgende Funktionen:

- Produktion

- Benutzersupport

- Krisenmanagement

- Inventur der IT-Infrastruktur

12.2. Produktion

> Produktion stellt sicher, dass Hardware, Software und Netzwerke
> betriebsfähig sind und damit die Anwendungen so eingesetzt
> werden können, wie es in der Planung und in den Projekten
> gefordert wird.

Die Funktionen, die sich im Rahmen der Produktion ergeben, sind:

- Management der Hardware

- Management der Software

- Management der Netzwerke

- Tuning der IT-Infrastruktur

- Management des In- und Outputs

Management der Hardware

Das Management der Hardware bedient die Geräte und stellt sicher, dass die
Zentraleinheiten sowie die Ein- und Ausgabegeräte funktionstüchtig sind und
bleiben.

Solange sich die Hardware in Rechenzentren befindet, ist diese Aufgabe zwar
komplex, aber beherrschbar. Die Dezentralisierung der Hardware in den vergangenen Jahren hat dazu geführt, dass sich heute fast in jedem Büro und in jeder
Abteilung Hardware befindet. Obwohl viele dieser dezentralen Komponenten
sehr wartungsarm ausgelegt sind, müssen sie regelmässig kontrolliert werden.
Auch der Betrieb und die Wartung dieser Komponenten fällt in das Management der Hardware.

Viele Rechenzentren haben in den vergangenen Jahren in die Automatisierung
investiert. Roboter übernehmen Aufgaben, wie beispielsweise das Auswechseln
von Bändern. Unter dem Stichwort *"operatorloser Betrieb"* werden in Zukunft
immer mehr Aufgaben aus dem Bereich der Bedienung der Hardware automatisiert ablaufen.

Regelmässige *Kontrolle und Service* tragen dazu bei, dass die Infrastruktur in
dem erforderlichen Ausmass zur Verfügung steht.

Zu den Routineaufgaben im Rahmen des Managements der Hardware gehört
das Aufstellen und Auswechseln kleinerer Hardwarekomponenten, die ent-

weder defekt oder veraltet sind. Änderungen an der Hardware sind so zu organisieren, dass die Benutzer des Informationssystems durch Ausfälle nicht behindert werden.

Management der Software

Das Management der Software beschäftigt sich mit der Software, die für den Betrieb des Informationssystems eines Unternehmens benötigt wird.

Ein Aufgabenbereich des Managements der Software beschäftigt sich mit den Betriebssystemen. Viele Unternehmen besitzen eine eigene Abteilung für die *Systemprogrammierung*, die für das eingesetzte Betriebssystem und die betriebssystemnahe Software verantwortlich ist. Im Mittelpunkt der Systemprogrammierung steht nicht die Entwicklung von Programmen, sondern die Unterstützung eines reibungslosen Betriebes. Die Aufgaben umfassen:

- Evaluation und Konfiguration der eingesetzten Software

- Wartung des Betriebssystems

- Installation von Software, wie neuer Releases von Betriebssystemen und Datenbankmanagementsystemen

- Anpassung von Software an die spezielle IT-Infrastruktur eines Unternehmens und den Gegebenheiten des Geschäftes

- Mitarbeit bei der Auswahl neuer Hard- und Software

Das *Datenbankmanagement* hat sich als ein eigener Aufgabenkreis herauskristallisiert. Im Vordergrund steht die Einrichtung sowie die Pflege und Optimierung der Datenbankmanagementsysteme und der Datenbanken, beispielsweise durch Reorganisation der Datenbestände.

Ein weiterer Aufgabenkreis des Managements der Software kümmert sich um die *Anwendungsprogramme*. Er umfasst die Installation der Programme und die Planung des Ablaufs der verschiedenen Programme unter Berücksichtigung des Geschäfts.

Führt ein Unternehmen beispielsweise Standardsoftware ein, wie dies in Abschnitt 11.4. beschrieben wurde, fällt die Einrichtung des Entwicklungs- und Produktivsystems in den Aufgabenbereich des Managements der Software. Dabei muss eng mit dem Management der Hardware zusammengearbeitet werden. Die Anwendungsprogramme laufen nur dann einwandfrei, wenn die ent-

sprechenden Hardwarevoraussetzungen, z.B. Ausbau des Hauptspeichers oder
Erhöhung der Plattenkapazität, installiert sind.

Werden im Rahmen von Wartungsarbeiten Programme geändert oder neu geschrieben, müssen sie in das produktive System eingebunden werden. Es gehört
zu den Aufgaben des Managements der Software, die Programme von den
Anwendungsentwicklungsabteilungen zu übernehmen und in die Produktionsumgebung zu implementieren.

Die verschiedenen Anwendungsprogramme, insbesondere die Batch-Abläufe,
müssen in einer bestimmten Reihenfolge ablaufen, damit die gewünschten Ergebnisse erzielt werden. So muss am Monatsende die Erfassung aller Verkäufe
abgeschlossen sein, bevor die monatlichen Verkaufsauswertungen erstellt
werden. Ohne Planung der Abläufe ist eine betriebswirtschaftlich sinnvolle
Informationsverarbeitung unmöglich. Notwendig ist eine *Monats-, Wochen-
und Tagesplanung* sowie spezielle Planungen wie die Quartalsabschluss- oder
Jahresendverarbeitung. Bild 12.2./1 zeigt einen Ausschnitt aus einem
langfristigen Tagesplan für ein Rechenzentrum, der zeigt, zu welchem Zeitpunkt
welche Anwendung durchzuführen ist (vgl. IBM 1988b).

Ereignis mit Abhängigkeiten				Abhängiges Ereignis (Vorgänger oder Nachfolger)					
Anwen-dungs-code	Eingabe-zeit	Eigen-tümer	Opera-tions-code	Art	Anwen-dungs-code	Eingabe	Ankunft	Opera-tions-code	Grund
JOBX	13:00	Schmid	CPU 115	Vorg.	JOBABC	XX0425	13:00	CPU 115	manuelle Eingabe
			ERHP 10	Vorg.	JOBXYZ	XX0430	17:00	ERHP 10	
			CPU 115	Nachf.	JOBABC	XX0509	13:00	CPU 115	wöchentl. Liste

Bild 12.2./1 Ausschnitt aus einem Tagesplan für ein Rechenzentrum

Der Ausschnitt aus einem Tagesplan in Bild 12.2./1 zeigt für jede Anwendung
die dazugehörigen Durchführungsschritte und die vorhergehenden und nach-
folgenden Anwendungen. Zu diesen abhängigen Anwendungen sind die
Durchführungsschritte und Endtermine angegeben.

Die Bedeutung der Ablaufplanung wird an dem Beispiel der Informationsverarbeitung der Banken deutlich. Die Kapazität der Rechner kann nicht für die
durchschnittliche Beanspruchung während des Jahres geplant werden, sondern
muss für die Verarbeitungsspitzen am Jahresende ausgelegt sein. Eine optimale

Planung der Abläufe verringert den Bedarf an Rechenleistung und verhindert unnötige Investitionen.

Neben den betriebswirtschaftlichen und softwarebedingten Abhängigkeiten ist die Kapazität der Hardware als weiterer Parameter bei der Planung zu berücksichtigen. Für viele Unternehmen stellt sich die Frage, ob es nicht für die Planung der Abläufe im Rechenzentrum vorteilhaft ist, Produktionsplanungssysteme einzusetzen.

Die globale Ausrichtung vieler Unternehmen führt zur Forderung nach einer kontinuierlichen Verfügbarkeit der Anwendungen ("7x24h-Betrieb"). Um dieser Anforderung gerecht zu werden, müssen Abläufe, die seither als Batch-Anwendungen "in der Nacht" gelaufen sind, on-line am Tag durchgeführt werden. Dies hat zur Folge, dass Abstimmungsvorgänge zwischen den Programmen anders organisiert werden müssen.

Ein weiterer Bereich im Rahmen des Managements der Software ist der *Austausch von Daten* mit anderen Unternehmen oder Behörden. Im Rahmen der Planung der Abläufe in der Produktion ist sicherzustellen, dass die entsprechenden Dateien rechtzeitig zur Verfügung stehen, auf Band oder Disketten geschrieben und an die Empfänger versandt werden.

Die Sicherung der Daten und der Programme (Back-Up) gehört zum Management der Software. Es ist dafür verantwortlich, dass aktuelle Kopien der Daten und Programme erstellt und an einem sicheren Platz deponiert werden.

Management der Netzwerke

Der Betrieb der Netzwerke ist zu einer eigenständigen Aufgabe geworden, die nicht mehr Teil der Systemprogrammierung ist. Die Aufgaben des Managements der Netzwerke umfassen:

- Installation der Netzwerke

- Beobachtung der Aktivitäten auf dem Netz

- Suche nach Fehlern

- Definition neuer Benutzer

Die zunehmende Vernetzung innerhalb der Unternehmen sowie mit Lieferanten, Kunden und anderen externen Stellen wird den Umfang der Aufgaben und die Bedeutung des Managements der Netzwerke in den nächsten Jahren erhöhen.

Tuning der IT-Infrastruktur

Die IT-Infrastruktur eines Unternehmens setzt sich in der Regel aus Komponenten zusammen, die zu verschiedenen Zeitpunkten von unterschiedlichen Herstellern erworben und installiert wurden. Um einen optimalen Betrieb zu gewährleisten, ist es notwendig, ständig die Anwendungen, die Betriebssysteme, die Hardware und die Netzwerke aufeinander abzustimmen (Tuning).

Management des In- und Outputs

In Banken, Versicherungen, Versandhandelsunternehmen oder in öffentlichen Verwaltungen fallen riesige Mengen an Dokumenten an, die maschinell eingelesen werden müssen, ebenso wird eine grosse Menge an Dokumenten ausgedruckt. Die Bedienung der Hardware und Software für die Eingabe und Ausgabe der Daten gehört zum Aufgabenbereich der Produktion.

12.3. Benutzersupport

Ziel der Benutzersupports ist die Sicherung des Nutzens der betrieblichen Informationsverarbeitung eines Unternehmens, der die Basis des Informationssystems bildet.

Die Probleme, die im Rahmen des Benutzersupports auftreten können, sind unterschiedlich:

- Installationsprobleme, wie falsche Installation von Hardware, Software oder Netzwerken oder einzelnen Komponenten

- Hardwareprobleme, wie defekte Komponenten der Hardware oder der Einsatz falscher Hardware

- Softwareprobleme, wie beschränkter Funktionsumfang der Software

- Kommunikationsprobleme, d.h. Netzwerkverbindungen kommen nicht oder nur mit Problemen zustande

- Anwendungsprobleme, wie vergebliche Bemühungen beim Start von Anwendungen

- Umsetzungsprobleme, wie Schwierigkeiten bei der Realisierung des Soll-Konzeptes im Rahmen des Projektes

Erfahrungen in der Praxis zeigen, dass ca. 80% der Probleme, die Benutzer im Umgang mit der computerunterstützten Informationsverarbeitung haben, auf einfache Ursachen, wie die falsche Eingabe durch die Benutzer oder nicht angeschlossene Terminals, zurückzuführen sind.

Der Benutzersupport findet soweit wie möglich am Arbeitsplatz des Benutzers statt. In dieser Umgebung können die Spezialisten Ursachen erkennen, die nicht direkt in den Anwendungen und der IT-Infrastruktur begründet sind.

Hilfe bei technischen Problemen

Bei Problemen, die sich aus der IT-Infrastruktur ergeben, ist es Aufgabe des Benutzersupports, die Installation der Hardware, Software und der Netzwerke zu überprüfen. Bei der Analyse der Probleme müssen neben den Fehlern, die vor Ort beim Benutzer auftreten, auch Fehler in den zentralen Einrichtungen, beispielsweise im Netzwerk oder Rechenzentrum, in Betracht gezogen werden.

Hilfe bei der Bedienung der Anwendungen

Trotz intensiver Schulung der Benutzer sowie vorhandener Handbücher und Help-Funktionen tauchen immer wieder Probleme bei der Bedienung der Anwendungen auf. Die Mitarbeiter der EDV/Org-Abteilung geben entweder bei einem kurzen Besuch am Arbeitsplatz oder telefonisch Hilfestellung. In vielen Fällen hat die kurze Beratung einen schulungsähnlichen Charakter.

Organisationsberatung

Die Verantwortlichen des Fachbereichs wenden sich an die Ansprechpartner der EDV/Org-Abteilung, wenn sie mit den organisatorischen Lösungen unzufrieden sind. Es wird immer wieder festgestellt, dass die Mitarbeiter im Fachbereich ihr Geschäft nach den alten Abläufen verrichten, obwohl neue organisatorische Regelungen in Kraft sind. In der Regel können organisatorische Mängel nicht ad hoc behoben werden. Erst im Rahmen einer grösseren Reorganisation, die im Sinne einer Wartung wie ein Projekt abgewickelt werden muss, können die notwendigen organisatorischen Veränderungen vorgenommen werden. In diesen Fällen werden vom Benutzersupport Zwischenlösungen entwickelt bis eine Reorganisation möglich ist.

Entgegennahme von Änderungsvorschlägen

Der ständige und intensive Kontakt im Rahmen des Benutzersupports mit den Benutzern im Fachbereich offenbart Schwächen der bestehenden Informationsverarbeitung. Es entstehen Anregungen für Verbesserungen oder neue Ideen. Die Nutzung dieser Quellen ist eine wichtige Aufgabe des innerbetrieblichen Innovationsmanagements.

Benutzersupport in dezentralen Umgebungen

Die Dezentralisierung der IT-Infrastruktur sowie der Verantwortung für die Informationsverarbeitung führt dazu, dass auch der Benutzersupport in die Fachabteilungen wandert. "Superuser" oder EDV/Org-Mitarbeiter, die im Fachbereich tätig sind, kümmern sich um die dezentralen Anwendungen. Sie gehen individuell auf die Probleme ein und erkennen grössere Schwierigkeiten im Entstehen. So sieht ein Mitarbeiter aus der Fachbabteilung an der Art der Fragen und den Problemen rasch, ob das vorgesehene organistorische Konzept umgesetzt wurde oder ob die alte Lösung weiter verfolgt wird.

12.4. Krisenmanagement

Der zunehmende Einsatz von Hardware und Software in den Unternehmen brachte für viele Branchen eine Abhängigkeit von der computerunterstützten Informationsverarbeitung mit sich.

Das Krisenmanagement stellt sicher, dass die Betriebsbereitschaft nach einem unerwartet aufgetretenen Problem innerhalb kürzester Zeit wiederhergestellt wird.

Indikatoren für Probleme können beispielsweise sein:

* Abweichungen von Standardwerten bei der Hardware oder im Netzwerk

* Schäden an Hard-, Software und Netzwerken

* Funktionsstörungen

* Leistungsabfall

* ungeplante Abstürze von Programmen

* falsche Ergebnisse von Anwendungen

Als Hauptursache für Krisensituationen erweisen sich immer wieder Änderungen, die an Hardware, Software oder im Netzwerk vorgenommen wurden und die - trotz umfangreicher Tests - unerwartete Auswirkungen nach sich ziehen. Beispiel 15 beschreibt die Ursache ständiger Probleme im Rechenzentrum eines Industrieunternehmens.

Beispiel 15: Krisenmanagement in einem Industrieunternehmen

Im Rechenzentrum eines mittelgrossen Industrieunternehmens häuften sich die Probleme. Immer wieder kam es zu Abstürzen von Programmen. Analysen führten zu der Erkenntnis, dass es sich dabei vor allem um Anwendungen handelte, an denen in jüngster Zeit Änderungen vorgenommen wurden. Untersuchungen der Ablauforganisation zeigten, dass jedes geänderte Programm vor der Übergabe in die Produktion getestet wurde, um ein Auftreten von Fehlern auszuschliessen. Zusätzliche Befragungen ergaben aber, dass einige Programmierer ihre Programme nicht in den regelmässigen "Programmtransfersitzungen" in die Produktion übergeben hatten, sondern sie direkt ins produktive System einbauten. Diesen Weg wählten sie immer, wenn sie unter grossem Termindruck standen. Ohne das umständliche Testverfahren konnten sie die vorgegebenen Termine einhalten.

Krisenmanagement im Zusammenhang mit dem Betrieb der IT-Infrastruktur hat sich zu einer Aufgabe für Spezialisten entwickelt, da sich die meisten Probleme im Betrieb nicht auf eine Ursache zurückführen lassen. Wenn bei einer Anwendung die Antwortzeiten beim Benutzer stark steigen, kann die Ursache in der Anwendungssoftware, in der Systemsoftware oder Hardware sowie im Netzwerk liegen. Zur schnellen Beseitigung der Probleme müssen die Mitarbeiter aus allen betroffenen Bereichen effektiv und effizient zusammenarbeiten.

Je nach Grösse, Grad der Abhängigkeit von der computerunterstützten Informationsverarbeitung und der finanziellen Ausstattung eines Unternehmens ist das Krisenmanagement anders zu konzipieren. Während in Grossunternehmen in der Regel eine Präsenz von Mitarbeitern rund um die Uhr gewährleistet ist, können sich Mittel- und Kleinbetriebe diesen Komfort nicht leisten. Durch Pager und der Möglichkeit, sich via Modem von zu Hause aus in das Informationssystem eines Unternehmens einzuschalten, sind auch diese Unternehmen in der Lage, ein Krisenmanagement zu organisieren.

12.5. Inventur der IT-Infrastruktur

Die Inventur der IT-Infrastruktur erfasst sämtliche Komponenten der IT-Infrastruktur, die in einem Unternehmen vorhanden sind.

Ähnlich der Anlagenbuchhaltung wird ein Inventar erstellt und bei jedem Beschaffungsvorgang auf den neuesten Stand gebracht. Das Inventar der IT-Infrastruktur weist nicht nur eine laufende Nummer, den Bezeichner, Anschaffungspreis und aktuellen Wert auf, sondern auch weitergehende Informationen, wie Beschaffungsquelle oder bei der Software die Versionsnummer.

Durch die Verteilung der Hard- und Software auf das ganze Unternehmen hat sich das Erstellen und Pflegen des Inventars zu einer aufwendigen Funktion entwickelt. Viele Fachbereiche, die eine umfangreiche IT-Infrastruktur aufgebaut haben, sehen die Aufstellung eines Inventars zunächst als eine überflüssige "bürokratische" Aufgabe an. Nach Diebstählen oder nach Schwierigkeiten bei der Installation von PC-Software, aufgrund von Unkenntnis der Hard- und Softwareausstattung, wird der Nutzen einer Inventarisierung ersichtlich.

12.6. Zusammenfassung

- Der Betrieb der IT-Infrastruktur umfasst alle Aufgaben, die dafür sorgen, dass die geplante und im Rahmen von Projekten installierte IT-Infrastruktur dem Benutzer zur Verfügung steht.

- Für den Betrieb der zentralen IT-Infrastruktur ist die EDV/Org-Abteilung verantwortlich. Die dezentralen Installationen werden von Spezialisten in den Fachbereichen betreut.

- Die Produktion umfasst das Management der Hardware, der Software und der Netzwerke. Das Management der Hardware wird immer mehr automatisiert. Das Management der Software beschäftigt sich mit der Systemsoftware und den Anwendungen. Eine genauere Planung der Abläufe ist notwendig, um unnötige Investitionen in die IT-Infrastruktur zu vermeiden. Das Management der Netzwerke ist für die Installation und den Betrieb der Kommunikationsverbindungen verantwortlich.

- Der Benutzersupport unterstützt die Benutzer beim Gebrauch der computerunterstützten Anwendungen in der täglichen Arbeit. Diese Funktion hilft bei technischen Problemen, bei der Bedienung der Anwendungen und bei organisatorischen Schwierigkeiten.

- Das Krisenmanagement stellt sicher, dass die Betriebsbereitschaft nach einem unerwartet aufgetretenen Problem innerhalb kürzester Zeit wiederhergestellt wird.

- Die Inventur der IT-Infrastruktur erfasst die Komponenten der IT-Infrastruktur eines Unternehmens.

Teil IV: Kontrolle

Der vierte Teil dieses Lehrbuches beschäftigt sich mit der Kontrolle im Rahmen des Informationsmanagements. Bild IV./1 zeigt, wie die Kontrolle in das Informationsmanagement eingebettet ist und aus welchen Funktionen sie sich zusammensetzt.

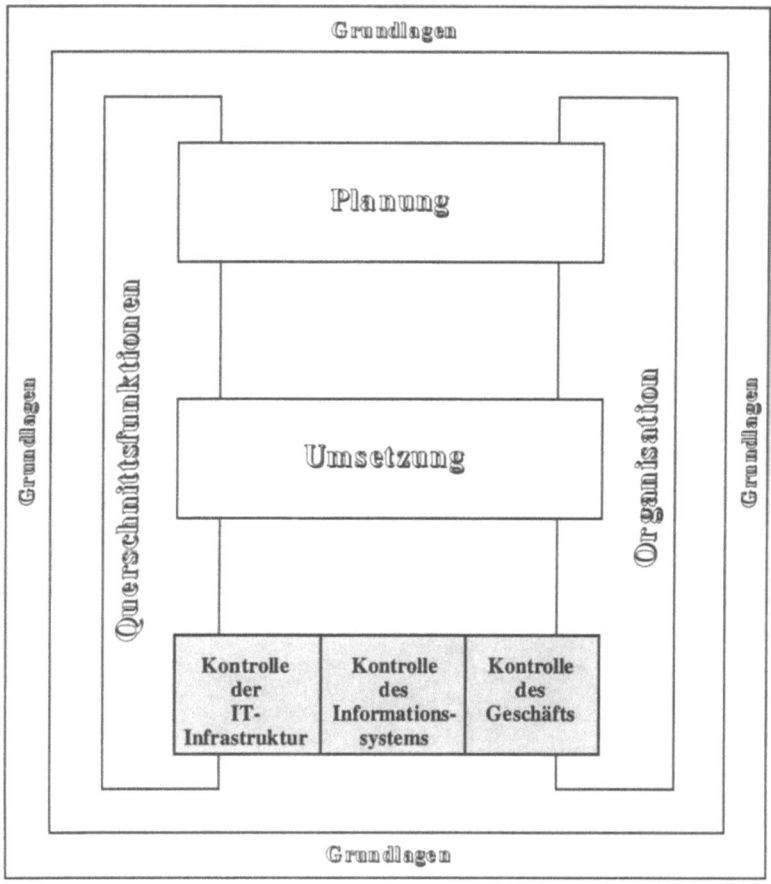

Bild IV./1: Kontrolle als Teil des Informationsmanagements

Die *Kontrolle der IT-Infrastruktur* prüft, ob die Hardware, Software und Netzwerke effizient eingesetzt werden und ob die Leistungen, die im Rahmen der langfristigen Planung und den Projekten gefordert wurden, erbracht worden sind. Systematisch wird jede Benutzung der IT-Infrastruktur erfasst und ausgewertet.

Die *Kontrolle des Informationssystems* prüft, ob die Anwendungen effizient und effektiv eingesetzt werden. Sie hat vor allem das Ziel, Anwendungen und Bestandteile des Informationssystems zu identifizieren, die selten oder überhaupt nicht verwendet werden.

Die *Kontrolle des Geschäfts* geht von den unternehmerischen Zielen der Planung und der Projekte aus. Sie kontrolliert, ob unternehmerische Ziele, wie z.B. eine Verkürzung der Durchlaufzeit, durch die Anwendungen wie geplant unterstützt werden.

13. Kontrolle der IT-Infrastruktur

13.1. Wesen

> Die Kontrolle der IT-Infrastruktur prüft die IT-Infrastruktur eines Unternehmens auf Effizienz und darauf, ob die Leistungen, die im Rahmen der langfristigen Planung der IT-Infrastruktur und der Projekte gefordert wurden, erbracht worden sind.

Verantwortlich für die Durchführung der Kontrolle der IT-Infrastruktur sind die Mitarbeiter der EDV/Org-Abteilung.

Die Kontrolle der IT-Infrastruktur gliedert sich in folgende Funktionen:

- Quantitative Kontrolle

- Qualitative Kontrolle

- Externe Vergleiche

13.2. Quantitative Kontrolle

Das wichtigste Instrument der quantitativen Kontrolle der IT-Infrastruktur ist das Monitoring, d.h. die Leistungsmessung und die Beobachtung des zeitlichen Ablaufgeschehens in Computersystemen.

Hardware-Monitoring

> Das Hardware-Monitoring prüft die physikalischen Vorgänge innerhalb der IT-Infrastruktur mittels spezieller Geräte.

Die Prüfung erfolgt durch spezielle Geräte - Hardware-Monitore -, die an Komponenten der IT-Infrastruktur eines Unternehmens angeschlossen werden. Beispielsweise wird ein Messgerät, das elektrische Impulse aufzeichnet, an ein Kabel eines Netzwerkes oder an eine Zentraleinheit angeschlossen.

Mit Hilfe des Hardware-Monitorings sind folgende Grössen messbar:

- Häufigkeit der Benutzung einer Komponente der IT-Infrastruktur

- Dauer der Beanspruchung einer Leitung

- Stromfluss in einer Leitung

Hardware-Monitoring wird sowohl zur Kontrolle von Zentraleinheiten und Speichern, als auch von Netzwerken eingesetzt. Die Ergebnisse der Kontrolle sind sofort verfügbar. Sie können gespeichert werden und erlauben Vergleiche verschiedener Zeitpunkte.

Ein wesentlicher Vorteil der Hardware-Monitore ist, dass sie nicht in das Informationssystem eines Unternehmens eingebunden sind und keine Ressourcen verbrauchen.

Software-Monitoring

> Das Software-Monitoring zeichnet mit Hilfe von Software auf, wie die IT-Infrastruktur eines Informationssystems verwendet wird (vgl. Frey 1984, Klar 1985).

Die gemessenen Daten werden in einer Datenbank abgelegt und stehen für Auswertungen zur Verfügung. Das Software-Monitoring erfolgt durch Systemprogramme, die Teil des Betriebssystems sind.

Echtzeitanalysen leisten einen Beitrag zur Optimierung des Informationssystems und sorgen für dessen optimale Ausnutzung. Bild 13.2./1 zeigt eine typische Echtzeit-Auswertung des Monitorings der Anwendungsprogramme (vgl. Saxer 1993).

TERM ID	TRAN ID	PROGRAM NAME	TASK NUMBER	START TIME	END TIME	RESP TIME	CPU TIME	WAIT TIME	I/O COUNT
C006	TK88	SAPTHCI	17699	9:07:52.8219	9:49:54.2530	42:01.4874	1:17.7976	40:37.6730	21752
....	....	....	....	....	....	....	....	....	
A014	TR71	SAPTHCI	22887	9:48:15.9712	9:51:28.4716	3:12.5085	25.6353	2:45.8654	8864
....	....	....	....	....	....	....	....	....	
A014	TR71	SAPTHCI	23317	9:51:49.3665	9:54:05.7857	2:16.4251	23.6154	1:51.8061	9486
....	....	....	....	....	....	....	....	....	
A014	TR71	SAPTHCI	23780	9:54:48.8692	9:56:40.6320	1:51.7725	24.1345	1:26.48.01	8312
....	....	....	....	....	....	....	....	....	
V002	D1SA	ZMKG0045	24493	9:59:35.0898	10:00:37.9524	1:02.8634	2.9149	59.7800	1307
....	....	....	....	....	....	....	....	....	
A026	D1SA	ZMKG0045	24753	10:01:45.2647	10:02:22.1102	36.8477	1.5359	35.2185	496

Bild 13.2./1 Ergebnis des Software-Monitorings (Beispiel)

Die Bildschirmmaske in Bild 13.2./1 zeigt, von welchen Terminals aus (TERM ID) welches Programm aufgerufen wurde (TRAN ID, PROGRAM NAME) sowie eine fortlaufende Nummer für jedes Programm (TASK NUMBER). Zu jedem Programm enthält die Tabelle die Startzeit (START TIME), die Zeit ihres Abschlusses (END TIME), die Antwortzeit am Terminal (RESP TIME), die Zeit im Prozessor (CPU TIME), die Wartezeit (WAIT TIME) und die Anzahl der Input-/Output-Aktionen (I/O COUNT).

Diese Informationen erlauben es den Spezialisten aus der EDV/Org-Abteilung, sich im Rahmen der Echtzeitüberwachung jederzeit ein Bild vom Zustand der IT-Infrastruktur eines Unternehmens zu machen. Treten bei einem Benutzer Probleme auf, wie eine unerwartete Erhöhung der Antwortzeiten, benutzen die Verantwortlichen diese Informationen als Grundlage für die Suche nach den Fehlern.

Die Speicherung der Monitoringdaten für *Vergangenheitsanalysen* erlaubt die Messung der langfristigen Belastung der IT-Infrastruktur. Bild 13.2./2 zeigt, wieviele Programme in jeder Stunde eines bestimmten Tages aufgerufen wurden.

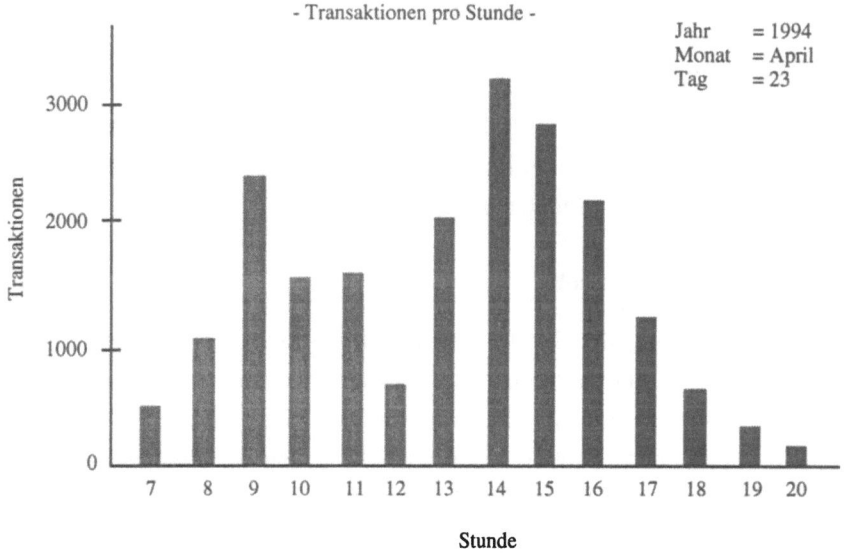

Bild 13.2./2 Häufigkeit der Benutzung eines Informationssystems

Auf der Grundlage von Auswertungen, wie in Bild 13.2./2 dargestellt, lässt sich die Nutzung der IT-Infrastruktur optimieren. Ressourcenintensive Programme werden auf belastungsärmere Zeiten verteilt.

Datenbank-Analysen beschäftigen sich mit dem Verhalten der Datenbanken innerhalb der Informationssysteme. Die Datenbank-Monitore zeigen, welche Dateien an welchem physischen Platz auf den Festplatten liegen und welche Plätze noch nicht belegt sind sowie die Zugriffshäufigkeit auf bestimmte

Dateien. Im Echtzeitbetrieb ist ersichtlich, welche Anwendungen auf welche Datenbanken warten. Ziel ist die frühzeitige Erkennung von Problemen innerhalb der Datenbanken oder an den Schnittstellen zwischen den Datenbanken und den Programmen.

Netzwerk-Analysen überwachen die elektronischen Kommunikationsverbindungen innerhalb eines Unternehmens. Auf dem Markt sind eigenständige Monitorsysteme verfügbar, welche die Netzwerksoftware und das Ablaufgeschehen in den Netzwerken überwachen. Beispiele für Messgrössen des Netzwerk-Monitorings sind:

- Antwortzeiten jeder Verbindung

- Häufigkeit der Benutzung einzelner Kommunikationslinien

- durchschnittliche Übertragungszeiten

Systemverfügbarkeit

Eine weitere Kontrollgrösse im Rahmen der quantitativen Analyse der IT-Infrastruktur ist die Verfügbarkeit eines Systems. Sie wird entweder in Prozent oder absolut als Ausfallzeit in Stunden angegeben.

13.3. Qualitative Kontrolle

Die qualitative Kontrolle der IT-Infrastruktur erfasst die Zufriedenheit der Benutzer mit der IT-Infrastruktur und die Erfahrungen der EDV/Org-Abteilung im Umgang mit der Hardware, Software und den Netzwerken. Sie beschäftigt sich nicht nur mit den Geräten, sondern auch mit den Bedienungsanleitungen, Dokumentationen und Hilfssystemen.

Im Vordergrund der qualitativen Kontrolle stehen die Bedienungs- und Wartungsfreundlichkeit sowie Aussagen zum Aufwand bei der Installation. Viele qualitative Aussagen zur IT-Infrastruktur resultieren aus dem Benutzersupport oder aus dem direkten Kontakt mit den Benutzern.

Die qualitativen Aussagen sollten in einem *Formular* erfasst werden. Die strukturierte Sammlung der Erfahrungen ermöglicht es, Schwerpunkte zu erkennen und - bei positiven Erfahrungen - bestimmte Produkte bei der Beschaffung zu bevorzugen oder bei negativen Erfahrungen, gezielt mit einzelnen Anbietern und Lieferanten über die Probleme zu sprechen oder diese in Zukunft bei Evaluationen nicht mehr zu berücksichtigen.

13.4. Externe Vergleiche

Eine weitere Möglichkeit für ein Unternehmen, die IT-Infrastruktur zu kontrollieren, bildet der Vergleich mit anderen Unternehmen. Die Vergleiche basieren entweder auf Kennzahlen, die für eine Gruppe von Unternehmen berechnet werden oder auf dem direkten bilateralen Vergleich bestimmter Leistungskennzahlen.

COMPASS, eine schwedische Beratungsgesellschaft, vergleicht verschiedene Kennzahlen eines Unternehmens mit einem "Idealwert" und mit einem Durchschnittswert einer zuvor festgelegten Referenzgruppe (vgl. Krause/Fröhling 1991). Die Kennzahlen stammen aus dem Bereich der IT-Infrastruktur und berücksichtigen sowohl die Technik als auch die Kosten.

Die "COMPASS-Rose" (vgl. 13.4./1) stellt die Stärken und Schwächen der eigenen IT-Infrastruktur im Vergleich zu den beiden Referenzgrössen graphisch dar. Der innere Kreis symbolisiert den Durchschnittswert, der äussere stellt den theoretischen Idealwert dar. Die Spitzen der Rose zeigen die Werte des eigenen Rechenzentrums.

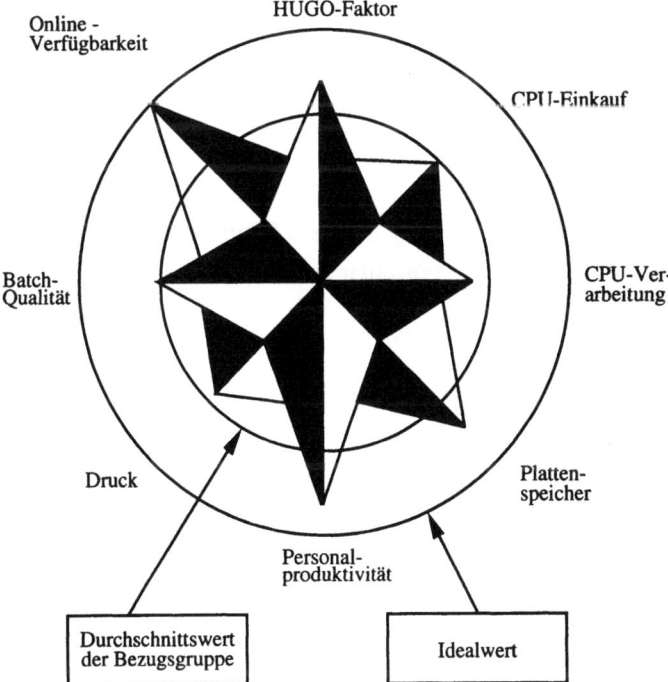

Bild 13.4./1 "COMPASS-Rose"

Die Untersuchungen von COMPASS beruhen auf einem funktionalen Modell des Rechenzentrums. Die Erfassung der Daten in den Unternehmen ist standardisiert. Alle Angaben zur benötigten Personalkapazität werden in "Full-Time Equivalents" umgerechnet.

Der HUGO-Faktor repräsentiert die Gesamteffizienz des Rechenzentrums.

13.5. Zusammenfassung

• Die Kontrolle der IT-Infrastruktur prüft, ob die IT-Infrastruktur eines Unternehmens effizient eingesetzt wird und ob die Leistungen, die im Rahmen der langfristigen Planung der IT-Infrastruktur und der Projekte gefordert wurden, erbracht worden sind.

• Die Kontrolle der IT-Infrastruktur erfolgt quantitativ oder qualitativ oder auf der Grundlage externer Vergleiche.

• Das Hardware-Monitoring benutzt zur Prüfung physikalischer Vorgänge innerhalb der IT-Infrastruktur spezielle Geräte, die an die Komponenten der IT-Infrastruktur angeschlossen werden.

• Das Software-Monitoring zeichnet auf, wie die Anwendungen, Datenbanken und Netzwerke verwendet werden. Kontrolliert werden Grössen, wie Antwortzeiten der Anwendungen oder Beanspruchung der Zentraleinheit durch Programme oder Benutzer.

• Die qualitativen Kontrollen erfassen die Zufriedenheit der Benutzer und der Mitarbeiter der EDV/Org-Abteilung mit der IT-Infrastruktur. Kommentare und Anregungen sollten auf einem Formular erfasst werden.

• Externe Vergleiche helfen, die IT-Infrastruktur eines Unternehmens objektiver zu beurteilen.

14. Kontrolle des Informationssystems

14.1. Wesen

> Die Kontrolle des Informationssystems prüft, ob die computerunter-
> stützten Anwendungen eines Unternehmens so eingesetzt werden,
> wie es im Rahmen der Projekte und der Planung vorgesehen war.

Gegenstand der Kontrolle des Informationssystems sind alle Anwendungen eines Unternehmens sowie alle Transaktionen. Unter Transaktionen sind die einzelnen Funktionen einer Anwendung zu verstehen. So setzt sich die Anwendung "Verkauf" aus den Transaktionen "Erfassen Kunden" oder "Erfassen Auftrag" zusammen.

Die Kontrolle des Informationssystems beschäftigt sich mit der Steigerung der Effizienz beim Einsatz der Anwendungen. Ziel ist es, sich auf die Entwicklung und Pflege der Anwendungen und Transaktionen zu konzentrieren, die von den Benutzern benötigt werden.

Die Ergebnisse und Erfahrungen aus der Kontrolle des Informationssystems fliessen in die Planung, Entwicklung und Wartung der Anwendungen ein.

Die Kontrolle des Informationssystems gliedert sich in folgende Funktionen:

- Quantitative Kontrolle

- Qualitative Kontrolle

- Revision des Informationssystems

14.2. Quantitative Kontrolle

Die quantitative Kontrolle ermittelt die Aufrufhäufigkeit der Transaktionen und der Anwendungen des Informationssystems.

Grundlage der quantitativen Kontrolle des Informationssystems sind die Daten aus dem Software-Monitoring, die im Rahmen der Kontrolle der IT-Infrastruktur (vgl. 13.) erhoben worden sind.

Analyse der Aufrufhäufigkeit von Transaktionen und Anwendungen

Saxer untersuchte im Rahmen einer empirischen Studie, mit welchen Häufigkeiten die Transaktionen und Anwendungen von Informationssystemen grosser

schweizerischer Unternehmen aufgerufen werden. Bild 14.2./1 zeigt das
Ergebnis der Analyse der Transaktionen in Form einer Lorenzkurve: 10% der
Transaktionen eines Unternehmens sind für 90% der Aufrufe verantwortlich
(vgl. Saxer 1993).

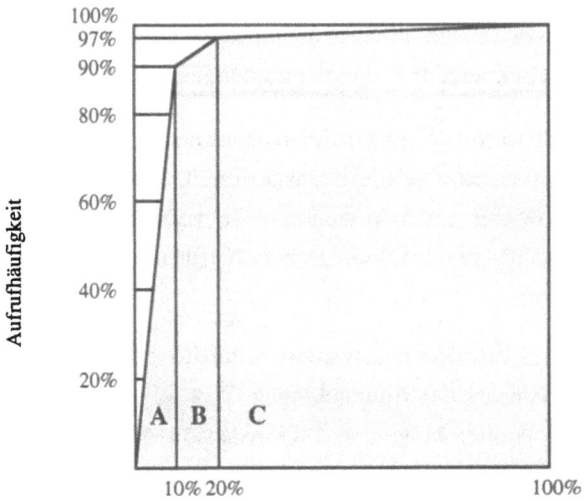

Anteil der verwendeten Anwendungen/Transaktionen

Bild 14.2./1 Analyse der Aufrufhäufigkeit betrieblicher Transaktionen

Ähnlich einer ABC-Analyse aus der Betriebswirtschaftslehre, lassen sich die
Transaktionen und Anwendungen eines Unternehmens klassifizieren:

• A-Transaktionen/Anwendungen verursachen ca. 90% der Aufrufe

• B-Transaktionen/Anwendungen verursachen ca. 7% der Aufrufe

• C-Transaktionen/Anwendungen verursachen ca. 3% der Aufrufe

Genutzt werden die Ergebnisse dieser Analyse für die Auswahl der Änderungsanträge: Änderungsanträge, welche die Anwendungen oder Transaktionen der
Kategorie A zum Gegenstand haben, werden mit hoher Priorität eingeplant. Der
Nutzen der Änderungsanträge, die in die Kategorien B und C klassifiziert
wurden, wird vor ihrer Realisierung genauer untersucht.

Top-Ten- und Last-Ten-Listen der Anwendungen und Transaktionen

Eine weitere Möglichkeit, Entscheidungen über die Weiterentwicklung der
Informationsverarbeitung in einem Unternehmen an dem tatsächlichen Gebrauch auszurichten, liegt in der kontinuierlichen Publikation von Top-Ten- und

Last-Ten-Listen. Diese Listen enthalten die Häufigkeiten, mit denen die Anwendungen und Transaktionen eines Unternehmens aufgerufen worden sind. Ziel ist es, bei den Mitarbeitern der EDV/Org-Abteilung und bei den Benutzern ein Bewusstsein für die Aufrufhäufigkeit der einzelnen Anwendungen und Transaktionen zu schaffen. Anwendungen mit hoher Aufrufhäufigkeit sind für das Geschäft von grossem Nutzen, während Anwendungen, die nur sehr selten aufgerufen werden, geringere geschäftliche Relevanz haben.

Monitoring der Transaktionen und Anwendungen

Die Anwendungsübersicht in Bild 14.2./2 zeigt die Verwendung des Informationssystems im Laufe von zwei Jahren.

Anwendungsübersicht	1. Hälfte 1989	2. Hälfte 1989	1. Hälfte 1990	2. Hälfte 1990
	Aufrufe in %	Aufrufe in %	Aufrufe in %	Aufrufe in %
Lagerbuchhaltung	15,45	17,84	18,00	18,26
Finanzbuchhaltung	14,55	14,65	14,65	14,75
Mgmterfolgsrechnung	4,55	2,01	1,05	0,99
Personalverwaltung	7,50	7,35	7,45	7,65
Auftragsabwicklung	16,75	16,80	17,45	16,25
Budgetierung	12,50	12,45	12,25	12,95
Liegenschaftsverwaltung	6,50	7,25	6,95	7,15
Kostenrechnung	7,65	7,45	7,65	7,25
Kundenverwaltung	8,35	8,45	8,40	8,55
Sortimentsverwaltung	6,20	5,75	6,15	6,20
Total	100,00	100,00	100,00	100,00
Transaktionsvolumen	750 000	755 000	760 000	762 000

Bild 14.2./2 Anwendungsübersicht

Folgende Fragen stehen im Mittelpunkt der Analyse:

• Welche Anwendungen werden besonders häufig verwendet?

• Welche Anwendungen werden über einen längeren Zeitraum nicht oder selten aufgerufen?

Die Anwendungsübersicht von Bild 14.2./2 weist für fast alle Anwendungen im Berichtszeitraum konstante Werte oder eine Erhöhung der Aufrufhäufigkeit auf. Eine Ausnahme bildet die Anwendung "Managementerfolgsrechnung". Diese Aufrufe sind in den zwei Jahren auf ein Viertel zurückgegangen. Im Rahmen der Kontrolle der Anwendungen sucht man die Ursachen für diese Reduktion. Eine Analyse des Unternehmens, deren Anwendungsübersicht in

Bild 14.2./2 zu Grunde liegt, ergab, dass eine Stelle, die bis jetzt Hauptbenutzer der Anwendung war, sich eine eigene Anwendung auf einem PC geschaffen hatte. Ursache für die Abkehr von der alten Anwendung war mangelnde Flexibilität bei der Erzeugung von Auswertungen für spezielle Anfragen der Geschäftsleitung.

Eine zweite Untersuchung analysiert die *Transaktionen* einer Anwendung. Diese Untersuchung konzentriert sich auf folgende Fragen:

* Welche Transaktionen werden besonders häufig oder überhaupt nicht verwendet?

* Setzen Abteilungen mit gleichen Aufgaben die Transaktionen unterschiedlich stark ein?

* Welche Verteilung der Transaktionen gibt es über Stunden, Tage und Wochen?

* Gibt es Veränderungen im Jahresablauf, die durch saisonale Schwankungen des Geschäfts nicht erklärbar sind?

* Kommen Veränderungen der Antwortzeiten vor?

* Welches sind die ressourcenintensivsten Transaktionen?

Die Ergebnisse der Analyse der Transaktionen lässt sich ähnlich der Anwendungsübersicht (vgl. 14.2./2) darstellen.

Analyse der Benutzer-Oberfläche

Das folgende Beispiel zeigt, wie eine Grossbank in der Schweiz gezielt eine Kontrolle der einzelnen Funktionen einer innovativen Anwendung vorgenommen hat, um Angaben zur Kundenwirkung zu bekommen.

Beispiel 16: Multimediaprototyp (vgl. Fietz 1992)

Eine Schweizer Grossbank hat versuchsweise einen Informationskiosk (vgl. 3.9.) entwickeln lassen, der den privaten Kunden das gesamte Dienstleistungsprogramm vorstellt. Die Anwendung erklärt - teilweise anhand von Spielen und Trickfilmsequenzen - jede Dienstleistung. Die Auswahlmöglichkeiten auf den Bildschirmen werden durch Symbole, z.B. eine kleine Filmrolle zum Abspielen der Trickfilmsequenzen, dargestellt. Aufgerufen werden sie durch den Benutzer mittels Touch-Screens. Entscheidend für den Erfolg der

Anwendung ist die Akzeptanz durch die Kunden. Um dies zu operationalisieren, wird die Anwendung um eine Datei erweitert, die für jeden Kunden registriert, welche Teile der Anwendung er sich ansieht, wie lange er sich damit beschäftigt und wie oft er unterbricht. Anhand dieser Zahlen kann bestimmt werden, wie die Kunden mit dieser Anwendung umgehen.

Im Rahmen der Prüfungen, die an dem Multimedia-Prototypen aus Beispiel 16 vorgenommen wurden, kontrollierte die Bank, wie die Kunden mit der multimedialen Benutzeroberfläche umgehen. Ein spezielles Kontrollprogramm hält jede Berührung des Bildschirmes durch den Benutzer fest. Die Analyse der Häufigkeitsverteilung der Berührungspunkte ergibt klare Hinweise, welche Teile der Benutzer-Oberfläche von den Benutzern verstanden werden. Der geplante grossflächige Einsatz von Präsentationssystemen ist nur möglich, wenn den Kunden benutzerfreundliche Oberflächen angeboten werden.

14.3. Qualitative Kontrolle

> Die qualitative Kontrolle des Informationssystems beschäftigt sich mit Anregungen der Benutzer zur Bedienung und zum Einsatz der Anwendungen.

Ungeschickte Reihenfolgen der Eingaben werden ebenso erfasst, wie unverständliche Help-Texte oder unverständliche Erklärungen im Benutzerhandbuch. Die qualitative Kontrolle nimmt systematisch alle Anregungen aus dem Kreis der Benutzer auf und bringt sie als Anwendungsideen in die Weiterentwicklung der Informationsverarbeitung ein (innerbetriebliches Innovationsmanagement).

14.4. Revision des Informationssystems

Die Revision des Informationssystems sucht nach unerwünschten Aktivitäten, beispielsweise Falschbuchungen, und ungewöhnlichen Aktivitäten, z.B. unerlaubtes Kopieren von Daten. Ihr Ziel ist, die Korrektheit der Ergebnisse der Verarbeitung sicherzustellen.

Die Revision des Informationssystems wird entweder von der Abteilung "Interne Revision" oder einer externen Revisionsstelle vorgenommen.

Die Ziele der Revision ergeben sich aus betrieblichen Vorgaben oder aus gesetzlichen Grundlagen. Im Vordergrund stehen folgende Kontrollen:

- Richtigkeit der von einem Informationssystem verwalteten Daten

- Richtigkeit der von einem Informationssystem durchgeführten Transaktionen

- Prüfung des Managementsystems zur Steuerung des Informationssystems

- Überwachung der Archivierungs- und Aufbewahrungsvorschriften für Daten und Dokumente

Die *Richtigkeit der Daten* wird beispielsweise im Lager durch physisches Zählen der vorhandenen Bestände und einem Vergleich mit den in der Lagerbuchhaltung ausgewiesenen Beständen kontrolliert.

Die Kontrolle auf *Richtigkeit der Funktionen* kann durch eine Nachrechnung der Transaktionen von Hand oder mit einem anderen Programm und anschliessendem Vergleich mit dem Ergebnis des eigenen Informationssystems erfolgen.

Die *Prüfung des Managementverfahrens* untersucht, ob während des Betriebs ausreichende Kontrollen stattfinden, welche die Richtigkeit der Ergebnisse bestätigen.

Die Kontrolle der *Archivierungs- und Aufbewahrungsvorschriften* überwacht, dass die gesetzlichen Anforderungen eingehalten werden.

Die Revision des Informationssystems konzentriert ihre Aktivitäten auf Bereiche, in denen durch Fehler erhebliche finanzielle Verluste verursacht werden oder in denen Schäden, z.B. am Image, entstehen können.

14.5. Zusammenfassung

- Die Kontrolle des Informationssystems prüft, ob die computerunterstützten Anwendungen und Transaktionen eines Unternehmens so eingesetzt werden, wie es im Rahmen der Projekte und der Planung vorgesehen war.

- Die quantitative Kontrolle des Informationssystems basiert auf den Daten des Software-Monitorings.

- Das Monitoring der Anwendungen und Transaktionen untersucht die Benutzungshäufigkeit der Transaktionen.

- Die qualitative Kontrolle prüft die Anregungen der Benutzer zur Bedienung und zum Einsatz der Anwendungen.

- Die Revision des Informationssystems ermittelt unerwünschte Aktivitäten und stellt die Richtigkeit der Ergebnisse sicher.

15. Kontrolle des Geschäfts

15.1. Wesen

> Die Kontrolle des Geschäfts prüft nach, ob der Einsatz der Informationstechnik den geschäftlichen Nutzen bringt, wie dies im Rahmen des IT-orientierten Innovationsmanagements, der langfristigen Planung des Informationssystems und der IV-Entwicklungsplanung vorgesehen ist.

Verantwortlich für die Durchführung der Kontrolle ist der Fachbereich. Die computerunterstützten Hilfsmittel, die wir in diesem Kapitel vorstellen, sind Bestandteile der unternehmerischen Führungsinstrumente.

Die Kontrolle des Geschäfts gliedert sich in folgende Funktionen:

- Quantitative Kontrolle

- Qualitative Kontrolle

15.2. Quantitative Kontrolle

Die quantitative Kontrolle des Geschäfts prüft, ob die quantitativen und geschäftlichen Ziele der Projekte mit Hilfe einer Anwendung erreicht wurden.

Im Rahmen der Kontrolle wird jeder Erfolgsfaktor des Unternehmens und jede Zielsetzung konkretisiert, so dass sich der Erfolg oder Misserfolg messen lässt. Die Konkretisierung erfolgt mittels innerbetrieblicher Messgrössen.

Beispiele für Konkretisierungen der Erfolgsfaktoren "Kosten" und "Qualität" sind in Bild 15.2./1 dargestellt (vgl. Österle/Brenner/Mende 1992).

Kosten	Kosten der Nachbearbeitung
	Kosten pro Geschäftsvorfall
	Personalkosten pro Geschaftsvorfall
	Materialkosten pro Auftrag
	...
Qualität	Anzahl Reklamationen
	Ergebnisse der Kundenumfrage
	Anzahl Abweichungen
	Ausschuss/Fehlerrate
	...

Bild 15.2./1 Konkretisierung von Erfolgsfaktoren

Für jede Messgrösse lassen sich Sollgrössen bestimmen. Beispielsweise wird der
Erfolgsfaktor "Qualität" durch die Anzahl der Reklamationen operationalisierbar
gemacht. Durch eine Vorgabe eines Sollwertes kann durch einen Soll-Ist-Vergleich festgestellt werden, ob das Ziel erreicht wurde oder wie gross die Ab-
weichung ist.

Die Analyse des Geschäfts im Rahmen des Informationsmanagements schafft
Klarheit über die geschäftlichen Anforderungen (vgl. 4.2.). Je konkreter die
Zielsetzungen sind, um so einfacher sind sie messbar und somit der Erfolg eines
Projektes kontrollierbar. Es ist eine Führungsaufgabe, die Ziele soweit wie
möglich zu konkretisieren.

Das Bild 15.2./1 zeigt, dass für die einzelnen Erfolgsfaktoren mehrere Messgrössen existieren. Das Führungskonzept eines Unternehmens legt fest, wie die
Erfolgsfaktoren operationalisierbar gemacht werden.

Organisations-Monitoring

Es würde den Rahmen dieses Lehrbuchs sprengen, auf alle Möglichkeiten der
Kontrolle des Geschäfts einzugehen. Anhand ausgewählter Beispiele aus dem
Bereich des Organisations-Monitorings zeigen wir, wie quantitative Kontrollen
über den geschäftlichen Erfolg einer Anwendung Auskunft geben.

> Das Organisations-Monitoring rekonstruiert anhand des effektiven
> Gebrauchs des Informationssystems betriebliche Abläufe und gibt
> Hinweise auf Verbesserungsmöglichkeiten.

Organisations-Monitoring (vgl. Saxer 1993) baut auf den Daten des Software-
Monitorings auf. Während im Mittelpunkt von Kapitel 14. die Kontrolle des
Informationssystems stand und die gesammelten Daten aus der Perspektive der
Anwendungen analysiert wurden, wird dasselbe Datenmaterial aus der Per-
spektive des Geschäfts untersucht.

Beispiel 17 veranschaulicht die grundsätzliche Vorgehensweise.

> *Beispiel 17: Reduktion des Aufwands in der Auftragsbearbeitung*

*Die Geschäftsleitung eines Dienstleistungsunternehmens entdeckt aufgrund
einer Wettbewerberanalyse, dass die Auftragsbearbeitung trotz hohem Auto-
matisierungsgrad zwischen 50% und 70% länger dauert als bei den
Konkurrenten. Direkte Gespräche mit den Beteiligten verschaffen keine*

Klarheit über die Ursachen. Einer beschuldigt den anderen, die Aufträge zu lange unbearbeitet liegen zu lassen. Eine computerunterstützte Organisationsanalyse nimmt 50 Bestellungen von Kunden als Grundlage. Sie untersucht, welcher Mitarbeiter und welche Abteilung zu welchem Zeitpunkt diese Aufträge bearbeitet hat. Eine Analyse ergab, dass die Ursachen bei der Prüfung der Bestellungen lag. Jede Bestellung wird von drei Abteilungen und im Durchschnitt von sieben Personen begutachtet, bis der Auftrag bearbeitet werden kann.

Es existieren folgende Kontroll- und Analysemöglichkeiten des Organisations-Monitorings:

- Kontrolle der Aufbauorganisation

- Kontrolle der Ablauforganisation

- Analyse durch Kennzahlen

Kontrolle der Aufbauorganisation

> Die Kontrolle der Aufbauorganisation prüft, ob die Stellen ihre Aufgaben so verrichten, wie sie gemäss Soll-Organisation verpflichtet sind.

Die Untersuchung der Aufbauorganisation erfolgt mit Hilfe eines erweiterten, *computerunterstützten Funktionendiagramms* (vgl. 15.2./2).

Das Diagramm zeigt das Zusammenwirken der Stellen eines Unternehmens bei der Erfüllung ihrer Aufgaben. Die Darstellung erfolgt in Form einer Matrix. Die Zeilen enthalten die Teilaufgaben repräsentiert durch die Transaktionen der Anwendungen. Die Spalten stehen für die mitwirkenden Stellen, repräsentiert durch ihre Terminalidentifikation. Die grau markierten Flächen zeigen die Verteilung der Aufgaben gemäss Soll-Konzept. Die karierten Flächen kennzeichnen Querschnittsfunktionen, z.B. Abfragen der Lagerbestände, die in mehreren organisatorischen Einheiten verwendet werden. Die Zahlen in den Feldern repräsentieren den IST-Zustand und geben an, wie oft eine Transaktion abweichend vom Soll-Konzept in der beobachteten Periode aufgerufen wurde.

Durch diese Art der Aufzeichnung lässt sich auf einen Blick erkennen, wo Abweichungen zwischen Ist- und Soll-Ablauf auftreten. Bild 15.2./2 zeigt, dass im Beispiel nur wenige Felder mit Zahlen belegt sind. Dies bedeutet, dass der grösste Teil der Transaktionen von den organisatorischen Stellen entsprechend dem Soll-Konzept verwendet werden. Ausnahmen bilden beispielsweise die Funktionen TA01, TA02 und TA91.

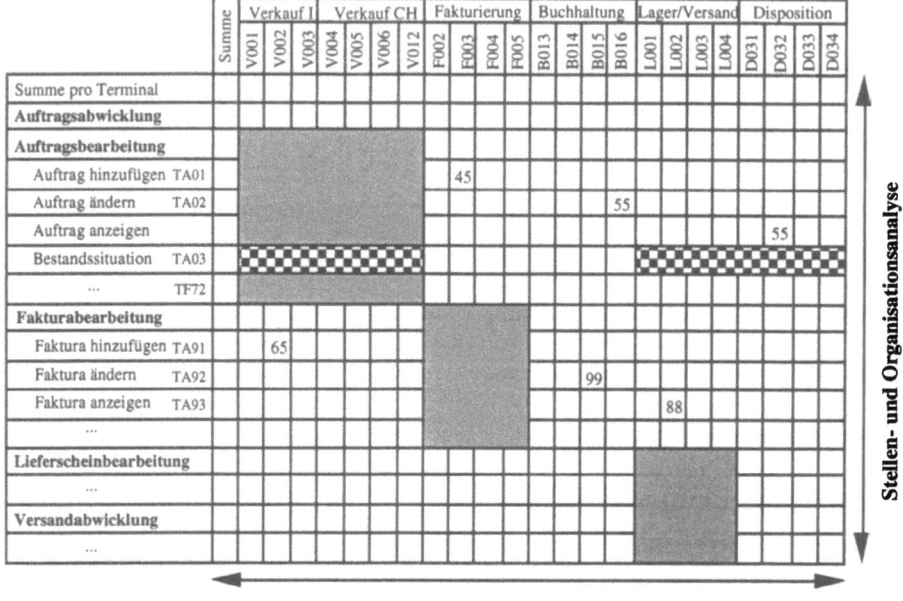

Geschäftsfunktionenanalyse

Bild 15.2./2 Funktionendiagramm (vgl. Saxer 1993)

Die *Geschäftsfunktionenanalyse* untersucht auf der Grundlage des Funktionendiagramms, wie die Transaktionen eines Informationssystems von den einzelnen Stellen verwendet werden (vgl. Saxer 1993). Sie gibt Antwort auf folgende Fragen:

- Welche Stellen nutzen eine Transaktion?

- Entspricht die Anzahl der Benutzer einer Transaktion den betrieblichen Anforderungen?

- Entspricht die quantitative Nutzung der Transaktionen den Erwartungen?

- Wie häufig werden "kritische" Transaktionen, z.B. in Bezug auf das Anwortzeitverhalten, aufgerufen?

Die *Stellen- und Organisationsanalyse* analysiert auf der Grundlage des Funktionendiagramms, wie die Stellen und organisatorischen Einheiten eines

Unternehmens die Transaktionen eines Informationssystems verwenden (vgl. Saxer 1993). Sie beantwortet folgende Fragen:

- Wie oft nutzt eine Stelle das Informationssystem?

- Stimmen die ausgeführten Transaktionen einer Stelle mit ihrer Stellenbeschreibung überein?

- Verwenden Abteilungen mit gleichen Aufgaben, z.B. verschiedene Verkaufsgruppen, die Anwendungen unterschiedlich?

- Wie werden neue Anwendungen vom Fachbereich angenommen und eingesetzt?

Kontrolle der Ablauforganisation

> Die Kontrolle der Ablauforganisation rekonstruiert die Geschäftsabläufe.

Für die Darstellung wird eine zweidimensionale Darstellungsart gewählt (vgl. 15.2./3).

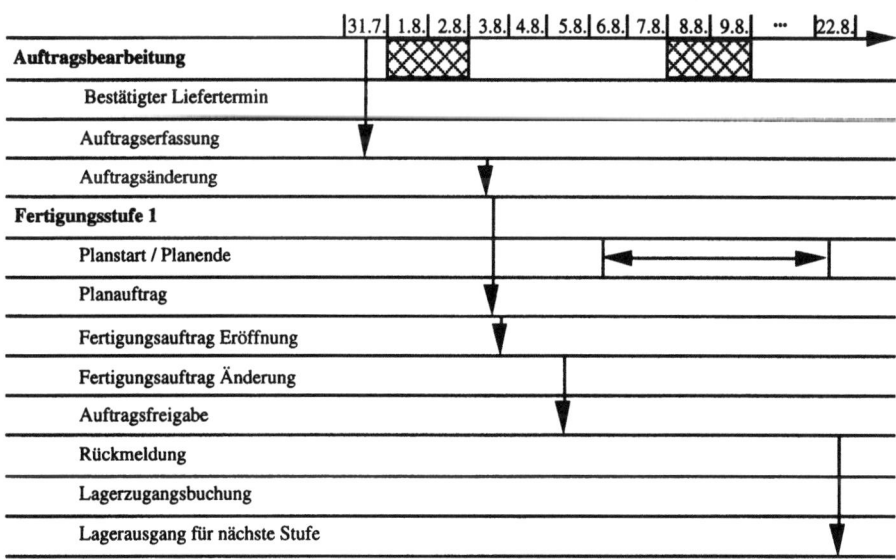

Bild 15.2./3 Rekonstruktion des Belegflusses eines Kundenauftrags
(vgl. Saxer 1993)

Auf der horizontalen Achse ist die Zeit in Form von Kalendertagen abgetragen. Die schraffierten Flächen kennzeichnen Wochenenden und Feiertage. Die vertikale Achse enthält die Geschäftsfunktionen. Die Position der Pfeilspitze markiert den Zeitpunkt, an dem die Ausführung einer Geschäftsfunktion abgeschlossen wurde. Bild 15.2./3 wird wie folgt interpretiert: Am 31.7. wurde der beobachtete Auftrag erfasst. Am 3.8. ist er geändert worden. Ebenso wurde am 3.8. ein Planauftrag und ein Fertigungsauftrag eröffnet. Am 5.8. wurde der Auftrag freigegeben. Am 22.8. wurde der Lagerausgang für die nächste Fertigungsstufe erfasst.

Der horizontale Pfeil enthält die Termine, z.B. den geplanten Start- und Endtermin eines Auftrags, die dem Kunden gegenüber zugesagt wurden. Im Beispiel ist der beobachtete Auftrag zum geplanten Termin (22.8.) abgeschlossen worden.

Die "Objektivität" dieser Analyse ermöglicht es, zwei neue Führungsgrössen einzuführen: Die durchschnittliche Bearbeitungsdauer eines Auftrags und die Anzahl der Bearbeitungsschritte. Diese beiden Kennziffern können aus den Daten des Software-Monitorings erstellt werden und zeigen die Effizienz der Geschäftsfunktion "Auftragsbearbeitung".

Die Darstellung in Bild 15.2./3 bildet die Grundlage für ablauforganisatorische Untersuchungen:

- Entspricht die Ist-Ablauforganisation den Soll-Vorstellungen?

- Wann werden welche Geschäftsfunktionen von welcher Stelle ausgeführt?

- Welche Stellen halten geplante Termine nicht ein?

- Warum werden gleichartige Geschäftsvorgänge ablauforganisatorisch verschieden abgewickelt?

- Warum bleiben bestimmte Geschäftsvorfälle bei bestimmten organisatorischen Einheiten liegen?

- Sind Stellen an der Abwicklung eines Geschäftsvorfalls beteiligt, die gemäss der Soll-Organisation nicht beteiligt sein sollten?

Analyse durch Kennzahlen

Die Daten aus dem Organisations-Monitoring erlauben die Berechnung von Kennzahlen, mittels derer die Effektivität und Effizienz der organisatorischen Abläufe bestimmt werden kann. Solche Kennzahlen sind:

- durchschnittliche Bearbeitungsdauer eines Kundenauftrags

- maximale und minimale Bearbeitungszeit pro Kundenauftrag

- durchschnittliche Anzahl der Bearbeitungsvorgänge pro Kundenauftrag

- maximale und minimale Anzahl der Bearbeitungsvorgänge pro Kunden-auftrag

Parallel zum bestehenden finanziellen Reporting eines Unternehmens, z.B. in Form der kurzfristigen Erfolgsrechnung oder des Kostenstellenblatts, liefert das Organisations-Monitoring zusätzliche Führungsgrössen. Diese ergänzen die traditionell finanzorientierten Führungsgrössen um Informationen über den *Realprozess*.

15.3. Qualitative Kontrolle

Die qualitative Kontrolle des Geschäfts prüft, ob die qualitativen Zielsetzungen aus dem Projekt-Antrag erreicht wurden. Das Spektrum der Kontrollinstrumente reicht von Beobachtungen über Befragungen bis hin zu Experimenten und Machbarkeitsstudien.

Die Kontrolle qualitativer Zielsetzungen ist in vielen Fällen mit erheblichem Aufwand verbunden. So hat sich die Grossbank aus Beispiel 16 von der qualitativen Zielsetzung leiten lassen, dass eine multimediale Anwendung zur Präsentation ihres Dienstleistungsangebotes bei der Kundschaft ein modernes Image erzeugen wird. Um zu kontrollieren, ob diese Zielsetzung erreicht wurde, liess die Bank eine Befragung bei ihren Kunden durchführen.

15.4. Zusammenfassung

- Ziel der Kontrolle des Geschäfts ist es nachzuprüfen, ob der Einsatz der Informationstechnik den geschäftlichen Nutzen bringt, wie es im Rahmen des IT-orientierten Innovationsmanagements, der langfristigen Planung des Informationssystems und der IV-Entwicklungsplanung vorgesehen war.

- Auf der Datenbasis des Software-Monitorings werden anhand des effektiven Gebrauchs des Informationssystems betriebliche Abläufe rekonstruiert. Eine Analyse der Daten gibt Hinweise auf Verbesserungsmöglichkeiten.

- Die Geschäftsfunktionenanalyse untersucht, wie die Anwendungen und Transaktionen des Informationssystems von den einzelnen Stellen verwendet werden.

- Die Kontrolle der Ablauforganisation stellt die Rekonstruktion der betrieblichen Abläufe in den Vordergrund. So werden z.B. Durchlaufzeiten überwacht.

- Mit der qualitativen Kontrolle des Geschäfts wird geprüft, ob die qualitativen Zielsetzungen, die im Projektantrag versprochen wurden, erreicht worden sind.

Teil V: Querschnittsfunktionen

Der fünfte Teil dieses Lehrbuches beschäftigt sich mit den Querschnittsfunktionen im Rahmen des Informationsmanagements. Bild V./1 zeigt, wie die
Querschnittsfunktionen in das Informationsmanagement eingebettet sind und
aus welchen Funktionen sie sich zusammensetzen.

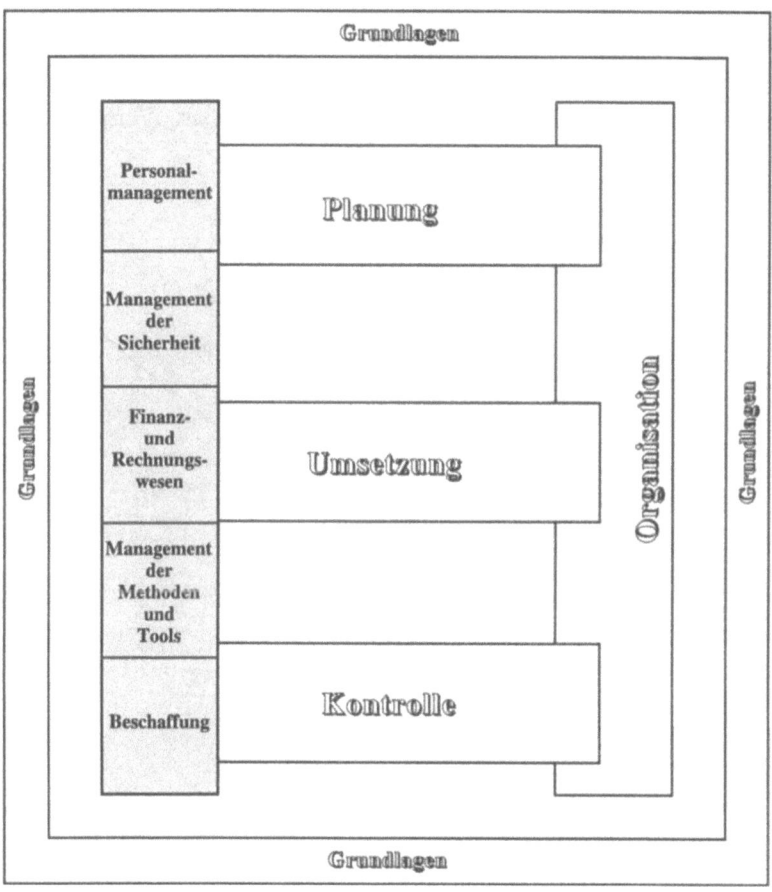

Bild V./1: Querschnittsfunktionen als Teil des Informationsmanagements

Das *Personalmanagement* im Rahmen des Informationsmanagements sorgt
dafür, dass in einem Unternehmen in ausreichender Zahl qualifizierte Mitarbeiter
vorhanden sind und dass ein leistungsorientiertes Entlohnungssystem existiert.

Das *Management der Sicherheit* analysiert das Gefahrenpotential, das in einem
Unternehmen einer reibungslosen Informationsverarbeitung entgegensteht,
konzipiert wirtschaftlich sinnvolle Präventivmassnahmen und setzt sie um.

Das *Finanz- und Rechnungswesen* im Informationsmanagement ist dafür verantwortlich, dass die Kosten der Informationsverarbeitung und ihres Managements geplant, abgerechnet und den Benutzern weiterverrechnet werden.

Das *Management der Methoden und Tools* sorgt dafür, dass zur Unterstützung der einzelnen Aufgaben des Informationsmanagements manuelle und computerunterstützte Hilfsmittel zur Verfügung stehen.

Die *Beschaffung* ist der Teil des Informationsmanagements, der aufgrund des in den anderen Funktionen des Informationsmanagements ermittelten Bedarfs mit den Lieferanten in Kontakt tritt, Konditionen vereinbart, Verträge abschliesst und dafür sorgt, dass die Bestellungen erfüllt werden.

16. Personalmanagement

16.1. Wesen

Das Personalmanagement ist dafür verantwortlich, dass in einem Unternehmen für das Informationsmanagement in ausreichender Anzahl qualifizierte Mitarbeiter vorhanden sind und ein leistungsorientiertes Entlohnungssystem existiert.

Verantwortlich für das Personalmanagement in einem Unternehmen sind die Linienvorgesetzten im Fachbereich und die EDV/Org-Abteilung. Die Personalabteilung unterstützt und berät die Linienverantwortlichen und die Führungskräfte.

Das Personalmanagement gliedert sich in folgende Funktionen:

- Rekrutierung von Mitarbeitern

- Aus- und Weiterbildung der Mitarbeiter

- Personalentwicklung

- Konzeption und Durchsetzung eines Entlohnungssystems

- Management externer Mitarbeiter

16.2. Rekrutierung von Mitarbeitern

Im Rahmen der "Rekrutierung" werden Mitarbeiter mit der geforderten Qualifikation gesucht und eingestellt.

Ermittlung des Personalbedarfs

Bevor mit der eigentlichen Personalsuche begonnen wird, muss der *quantitative Bedarf* an neuen Mitarbeitern ermittelt werden. Der quantitative Personalbedarf ergibt sich aus dem aktuellen Mitarbeiterbestand, den laufenden und geplanten Vorhaben, den geplanten Ab- und Zugängen sowie der Berücksichtigung der unproduktiven Zeiten. Ergebnis der Bedarfsermittlung ist die Anzahl der Mitarbeiter, die zu Erreichung der Ziele einer Organisationseinheit benötigt werden.

Bei der Ermittlung des Personalbedarfs kommt der Berücksichtigung der unproduktiven Zeiten der Mitarbeiter besondere Bedeutung zu. In der Schweiz
reduziert sich für einen männlichen Mitarbeiter die Bruttoarbeitszeit von 52
Wochen auf eine Nettoarbeitszeit von 41 Wochen (vgl. 16.2./1).

Bruttoarbeitszeit	52 Wochen
Ferien	- 4 Wochen
Ausbildung	- 2 Wochen
Krankheit	- 2 Wochen
Militärdienst	- 3 Wochen
Nettoarbeitszeit	41 Wochen

Bild 16.2./1 Nettoarbeitszeit eines Mitarbeiters

Subtrahiert man von der Nettoarbeitszeit aus Bild 16.2./1 von 41 Wochen noch
die Zeit, die für Sitzungen und andere Koordinationsarbeiten benötigt wird, ergibt sich die effektive Zeit, die ein Mitarbeiter in Wartungsarbeiten und Projekte
einbringen kann.

Der *qualitative Bedarf* ergibt sich aus den inhaltlichen Anforderungen an eine
Stelle. Die geforderten Qualifikationen für die Mitarbeiter, die im Rahmen des
Informationsmanagements tätig sind, haben sich in den letzten Jahren ge-
wandelt. In Zukunft werden vor allem Mitarbeiter gesucht, die sowohl über
Spezialwissen in der Informationstechnik verfügen als auch Aufgaben im
Fachbereich wahrnehmen können (vgl. Gleiser 1993).

Personalbeschaffung

Die Personalbeschaffung erfolgt aus internen und externen Quellen. Auf der
Grundlage des quantitativen und qualitativen Personalbedarfs formuliert der
Verantwortliche eine Stellenausschreibung, um den Bedarf zu veröffentlichen,
und meldet die offenen Positionen den Stellen im eigenen Unternehmen, die für
die Personalentwicklung zuständig sind.

Die Bewerber, die sich auf eine Stellenanzeige melden, werden auf der
Grundlage ihrer Unterlagen vorselektiert. Die Kandidaten, die in der
Vorauswahl aufgrund ihrer Qualifikationen, Berufserfahrungen und ihrer
Persönlichkeit positiv bewertet wurden, werden zu einem *persönlichen
Gespräch* eingeladen.

Neben dem Wissen und dem Auftreten erweist sich die Teamfähigkeit als ein wichtiges Kriterium bei der Auswahl von Mitarbeitern für das Informationsmanagement. Die Zusammenarbeit von Projektteams sowie zwischen der EDV/Org-Abteilung und dem Fachbereich stellen hohe Anforderungen an die Teamfähigkeit der Mitarbeiter.

Die rasche Weiterentwicklung der Informationstechnik führt dazu, dass nicht die Bewertung des aktuellen Wissens eines Mitarbeiters im Vordergrund stehen sollte, sondern sein *Potential für die weitere Entwicklung*. In der Vorauswahl und den Gesprächen sollten die Verantwortlichen besonders darauf achten, ob der Kandidat bereit ist, sich ständig weiterzubilden.

Der Mitarbeiter, für den sich das Unternehmen letztendlich entschieden hat, wird zu Vertragsverhandlungen eingeladen. Den Gesprächen über die Vergütung kommt eine entscheidende Rolle zu. Es erweist sich als hilfreich, die Vergütungen anderer Mitarbeiter in den kaufmännischen und technischen Abteilungen zum Vergleich heranzuziehen und Kriterien für die Einstufung aufzustellen. Vergütungstabellen, wie sie in der Schweiz von der Schweizerischen Vereinigung für Datenverarbeitung und dem Verband für Wirtschaftsinformatik-Fachleute oder in Deutschland von der Kienbaum-Unternehmensberatung erstellt werden (vgl. Kienbaum 1993), geben Anhaltspunkte für die Vergütung.

Externe Personalberater

Viele Unternehmen betrauen externe Personalberater mit der Suche nach Mitarbeitern. Die Stellenausschreibungen werden zusammen mit den Beratern formuliert und erscheinen teilweise unter deren Namen. Die Berater erstellen während des Auswahlprozesses Gutachten über die Kandidaten der engeren Wahl. Für höhere Positionen besitzen viele Personalberatungsunternehmen Datenbanken, in denen Führungskräfte gespeichert sind, die bereit sind, ihre Position zu wechseln.

16.3. Ausbildung/Weiterbildung

Die Aus- und Weiterbildung hat das Ziel, für ein Unternehmen ein Ausbildungsangebot zu planen und durchzuführen, damit die Mitarbeiter eines Unternehmens in der Lage sind, die Informationstechnik mit ihren Möglichkeiten zu nutzen.

Der Fachbereich und die EDV/Org-Abteilung können die Verantwortung für die Informationsverarbeitung nur wahrnehmen, wenn sie die erforderlichen *Kenntnisse* besitzen.

Ausbildungsangebot

Langfristig gilt es, im Rahmen der Aus- und Weiterbildung folgende *Themenbereiche* abzudecken (vgl. 16.3./1):

Aus- und Weiterbildung für den Fachbereich:

- Einsatz der Anwendungen

- Überblick über das bestehende Informationssystem

- IT-orientiertes Innovationsmanagement

Aus- und Weiterbildung für den Fachbereich und die EDV/Org-Abteilung

- Projektmanagement und Projektleitung

- Methoden der Anwendungsentwicklung

- Gestaltung organisatorischer Abläufe

- Informationsmanagement

- Entwicklungstendenzen der Informationstechnik

Aus- und Weiterbildung für die EDV/Org-Abteilung

- Bedienung und Einsatz der einzelnen Hard- und Software sowie der Netzwerke der IT-Infrastruktur

- Grundlagen der Informationstechnik

Bild 16.3./1 Themenbereiche für die Aus- und Weiterbildung

Einer der Schwerpunkte der Aus- und Weiterbildung der Mitarbeiter des Fachbereichs ist die Schulung im *Einsatz der Anwendungen*. Die erste Schulung in einer neuen Anwendung erhalten die Mitarbeiter des Fachbereichs in der Phase "Einführung" des Projekts (vgl. 11.3.2. und 11.4.2.).

Im Idealfall geht die Schulung der Anwendungen in die Fachausbildung ein. So sollte ein Mitarbeiter einer Bank, der in Zukunft an der Kasse arbeiten wird, an den Anwendungen für Aus- und Einzahlungen während der Einführung in seine neue Stelle geschult werden. Schulung im Informationsmanagement, in den Entwicklungstendenzen der Informationstechnik und in der Reorganisa-

tion geschäftlicher Abläufe (Business Process Redesign) sollte in die Führungs-
kräfteausbildung integriert sein.

Planung der Aus- und Weiterbildung

Die Planung der Ausbildungsmassnahmen beinhaltet folgende Festlegungen:

- Ziele und Grundlagen der Ausbildung im Informationsmanagement

- Ziele und Ausbildungsinhalte einzelner Kurse

- übergreifende Schwerpunkte, wie Projektmanagement oder Methoden der
  Softwareentwicklung

- Verhältnis zwischen internen und externen Kursen

- Kapazitäten für die Schulung

Eine *individuelle Planung der Kurse* ist Voraussetzung für eine effektive
Förderung der Mitarbeiter der EDV/Org-Abteilung und des Fachbereichs. Jeder
Beschäftigte erarbeitet mit seinem Vorgesetzten und den Spezialisten aus der
Personalabteilung einen persönlichen Ausbildungsplan. Dieser verbindet im
Sinne einer Laufbahnplanung die persönlichen Wünsche und Entwicklungs-
möglichkeiten des Mitarbeiters mit den Vorstellungen des Unternehmens.

Schulungsveranstaltungen sollten nicht auf Vorrat, sondern *bedarfsorientiert*
besucht werden. Die Mitarbeiter nehmen an ihnen teil, wenn sie die Inhalte der
Schulung in ihrer Arbeit anwenden können. Um dieses Ziel zu erreichen, ist eine
sowohl an den Projekten als auch den Mitarbeitern ausgerichtete Planung der
Aus- und Weiterbildung notwendig. Konkret bedeutet dies, dass die kurzfristige
Planung (vgl. 9.) die Grundlage für die Planung der Ausbildung im Projektmanagement bildet. Aus ihr geht hervor, welche Mitarbeiter in den Projekten
der nächsten Planungsperiode tätig sein werden.

Durchführung der Aus- und Weiterbildung

Fachbereich und EDV/Org-Abteilung besuchen die methodische und manage-
mentorientierte Ausbildung im Informationsmanagement nach Möglichkeit
gemeinsam. Insbesondere die Ausbildung im Projektmanagement sollte gemeinsam durchgeführt werden, um die Zusammenarbeit bereits in der Schulung zu
üben.

Die Schulung im Informationsmanagement ist ein Bestandteil des *gesamt-betrieblichen Ausbildungskonzepts* eines Unternehmens. *Externe Veranstaltungen* ergänzen das Angebot an internen Kursen. Sie bieten den Mitarbeitern die Chance, neue Inhalte kennenzulernen und persönliche Beziehungen zu Mitarbeitern anderer Unternehmen aufzubauen.

Die Grundlagenausbildung in der Bedienung und im Einsatz der Hard- und Software und der Netzwerke, wie Kurse in der Programmierung der Betriebssysteme, sollte beim Anbieter oder in spezialisierten Institutionen durchgeführt werden. Sie besitzen das notwendige Wissen sowie in den Schulungszentren die Infrastruktur zur Durchführung der Kurse und können aufgrund des Ausbildungsvolumens diese wirtschaftlich anbieten.

Kontrolle der Aus- und Weiterbildung

Die Veranwortlichen für die Schulung im Informationsmanagement kontrollieren den Erfolg der Ausbildungsmassnahmen. Jeder Kurs wird am Ende durch Evaluationsbogen der Teilnehmer bewertet. Die Verantwortlichen für die Aus- und Weiterbildung nehmen mit den Vorgesetzten der Besucher von Schulungsveranstaltungen Kontakt auf und eruieren, ob die Schulung den gewünschten Erfolg gebracht hat.

16.4. Personalentwicklung

Die Personalentwicklung hat das Ziel, die Mitarbeiter eines Unternehmens entsprechend ihren Bedürfnissen und Fähigkeiten mittelfristig zu fördern.

Voraussetzung für eine langfristige Zufriedenheit der Mitarbeiter ist die Möglichkeit der persönlichen Weiterentwicklung. Vor allem im Informationsmanagement, einem Bereich, in dem nach wie vor Personalknappheit herrscht, ist es wichtig, den Mitarbeitern Möglichkeiten zur Weiterentwicklung zu bieten.

Personalentwicklung für Mitarbeiter der EDV/Org-Abteilung

In der EDV/Org-Abteilung sind in den vergangenen zehn Jahren unternehmensübergreifende Berufsbilder und Aufstiegsmöglichkeiten geschaffen worden. Bild 16.4./1 zeigt die Entwicklungsmöglichkeiten für Mitarbeiter der EDV/Org-Abteilung, wie sie von der Schweizerischen Vereinigung für Datenverarbeitung und dem Verband der Wirtschaftsinformatik-Fachleute vorgeschlagen werden und an denen sich viele schweizerische Unternehmen orientieren (vgl. SVD/VDF/SGO 1993).

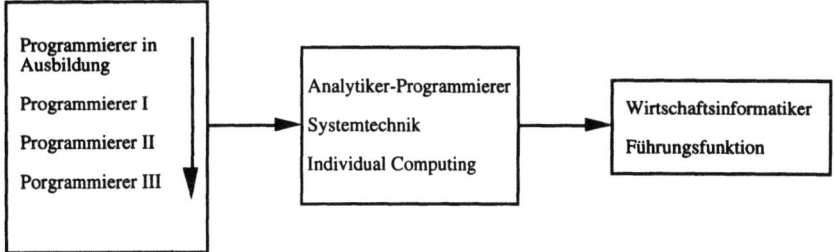

Bild 16.4./1 Entwicklungsmöglichkeiten in der Anwendungsentwicklung

Der Einstieg erfolgt als "Programmierer in Ausbildung", einer Position, für die ein Mitarbeiter angelernt werden kann. Die Entwicklung führt über die drei Stufen als Programmierer. Innerhalb dieser Stufen nimmt die Komplexität der zu bearbeitenden Programme und die Eigenverantwortung zu. Gute betriebswirtschaftliche und unternehmensspezifische Kenntnisse ermöglichen eine Weiterentwicklung in Richtung "Analytiker-Programmierer" oder "Wirtschaftsinformatiker". Bei eher technischer Ausrichtung kommen Positionen im Rahmen der "Systemtechnik" oder des "Individual Computing" in Frage. Der Entwicklungsplan zeigt, dass - fachliche und persönliche Fähigkeiten vorausgesetzt - auch Führungsfunktionen, z.B. als Projekt- oder Gruppenleiter möglich sind.

Personalentwicklung für Mitarbeiter des Fachbereichs

Für die Mitarbeiter, die im Fachbereich Informationsmanagement betreiben, existieren noch keine definierten Entwicklungspfade. Ihr Karriereweg wird individuell festgelegt.

Wichtig ist, dass im Sinne der Job-Rotation mehrjährige "Besuche" in anderen Bereichen stattfinden. So ist es denkbar, dass ein junger Mitarbeiter, der als Diplom-Kaufmann in ein Unternehmen kommt, die ersten zwei Jahre im Marketing oder im Finanz- und Rechnungswesen arbeitet. Danach kann er in die EDV/Org-Abteilung wechseln und an einem Projekt mitarbeiten. Der nächste Schritt könnte eine Führungsaufgabe als Projektleiter für ein Anwendungsprojekt oder eine verantwortungsvolle Stelle im Fachbereich sein.

16.5. Konzeption und Durchsetzung eines Entlohnungssystems

Die Funktion "Konzeption und Durchsetzung eines Entlohnungssystems" hat das Ziel, für die Mitarbeiter des Informationsmanagements eine gerechte Grundlage für die Entlohnung zu schaffen. Das Entlohnungssystem besitzt grosse Bedeutung für die Motivation der Mitarbeiter.

Für das Informationsmanagement hat sich - wie für viele andere Unternehmens-
bereiche - das Prinzip des "Management by Objectives" als wirkungsvolle
Führungsgrundlage bewährt.

Management by Objectives bedeutet, dass der Vorgesetzte mit jedem Mitarbeiter zu Beginn eines Jahres individuelle Ziele vereinbart und die Beurteilung am
Ende des Jahres nach dem Grad der Zielerreichung erfolgt. Das Management by
Objectives lässt sich mit dem Entlohnungssystem verknüpfen, in dem ein Teil
der Vergütung in Abhängigkeit von der Zielerfüllung bezahlt wird.

Die Verknüpfung der Führung mit der Entlohnung führt zu Übereinstimmung
der individuellen Ziele eines Mitarbeiters mit denen des Unternehmens.

16.6.   Management externer Mitarbeiter

Das Management externer Mitarbeiter sorgt dafür, dass die externen Mitarbeiter
entsprechend den gesteckten Zielen geführt und eingesetzt werden.

In vielen Unternehmen werden für Aufgaben des Informationsmanagements
externe Mitarbeiter eingesetzt. In Frage kommen ein auf wenige Monate be-
grenzter Einsatz im Rahmen eines Beratungsprojektes, zB. bei der Durchführung einer strategischen Informationssystem-Planung, oder eine mittelfristige
Beschäftigung im Rahmen von Projekten, z.B. als externer Programmierer
("Body Shopping").

Aus der Sicht des Personalmanagements ergeben sich grundsätzliche
Forderungen an den Einsatz externer Mitarbeiter:

- Der Einsatz externer Mitarbeiter sollte frühzeitig geplant werden. Auch
  erfahrene Berater benötigen einige Zeit, bis sie genügend Wissen besitzen,
  um Vorschläge zu unterbreiten oder Aufgaben zu übernehmen (vgl. 10.2.8.).

- Bei der Auswahl externer Mitarbeiter, die über längere Zeit im Unternehmen
  bleiben, sollte darauf geachtet werden, dass sie in die Unternehmenskultur
  passen.

- Die Mitarbeiter des eigenen Unternehmens sollten über Ziele, Aufgaben und
  geplante Dauer des Einsatzes externer Mitarbeiter informiert werden.

- Die Verantwortlichen aus dem Unternehmen sollten in regelmässigen Abständen überprüfen, ob der Einsatz der Externen den Anforderungen entspricht.

16.7. Zusammenfassung

- Das Personalmanagement ist dafür verantwortlich, dass in einem Unternehmen für das Informationsmanagement qualifizierte Mitarbeiter in ausreichender Zahl vorhanden sind.

- Der quantitative Personalbedarf ergibt sich aus dem aktuellen Mitarbeiterbestand, den laufenden und geplanten Vorhaben, den geplanten Ab- und Zugängen sowie der Berücksichtigung unproduktiver Zeiten.

- Die Personalbeschaffung kann sowohl aus internen wie auch aus externen Quellen erfolgen. Der Prozess ist in eine Vorauswahl und persönliche Gespräche untergliedert.

- Die Aus- und Weiterbildung ist individuell für jeden Mitarbeiter des Unternehmens, entsprechend den betrieblichen und persönlichen Bedürfnissen zu planen.

- Den Mitarbeitern, die Informationsmanagement betreiben, sollten mittelfristig Möglichkeiten zur Weiterentwicklung angeboten werden. Job Rotation zwischen Fach- und EDV/Org-Bereich spielt dabei eine wichtige Rolle.

- Das Führungs- und Entlohnungssystem sollte leistungsorientiert sein. Ein Management by Objectives kann die Grundlage bilden.

17. Management der Sicherheit

17.1. Wesen

Der verstärkte Einsatz computerunterstützter Informationsverarbeitung in den Unternehmen führt zu einer Abhängigkeit von ihrer Verfügbarkeit. Längere Ausfälle bringen viele Betriebe in existentielle Gefahr. Im November 1988 wurde in das Internet, einem weltweiten Computernetzwerk, ein "Wurmprogramm" eingebaut, das mehr als 5 000 angeschlossene Rechner lahmgelegt hat. Die entstandenen Schäden wurden auf fast 20 Mio. USD geschätzt (vgl. Strauss 1991).

> Das Management der Sicherheit analysiert die Gefahren für eine reibungslose Informationsverarbeitung und konzipiert Präventionsmassnahmen unter Beachtung ihrer Wirtschaftlichkeit.

Die Präventionsmassnahmen betreffen die Bereiche:

- Organisation und Mitarbeiter, z.B. durch die Einführung des Prinzips der internen Kontrolle und Ausbildungsförderung

- Anwendungen, z.B. durch die Vergabe von Passwörtern

- IT-Infrastruktur, z.B. durch die Bereitstellung von Ersatzcomputern

- Gebäude, z.B. durch den Bau eines Ausweichrechenzentrums

In vielen Unternehmen ist bei Führungskräften im Fachbereich und in der Geschäftseitung kein "Sicherheitsbewusstsein" in Bezug auf die computerunterstützte Informationsverarbeitung vorhanden. Sicherheitsmanagement wird in vielen Unternehmen erst dann zu einer Aufgabe des Informationsmanagements, wenn ein grösseres Schadensereignis bereits eingetreten ist. So führte eine Explosion grösseren Ausmasses im Amt für Umweltschutz des Kantons St. Gallen im März 1994 zu einer Diskussion über Sicherheitsvorkehrungen in der ganzen Schweiz. Sicherheitsmanagement bedeutet, eine umfassende und frühzeitige Auseinandersetzung mit der Sicherheit der computerunterstützten Informationsverarbeitung auf allen hierarchischen Stufen.

Die Verantwortung für das Sicherheitsmanagement trägt der Leiter der EDV/Org-Abteilung. Hat ein Unternehmen keine Aktivitäten im Bereich "Sicherheit" unternommen, empfiehlt es sich, mit externer Unterstützung im Rahmen eines Projektes die Grundlagen für ein umfassendes Sicherheitsmanagement zu schaffen.

Das Sicherheitsmanagement gliedert sich in folgende Funktionen:

- Planung der Sicherheit

- Umsetzung der Sicherheit

- Kontrolle der Sicherheit

- Einhaltung des Datenschutzes

17.2. Planung der Sicherheit

Planung der Sicherheit bedeutet, durch frühe Erkennung der Gefahren für die computerunterstützte Informationsverarbeitung Massnahmen zur Gewährleistung einer "sicheren" Informationsverarbeitung einzuleiten.

Risikoanalyse

Die erste Überlegung im Rahmen der Planung der Sicherheit betrifft die bestehenden Gefahren in einem Unternehmen und ihre Eintrittswahrscheinlichkeit.

In einem ersten Schritt beschäftigt sich das Unternehmen mit möglichen Gefahren. Dabei sollte vor allem auf Vollständigkeit geachtet werden. Von besonderer Wichtigkeit ist die Ermittlung der Gefahren im Fachbereich. Funktions- und Datenmodelle sowie Dokumente aus der Standortplanung, wie sie im Rahmen der langfristigen Planung des Informationssystems und der IT-Infrastruktur entstehen, dienen als Grundlage für die Untersuchung der Gefahren. Die Gefahren können wie in Bild 17.2./1 strukturiert werden.

Gefahren-quelle:	Mensch	Technik	Umwelt
Beispiele	Irrtum, z.B. Bedienungsfehler	Verschleiss	Wasser
	Fahrlässigkeit	Materialfehler	Naturereignisse, z.B. Erdbeben
	kriminelle Handlungen, z.B. Diebstahl oder Sabotage		

Bild 17.2./1 Gefahrenquellen

Empirische Untersuchungen ergaben, dass ca. 90% der Gefahren in die Kategorie "Irrtum" oder "Fahrlässigkeit" fallen.

Das Risiko lässt sich für ein Unternehmen mit Hilfe von zwei Kriterien bewerten:

- Wahrscheinlichkeit des Eintritts einer Gefahr

- Schadenshöhe bei Eintritt der Gefahr

Die Portfoliodarstellung in Bild 17.2./2 erlaubt eine übersichtliche Darstellung der Risiken eines Unternehmens (vgl. Strauss 1991).

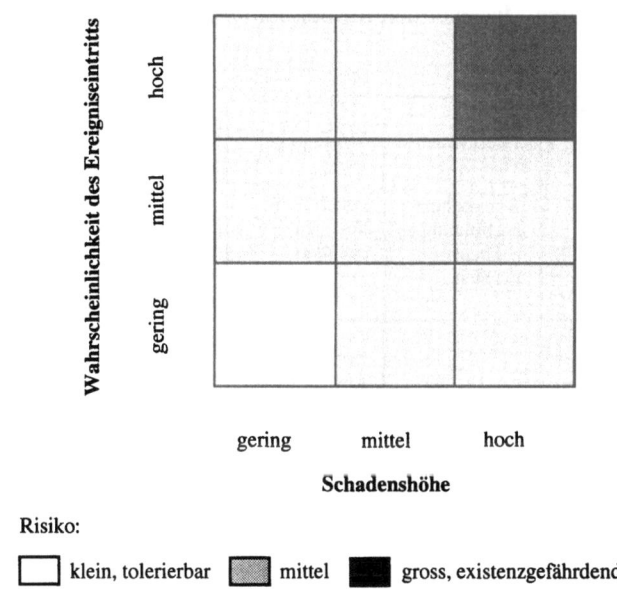

Bild 17.2./2 Risikomatrix

Das Unternehmen sollte sich in erster Linie mit den grossen, existenzgefährdenden Risiken beschäftigen.

Für jedes dieser Risiken gilt es, ein Schutzziel zu definieren. Vier alternative Schutzzielsetzungen sind grundsätzlich möglich:

- Vermeiden von Risiken

- Vermindern der Auswirkungen der Risiken

- Überwälzen der Auswirkungen der Risiken

- Selbst tragen der Auswirkungen der Risiken

"Vermeiden" bedeutet, durch Massnahmen sicherzustellen, dass ein Ereignis überhaupt nicht eintritt. "Vermindern" zielt darauf ab, die Auswirkungen auf das Unternehmen möglichst klein zu halten. "Überwälzen" konkretisiert sich beispielsweise im Abschluss von Verträgen mit Versicherungen und "Selbst tragen" bedeutet, dass das Unternehmen sich bei Eintritt einer Gefahr selbst helfen will.

Planung von Massnahmen

Für jedes grosse Risiko sind Massnahmen zur Erreichung der Schutzzielsetzungen zu planen. Entsprechend den Schutzzielsetzungen sind die in Bild 17.2./3 aufgeführten Massnahmen für den Fall eines Brandes im Rechenzentrum planbar.

Bereich \ Zielsetzung	Vermeiden	Vermindern	Überwälzen	Selbsttragen
Organisation und Mitarbeiter	Brandschutz-bestimmungen bekannt-machen	Feuerlösch-übungen abhalten	Versicherungen abschliessen (Geschäfts-, Betriebsunterbrechungs- und Gebäudeversicherung)	keine Massnahmen
Anwendungen	—	Kopien der Anwendungen und Daten auslagern		
IT-Infrastruktur	—	Ausweich-rechen-zentrum bereitstellen		
Gebäude	Unbrennbare Materialien beim Bauen verwenden	Ausweich-rechen-zentrum bereitstellen		

Bild 17.2./3 Massnahmen zur Schadensreduktion bei einem Brand

Für jede Massnahme sind die Kosten und der Nutzen zu schätzen. Die Realisierung einer "sicheren" computerunterstützten Informationsverarbeitung erreicht finanzielle Grössenordnungen, die in die Verantwortung der Geschäftsleitung fällt, vor allem dann, wenn grössere bauliche Massnahmen vorgenommen werden müssen. In vielen Fällen findet nach Schätzung der Kosten eine Veränderung der Schutzzielsetzungen für die Risiken statt.

Eine Reduktion der Kosten ist durch die Zusammenarbeit mit anderen Unternehmen möglich. Ein Ausweichrechenzentrum wird von mehreren Unternehmen gemeinsam gebaut. Verträge mit Herstellern oder anderen spezialisierten Unternehmen stellen sicher, dass im Notfall Ersatznetzwerke zur Verfügung stehen.

Erstellung eines Sicherheitskonzeptes

Die wichtigsten Ergebnisse der Planung der Sicherheit werden in einem *Sicherheitskonzept* zusammengefasst. Das Sicherheitskonzept enthält eine Auflistung der Risiken, Schutzzielsetzungen sowie Massnahmen und legt fest, in welche Kategorien die Daten in bezug auf die Vertraulichkeit eingestuft werden. Es enthält Aussagen zu den Funktionen, den Dokumenten und Ausbildungsmassnahmen und der Organisation des Sicherheitsmanagements.

Das Sicherheitskonzept wird im Unternehmen verbreitet, um ein Bewusstsein für die Gefahren und Risiken zu schaffen und die Gründe für die teilweise sehr teuren Massnahmen zu erklären.

Die wichtigsten Grundlagen für das Sicherheitsmanagement werden zusätzlich in einem eigenen Abschnitt des IV-Leitbildes zusammengefasst (vgl. 7.2.).

17.3. Umsetzung der Sicherheit

Umsetzung der Sicherheit bedeutet in erster Linie, die Massnahmen, die sich aus der Planung ergeben haben, zu verwirklichen. Sehr viele Massnahmen führen zu Projekten. Die Ausführungen zum Projektmanagement aus Kapitel 10 haben auch für Sicherheitsprojekte Gültigkeit.

Das grösste Problem bei der Umsetzung von Sicherheitsmassnahmen ist die tägliche Beachtung der Vorgaben. So ist es sinnlos, wenn in einem Unternehmen der Zugang zu den Anwendungen nur durch Passwörter möglich ist, die Benutzer aber die Passwörter gegenseitig bekanntmachen oder über die Mittagszeit die Programme aktiv bleiben und jeder, der in dem Raum ist, sich Zugang zu den Anwendungen verschaffen kann.

Umsetzung der Sicherheitsmassnahmen bedeutet, dass in Ausbildungsveranstaltungen über die Gefahren und die Massnahmen des Unternehmens informiert wird, um ein Sicherheitsbewusstsein zu schaffen.

17.4. Kontrolle der Sicherheit

Die Sicherheitsmassnahmen müssen periodisch und stichprobenweise überprüft
werden, um zu gewährleisten, dass sie im Krisenfall auch funktionieren.

Schwachstellenanalysen

Jeder Benutzer kann selbst eine Schwachstellenanalyse vornehmen. Im
Vordergrund steht die Frage, ob die grundsätzlichen Anforderungen an die
Sicherheit aus dem IV-Leitbild umgesetzt sind. Vorgesetzte aus dem Fach-
bereich können diese Form der Kontrolle zusammen mit einem Experten aus der
EDV/Org-Abteilung durchführen.

Prüfungen der Datenzugriffsberechtigungen

Mindestens einmal pro Jahr sollten Fachbereich und EDV/Org-Abteilung
gemeinsam prüfen, ob die Zugriffsberechtigungen für die Mitarbeiter eines Bereichs noch ihren Aufgaben und Kompetenzen entsprechen.

Unabhängige Prüfungen

Grosse, kritische EDV-Installationen in einem Unternehmen sollten einmal jährlich durch ein Team externer Fachleute überprüft werden. Im Mittelpunkt der
Prüfung steht inwieweit alle Anforderungen aus dem Sicherheitskonzept erfüllt
worden sind.

Penetrationstests

In Penetrationstests versuchen besonders ausgebildete Mitarbeiter, in die
Datenbanken und Programme eines Unternehmens einzudringen. Durch diese
Art der Kontrollen wird untersucht, ob ein Informationssystem gegen die in der
Fachwelt bekannten "Löcher im Zaun" gesichert ist.

Prüfung des Projektmanagements

Prüfung des Projektmanagements bedeutet, festzustellen, ob in jeder Phase eines
Projektes die Massnahmen zur Umsetzung des Sicherheitskonzeptes durch-
geführt wurden. So ist im Prozess der Einführung von Standardsoftware in der
Phase "Konzeption" eine Tätigkeit vorgesehen, die sich mit der Planung der
Zugriffsberechtigungen beschäftigt (vgl. 11.4.2).

17.5. Datenschutz

> Der Datenschutz schützt die Persönlichkeit natürlicher und juristischer Personen, über die Daten verarbeitet werden.

In den Gültigkeitsbereich des Datenschutzes fallen personenbezogene Angaben über persönliche und sachliche Verhältnisse einer Person.

Das deutsche Bundesverfassungsgericht hat in seinem Urteil zur Volkszählung festgelegt, dass das Recht des Einzelnen zur "informationellen Selbstbestimmung" nur im Allgemeininteresse und aufgrund gesetzlicher Regelungen eingeschränkt werden darf (vgl. BVerfGE 65).

Datenschutzgesetze

Die Bundesrepublik Deutschland und die Schweiz haben Gesetze erlassen, die den Datenschutz regeln. Das schweizerische Bundgesetz über den Datenschutz baut auf folgenden Grundsätzen auf (vgl. DSG 1992, Art. 4):

• Personendaten dürfen nur rechtmässig beschafft werden.

• Die Bearbeitung der Personaldaten hat nach Treu und Glauben zu erfolgen und muss verhältnismässig sein.

• Personendaten dürfen nur zu dem Zweck bearbeitet werden, der bei ihrer Beschaffung angegeben wurde, aus den Umständen ersichtlich ist oder gesetzlich vorgesehen ist.

Inhalte des Datenschutzgesetzes sind:

• die Weitergabe von Daten von einer Stelle an eine andere

• das Recht der Betroffenen auf Auskunft über Daten, die über die eigene Person gespeichert sind

• das Recht zur Berichtigung oder Löschung der Daten und die Kompetenzen der Datenschutzbeauftragten

• der besondere Schutz von Daten über religiöse und politische Anschauungen und gesundheitliche Verhältnisse

Die Datenschutzgesetze unterscheiden zwischen der Bearbeitung von Daten durch öffentliche Stellen und durch Privatpersonen.

Konsequenzen für das Informationsmanagement

Unternehmen und öffentliche Verwaltungen sind verpflichtet, diese Gesetze einzuhalten. Datenschutz im Informationsmanagement bedeutet:

*   Beachtung und innerbetriebliche Bekanntmachung der Gesetze durch Verankern der Einhaltung im IV-Leitbild

*   regelmässige Kontrolle der Daten

*   Analyse der eigenen Datenbestände auf Daten, die unter das Datenschutzgesetz fallen

*   Information der Betroffenen bei erstmaliger Speicherung über die Art der über sie gespeicherten Daten

Unternehmen, die personenbezogene Daten automatisiert bearbeiten und damit in der Regel mehr als fünf Mitarbeiter ständig beschäftigen, müssen in Deutschland einen *Datenschutzbeauftragten* benennen (vgl. BDSG 1991, Art. 36). Er ist direkt der Geschäftsleitung unterstellt und ist dafür verantwortlich, dass die gesetzlichen Bestimmungen eingehalten werden. Er ist an Projekten beteiligt, wenn Mitarbeiter- oder Kundendatenbanken entwickelt werden.

Besondere Bedeutung kommt dem Datenschutz in der öffentlichen Verwaltung zu. So gibt es immer wieder Konflikte bei Daten, die in polizeilichen Informationssystemen gespeichert sind, oder bei Volkszählungen.

Weitere gesetzliche Regelungen

Über die Datenschutzgesetze hinaus existieren weitere gesetzliche Regelungen, wie das Bank- oder Berufsgeheimnis, die im Umgang mit den Daten zwingend zu beachten sind. Verstösse können strafrechtlich geahndet werden.

17.6. Zusammenfassung

*   Das Management der Sicherheit analysiert, welche Gefahren in einem Unternehmen für eine reibungslose Informationsverarbeitung bestehen und legt fest, wieviel Sicherheit im Unternehmen benötigt wird und welchen Umfang an Sicherheit es sich leisten kann.

*   Das Sicherheitsmanagement beschäftigt sich mit Präventionsmassnahmen aufgrund der von Menschen, der Technik und der Natur ausgehenden Gefahren.

- Planung der Sicherheit beginnt mit einer Risikoanalyse. Dabei werden tolerierbare, mittlere und existenzgefährdende Risiken unterschieden. Für jedes Risiko wird die Schutzzielsetzung festgelegt. Es existieren die vier Schutzzielsetzungen: Vermeiden, Vermindern, Überwälzen oder Selbst tragen. Auf dieser Analyse basiert die Festlegung von Massnahmen. Alle Analysen und Massnahmen werden im Sicherheitskonzept zusammengefasst.

- Umsetzung der Sicherheit bedeutet, die Massnahmen, die sich aus der Planung ergeben haben, zu verwirklichen. Im Rahmen der Umsetzung wird die Grundlage für ein Sicherheitsbewusstsein der Mitarbeiter geschaffen.

- Die Kontrolle der Sicherheit umfasst Schwachstellenanalysen, Prüfung der Datenzugriffsberechtigungen, unabhängige Prüfungen, Penetrationstests und Prüfungen des Projektmanagements.

- Der Datenschutz schützt die Persönlichkeit natürlicher und juristischer Personen. Er ist durch Gesetze geregelt, die für Unternehmen und öffentliche Verwaltungen verpflichtend sind.

18. Finanz- und Rechnungswesen

18.1. Wesen

> Das Finanz- und Rechnungswesen im Informationsmanagement ist dafür verantwortlich, dass die Kosten der Informationsverarbeitung und ihres Managements geplant, abgerechnet und den Benutzern verursachungsgerecht weiterverrechnet werden.

Ziel ist die Schaffung einer transparenten Grundlage für die Verteilung der Kosten auf den Fachbereich.

Die Weiterverrechnung der Kosten verfolgt das Ziel, ein Kostenbewusstsein des Fachbereichs für die Kosten des Betriebs und der Entwicklung der computerunterstützten Informationsverarbeitung zu schaffen. Dieses Kostenbewusstsein schafft mittelfristig die Grundlage für die in der IV-Entwicklungsplanung angestrebte Steuerung der Informationsverarbeitung über den Preis ("pretiale Lenkung")

Für das Finanz- und Rechnungswesen innerhalb des Informationsmanagements ist die Abteilung "Finanz- und Rechnungswesen" des Unternehmens verantwortlich. Sie konzipiert und betreibt die Systeme, die für eine verursachungsgerechte Abrechnung der IT-Infrastruktur notwendig sind.

Das Finanz- und Rechnungswesens innerhalb des Informationsmanagements gliedert sich in folgende Funktionen:

- Festlegung der Kostenarten und -stellen der Informationsverarbeitung

- Abrechnung der IT-Infrastruktur

- Abrechnung der Projekte

- Controlling

- Sonderrechnungen

- Externe Vergleiche

Die Planung der Kosten ist nicht Gegenstand dieses Kapitels. Sie erfolgt im Rahmen der IV-Entwicklungsplanung und der kurzfristigen Planung.

18.2. Festlegung der Kostenarten und -stellen der Informationsverarbeitung

Grundlage des Finanz- und Rechnungswesens ist eine Gliederung der Kosten der Informationsverarbeitung. Es lassen sich folgende *Kostenarten* des Informationsmanagements unterscheiden:

• Personal- und Personalnebenkosten

• Hardwarekosten (Abschreibungen und Wartung)

• Softwarekosten (Abschreibungen und Wartung)

• Netzkosten (Leitungskosten und Kosten für Dienste)

• Grundstücks- und Gebäudekosten (Pacht, Miete oder Instandhaltung)

• Kosten für Büroausstattung und -geräte

• Materialkosten (Papier, Toner)

• Ausbildungskosten (interne und externe Kurse)

• Reisespesen

• Versicherungskosten

• Fremdkosten (Beratungskosten oder Kosten für Fremdprogrammierung)

Die Kosten der zentralen IT-Infrastruktur, d.h. des Rechenzentrums, sind zum grössten Teil keinem Kostenträger zuzuordnen (Gemeinkosten) und beschäftigungsunabhängig (Fixkosten). Auf der Grundlage der Verhältnisse einer Grossbank wird der Anteil der Gemeinkosten an den gesamten Kosten auf 80 - 90% und der Anteil der fixen Kosten auf ca. 80% geschätzt (vgl. Fürer 1993).

Die Bildung der *Kostenstellen* orientiert sich an der Aufbauorganisation der EDV/Org-Abteilung.

18.3. Abrechnung der IT-Infrastruktur

Die Funktion "Abrechnung der IT-Infrastruktur" ist dafür verantwortlich, dass die Kosten des Rechenzentrums auf die Stellen umgelegt werden, welche die Leistung bezogen haben.

Die Kosten der *IT-Infrastruktur*, d.h. der EDV/Org-Abteilung, beziehen sich auf den Betrieb und die Wartung der Hard-, Software und der Netzwerke eines

Unternehmens. Bei zentralisierter Informationsverarbeitung machen die Kosten des Rechenzentrums den grössten Teil der Kosten der IT-Infrastruktur aus. Bei Dezentralisierung der IT-Infrastruktur auf das ganze Unternehmen verteilen sich die Kosten auf viele Abteilungen.

Verrechnung mittels Kostenumlage

Bei der Verrechnung der Kosten der IT-Infrastruktur durch Kostenumlage wird die EDV/Org-Abteilung als Hilfskostenstelle gesehen, deren Kosten mittels eines Verrechnungsschlüssels auf die Hauptkostenstellen des Fachbereichs umgelegt werden (vgl. 18.3./1).

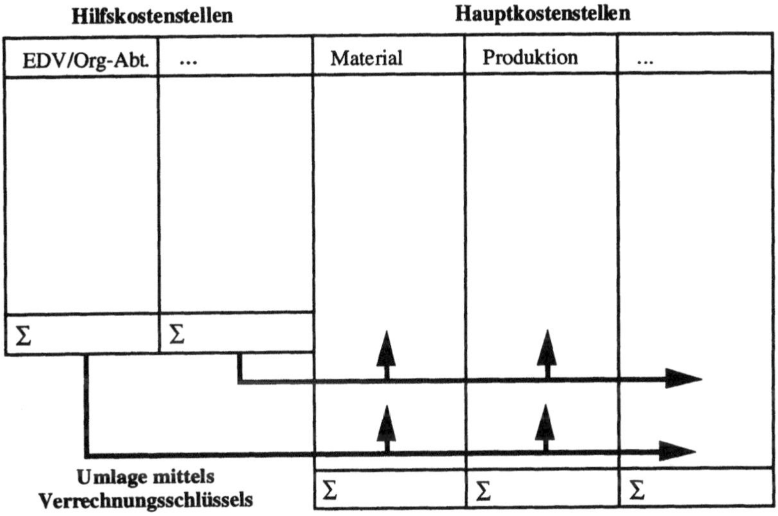

Bild 18.3./1 Kostenumlage mit Verrechnungsschlüsseln

Die zentrale Frage bei der Verteilung der Kosten mittels Verrechnungsschlüsseln ist die Ausgestaltung des Schlüssels. In der Praxis werden Grössen, die im Rahmen der Kontrolle der IT-Infrastruktur ermittelt wurden, wie z.B. Anzahl Transaktionen, beanspruchte CPU-Zeit oder Anzahl ausgedruckter Seiten, als Schlüssel herangezogen. Einfache Schlüssel orientieren sich nur an einer Grösse (z.B. verbrauchte CPU-Zeit), während kombinierte Schlüssel mehrere Verrechnungsgrössen berücksichtigen (z.B. I/O-Belastung und Hauptspeicherbedarf).

Der Verrechnungsschlüssel bildet einen ständigen Streitpunkt zwischen EDV/Org-Abteilung und Fachbereich. Die Praxis zeigt, dass auch kompliziert zusammengesetzte Schlüssel die Konflikte innerhalb der Fachbereiche nicht verringern.

Verrechnung auf Basis der Kosten

Die Verteilung der Kosten mittels Verrechnungspreisen auf Basis der Kosten bedeutet, dass für die Leistungen der EDV/Org-Abteilungen Verrechnungspreise auf der Grundlage der *tatsächlichen Kosten* festgelegt werden und die Benutzer entsprechend der Häufigkeit der Inanspruchnahme dieser Leistungen belastet werden.

Die Verwendung von Verrechnungspreisen setzt voraus, dass das Finanz- und Rechnungswesen in der Lage ist, die Leistungen der EDV/Org-Abteilung zu kalkulieren. Der Aufwand der Kalkulation steigt mit der Verschiedenartigkeit und der Breite des von der EDV/Org-Abteilung angebotenen Leistungsspektrums. Neben der Kalkulation der Leistungen muss bei dieser Verrechnung auf Basis der Kosten die Häufigkeit der in Anspruch genommenen Leistungen erfasst werden. Das Monitoring, wie wir es im Rahmen der Kontrolle der IT-Infrastruktur und der Anwendungen beschrieben haben, bildet die Grundlage.

Beispiel 18 zeigt die Abrechnung des Rechenzentrums einer Grossbank[*]. Als Kostenrechnungssystem wählen wir die *Prozesskostenrechnung* (vgl. Miller/ Vollmann 1985, Johnson/Kaplan 1987). Sie erweist sich als ein wirkungsvolles Instrument, um Kosten mit hohem Fix- und Gemeinkostenanteil abzurechnen.

Beispiel 18: Abrechnung des Rechenzentrums einer Grossbank

Eine Grossbank hat in den letzten Jahren die Abrechnung ihrer Rechenzentren auf die Prozesskostenrechnung umgestellt. Im Rahmen einer Prozesskostenrechnung müssen die folgenden sechs Schritte durchlaufen werden:

- *Prozessanalyse*

- *Cost-Driver Bestimmung und Zuordnung*

- *Prozessmengenplanung*

- *Kostenermittlung von Teilprozessgruppen*

- *Kalkulation der Teilprozesse*

- *Verrechnung der Kosten an die Benutzer*

---

[*] Das Beispiel stammt aus der Dissertation von Fürer. Er hat den Ansatz der Prozesskostenrechnung auf ein Rechenzentrum einer Grossbank angewendet (vgl. Fürer 1993).

Prozessanalyse

Im Rahmen einer Tätigkeitsanalyse werden die einzelnen wertschöpfungsorientierten Aktivitäten eines Rechenzentrums herausgearbeitet.

Für das Rechenzentrum der Grossbank ergeben sich drei Aktivitätszentren:

* *Verarbeitung*

* *Datenhaltung*

* *Ausgabe*

Den Aktivitätszentren werden verursachungsgerecht die Kosten aus dem Betrieb der IT-Infrastruktur zugeordnet. So können die Wartungskosten für die Zentraleinheiten dem Aktivitätszentrum "Verarbeitung" zugerechnet, während die Papierkosten dem Aktivitätszentrum "Ausgabe" zugeordnet werden. Die Verteilung der Kosten auf die Aktivitätszentren ersetzt die traditionelle Erfassung der Kosten nach Kostenstellen.

Die Zuordnung der Kosten zu den Aktivitätszentren führt in der Bank zu folgendem Ergebnis: Die Kosten der Verarbeitung betragen 51%, die der Ausgabe 26% und die der Datenhaltung 23% bei Gesamtkosten von ca. 100 Mio. CHF.

In einem weiteren Schritt geht es um die Identifikation leistungserstellender Prozesse innerhalb der Akivitätszentren. Beispielsweise wird das Aktivitätszentrum "Ausgabe" in die Teilprozesse "Druck", "Versand" und "Archivierung" untergliedert.

Cost-Driver Zuordnung

Für jeden der Teilprozesse sind Bezugsgrössen festzulegen, die dessen Ressourcenbeanspruchung dokumentieren ("Cost-Driver"). Für das Rechenzentrum der Bank wurden folgende Cost-Driver ermittelt:

Verarbeitung

* *Transaktionsvolumen*

* *Rechnerbelegungszeit einer Transaktion*

* *Input-Output-Vorgänge auf den Verbindungskanälen*

Datenhaltung

• *Anzahl belegter Bänderspuren*

• *Anzahl belegter Plattenspuren*

• *Speichervolumen in Bytes auf Platten und Bändern*

Ausgabe

• *Anzahl gedruckter Papierseiten (Druck)*

• *Anzahl versandter Couverts (Versand)*

• *Anzahl verfilmter Druckseiten (Archivierung)*

Die Auswahl der Cost-Driver zeigt, dass ein ausgebautes Software-Monitoring (vgl. 13.2.) als Datenlieferant für die Prozesskostenrechnung unerlässlich ist.

Prozessmengenplanung

Die Planung der Prozessmengen geht vom Geschäft aus. Dies bedeutet, dass ein Zusammenhang zwischen der Anzahl Geschäftsvorfälle und der Durchführungshäufigkeit einzelner computerunterstützter Transaktionen im Rechenzentrum gefunden werden muss.

Für den Bereich "Verarbeitung" muss im Verlauf der Prozessmengenplanung für jede Transaktion für das nächste Jahr die voraussichtliche Durchführungshäufigkeit bestimmt werden. Für die Planung der "Datenhaltung" erfolgt eine Schätzung des Speicherplatzbedarfs und für die "Ausgabe" eine Schätzung des Druck-, Versand- und Archivierungsvolumens.

Die Prozessmengenplanung der Bank ergibt für den Teilprozess "Druck" ein Druckvolumen von 78,5 Mio. Seiten pro Jahr.

Kostenermittlung der Teilprozessgruppen

Die Kosten der Aktivitätszentren werden auf die Teilprozesse, die im Rahmen der Prozessanalyse ermittelt wurden, aufgeteilt. Die Kosten für das Aktivitätszentrum "Ausgabe" werden auf die Prozessgruppen "Druck", "Versand" und "Archivierung" aufgeteilt.

Die Berechnung der Plankosten für das Aktivitätszentrum "Ausgabe" ergibt, dass sich die Kosten in Höhe von 26 Mio. CHF aus 11 Mio. CHF für den Druck, 11 Mio. CHF für den Versand und 4 Mio. CHF für die Archivierung zusammensetzen.

Kalkulation der Teilprozesse

Für jeden Teilprozess sind Angaben zu den Cost-Drivern, den geplanten Mengen und den geplante Kosten vorhanden. Die Kalkulation ermittelt die Kostensätze der einzelnen Teilprozesse mittels Division der geplanten Kosten durch die geplanten Mengen.

Die Kosten pro Druckseite von 0,14 CHF ergeben sich durch die Division der 11 Mio. CHF an geplanten Kosten für den Druck durch das geplante Druckvolumen von 78,5 Mio. Seiten.

Verrechnungspreise auf Basis von Marktpreisen

Die Verteilung der Kosten durch Verrechnungspreise auf der Basis von Marktpreisen bedeutet, dass die Verrechnung der Leistungen der EDV/Org-Abteilungen auf der Grundlage von Preisen, wie sie von externen Lieferanten fakturiert werden, und der Häufigkeit der Inanspruchnahme erfolgt.

Die Verwendung von Marktpreisen bei der Verrechnung der IT-Infrastruktur zeigt, ob die EDV/Org-Abteilung auch am Markt bestehen könnte (Profit Center). Oft führt diese Form der Verrechnung dazu, dass der Fachbereich darauf besteht, auch externe Anbieter bei der Inanspruchnahme von Leistungen berücksichtigen zu können.

18.4. Abrechnung der Projekte

Die Funktion "Abrechnung der Projekte" verrechnet die Kosten der Projekte an die Stellen, die von den neuen Anwendungen profitieren. Sie sind die Nutzniesser der Projekte.

Parallel zur Abrechnung der IT-Infrastruktur bzw. des Rechenzentrums sind die Projekte abzurechnen. Der Begriff "Projekte" umfasst aus Sicht des Finanz- und Rechnungswesens Aufgaben, die zu neuen Anwendungen führen, Wartungsaufgaben, Vorhaben der individuellen Datenverarbeitung sowie Änderungen des Hardwarebereichs und Reorganisationen.

Einrichtung eines Projektabrechnungssystems

Bevor mit einem Projekt begonnen wird, sorgt der Projektleiter dafür, dass ein Abrechnungssystem installiert wird. Viele Unternehmen setzen PC-Lösungen auf der Grundlage von Tabellenkalkulationsprogrammen ein. Diese Insellösungen sind zwar teilweise sehr komfortabel gestaltet, ihre Schnittstelle zum Finanz- und Rechnungswesen des Unternehmens ist jedoch in der Regel problematisch.

Beispiel 19 zeigt das Projektabrechnungssystem einer schweizerischen Grossbank.

Beispiel 19: Projektkostenrechnung/-verrechnung einer schweizerischen Grossbank

---

Das Projektabrechnungssystem ist integraler Bestandteil des betrieblichen Rechnungswesen und von grosser Bedeutung für die Bank, da ca. 20% der Gesamtkosten in Form von Projektkosten anfallen.

Ziel der Projektkostenrechnung und -verrechnung ist die Sammlung der Kosten eines Projekts und die verursachergerechte Amortisation der Projektkosten durch die Nutzniesser des Projekts. Bild 18.4./1 zeigt das Projektabrechnungssystem im Überblick.

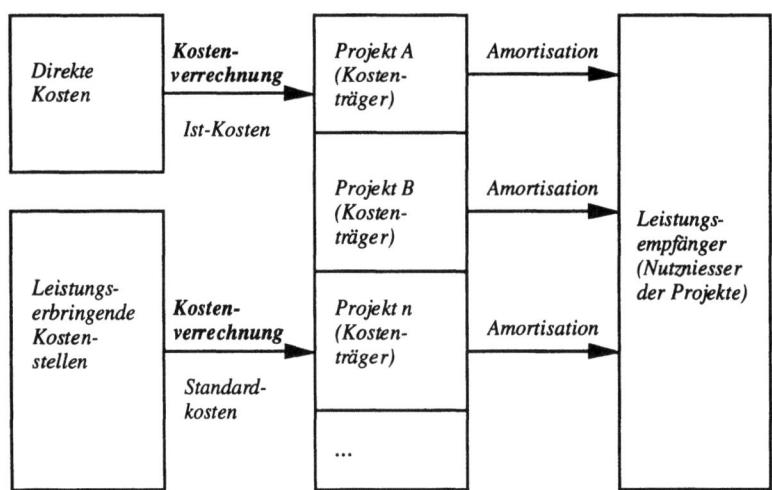

Bild 18.4./1 Projektabrechnungssystem im Überblick

Jedes Projekt wird zum Kostenträger. Kosten, die direkt einem Projekt zugerechnet werden können, werden zu Ist-Kosten verrechnet. Die Verrechnung der Leistungen, die durch Kostenstellen aus dem Fachbereich oder der EDV/Org-Abteilung erbracht werden, erfolgt durch Multiplikation des Standardverrechnungssatzes einer Kostenstelle mit der Zeit. Nach Abschluss des Projekts werden die Kosten den Leistungsempfängern, d.h. den Nutzniessern weiterbelastet (Amortisation des Projektes). In der Bank werden Projektkosten unter CHF 500 000 auf einmal amortisiert, höhere Kosten quartalsweise über einen längeren Zeitraum in gleichmässigen Tranchen. Grundlage der Amortisation der Projekte ist ein interner Vertrag zwischen der EDV/Org-Abteilung und den Nutzniessern, der vom Auftraggeber und dem Projektleiter unterzeichnet wird. Er legt die Ziele des Projekts fest, enthält die wichtigsten Termine sowie eine Schätzung der Kosten und regelt, auf welche Nutzniesser, d.h. Kostenstellen, die Projektkosten zu welchem Prozentsatz und über welchen Zeitraum weiterbelastet werden.

Erfassung des Aufwandes

Grundlage für die Abrechnung der Projekte ist eine detaillierte Erfassung der Arbeitszeit, die für Projekte verwendet wird. Das Unternehmen verpflichtet alle Mitarbeiter, diese aufzuzeichnen. Die Erfahrung aus der Praxis zeigt, dass es nicht sehr schwer fällt, die Mitarbeiter der EDV/Org-Abteilung von der Notwendigkeit einer systematischen Zeiterfassung zu überzeugen.

18.5. Controlling

Ein weiterer Aufgabenkreis im Rahmen des Finanz- und Rechnungswesens im Informationsmanagement betrifft die Unterstützung der finanziellen Planung und Kontrolle (vgl. Sokolovsky 1992, Horvath 1990a, Horvath 1990b, Seibt 1990, Krcmar 1990).

Das Finanz- und Rechnungswesen unterstützt den Fachbereich und die EDV/Org-Abteilung bei der Erstellung der Planung und stellt die Hilfsmittel, z.B. Tabellenkalkulationsprogramme, zur Verfügung, um den Planungsprozess zu erleichtern. Das Controlling vergleicht laufend Soll- und Ist-Werte miteinander und erstellt für die Verantwortlichen im Fachbereich und der EDV/Org-Abteilung Abweichungsanalysen.

Controlling ist ein Teil jeder Aktivität des Informationsmanagements. Es ist für die Wirtschaftlichkeitsberechnungen bei neuen Anwendungsideen, die finanzielle Seite der langfristigen Planung des Informationssystems und der IT-Infrastruktur sowie der IV-Entwicklungsplanung verantwortlich. Im Rahmen des Projektmanagements unterstützt es den Projektleiter im Sinne eines Projekt-Controllings bei der Planung und Durchsetzung der Wirtschaftlichkeit (vgl. Andreas e.a. 1989).

Als Aufgaben des Controllings im Rahmen des Informationsmanagements sind zu nennen (vgl. Zanger/Schöne 1994):

*   Planungsaufgaben, wie Kosten- und Projektplanung

*   Überwachungsaufgaben, beispielsweise Soll-Ist-Vergleich wichtiger Kenn-zahlen

*   Koordinationsaufgaben, wie Abweichungsanalysen und Steuerung

*   Innovationsaufgaben, z.B. Erkennung von Rationalisierungsschwerpunkten

*   Beratungsaufgaben, bei der Gestaltung der Kosten- und Leistungsrechnung, aber auch bei der Festlegung der Informationsstrategie

18.6. Sonderrechnungen

Das Informationsmanagement ist ein Bereich der Unternehmensführung, in dem unternehmensrelevante Entscheidungen mit grossen finanziellen Konse-quenzen getroffen werden.

Sonderrechnungen in Form von Wirtschaftlichkeits-, Investitions- und Ver-gleichsrechnungen stellen eine wesentliche Grundlage für die Entscheidungen im Rahmen des Informationsmanagements dar. Beispiele für Sonderrechnungen sind:

*   Vergleichsrechnungen hinsichtlich Zentralisierung/Dezentralisierung der IT-Infrastruktur

*   Vergleichsrechnung zwischen Kauf und Leasing von Objekten

*   Vergleichsrechnung bei make or buy-Entscheidungen, z.B. bei Outsourcing

*   Kosten-/Nutzenrechnungen verschiedener Alternativen

*   Bestimmung der Wirtschaftlichkeit bei höherwertigen Investitionsgütern, wie Grossrechnern

Bild 18.6./1 enthält eine Sonderrechnung zum Vergleich einer zentralen mit einer dezentralen Hardwarelösung (vgl. Henger 1993).

	Zentrale Variante	Dezentrale Variante	Jährliche Steigerung
Kaufpreis Hardware:			
Amdahl (3*5995/35 MM)	55 448 360,-		
Siemens (250*MX/500)		57 294 000,-	
Hardwarekosten pro Jahr:			
Abschreibungen	10 089 672,-	11 458 800,-	
Zinsen auf Kaufpreis	4 792 594,-	5 442 930,-	
HW-Installationskosten	-,-	36 120,-	
Hardware	14 882 266,-	16 937 850,-	
Laufende Hardwarekosten:			
Wartung	4 316 004,-	6 754 952,-	5,0%
Stromkosten	396 058,-	713 316,-	
Klimatisierung	140 770,-	253 533,-	
Raumkosten	249 000,-	1 161 000,-	
Laufende HW-Kosten	5 101 832,-	8 882 803,-	
Software:			
Unix-Lizenzen	1 022 466,-	1 744 600,-	
DB-/Rosi-SQL-Lizenzen	237 294,-	1 958 670,-	
Software	1 259 760,-	3 703 270,-	
Laufende Softwarekosten:			
Wartung für Systemsoftware	-,-	1 944 078,-	4,0%
Wartung für DB, Rosi-SQL	236 095,-	2 227 167,-	4,0%
Laufende Softwarekosten	236 095,-	4 171 245,-	
Datenübertragung/Netzwerke.			
Übertragungskosten	4 898 730,-	5 105 380,-	
Abschreibungen Netzwerkhardware	1 079 179,-	-,-	
Datenübertragung/Netzwerke	6 398 788,-	5 105 380,-	
Betrieb:			
Operating/Netzverwaltung	2 620 051,-	5 279 065,-	3,5%
Admin./Anwenderbetreuung	595 481,-	783 846,-	3,5%
Schulung Admin./Operating	272 077,-	543 101,-	5,0%
Betrieb	3 487 619,-	6 606 036,-	
Gesamtkosten pro Jahr	31 366 360,-	45 406 584,-	

Bild 18.6./1 Sonderrechnung zum Vergleich einer zentralen/dezentralen Hardwarelösung (vgl. Henger 1993)

Die Gegenüberstellung der beiden Varianten zeigt entgegen vieler Prognosen, dass die Gesamtkosten einer Lösung mit drei Zentralrechnern niedriger sind als eine von der Leistung her vergleichbare dezentrale Lösung mit 250 Servern.

18.7. Externe Vergleiche

Vergleiche mit anderen Unternehmen geben Hinweise auf die Kostenposition eines Unternehmens. Die schweizerische Vereinigung für Datenverarbeitung hat zu Beginn der 80er Jahre einen Kennzahlenkatalog definiert, der externe Vergleiche auf eine objektive Grundlage stellt und damit Aussagen über die Wirtschaftlichkeit der eigenen Informationsverarbeitung im Vergleich zu Wettbewerbern erlaubt (vgl. SVD 1980). Der Katalog wird von vielen schweizerischen Unternehmen angewendet. Bild 18.7./1 zeigt die Kennzahlen.

Leistungskennzahlen	Kostenkennzahlen
• Verfügbarkeit der IT-Infrastruktur	• Kosten je Kostenart
• Durchschnittszeit zwischen Ausfällen	• Mannstundenansatz
• durchschnittliche Anwortzeit	• Maschinenstundenansatz
• Auslastung	• Aufteilung der Kosten auf Hard-, System- und Anwendersoftware
• Anzahl Wiederholungsläufe	• Wert des Programm-Portfolios
	• Anteil EDV-Kosten am Umsatz
	• EDV-Umsatz pro Mitarbeiter
Strukturkennzahlen	**Nutzenkennzahlen**
• Anzahl EDV-Mitarbeiter	• Nutzen-Kosten-Verhältnis
• Altersstruktur der EDV-Mitarbeiter	• Durchdringungsgrad
• Terminaldichte	• EDV-Produktivität

Bild 18.7./1 Kennzahlen

Die Vergleiche der schwedischen Firma "COMPASS", auf die wir bereits im Rahmen der Kontrolle der IT-Infrastruktur eingegangen sind (vgl. 13.4.), enthalten Angaben zur Kostenentwicklung und Kostenstruktur von Rechenzentren (vgl. Krause/Fröhling 1991). Ein Unternehmen kann mit Hilfe dieser externen Vergleiche erkennen, wo Handlungsbedarf besteht und Analysen durchzuführen sind.

Die Interpretation der Kennzahlen - vor allem bei Durchschnittsgrössen aus einer Branche - erweist sich als schwierig, da trotz genauer Definitionen in jedem Unternehmen von einer anderen Zusammensetzung der Kosten ausgegangen wird.

18.8. Zusammenfassung

- Das Finanz- und Rechnungswesen im Informationsmanagement ist dafür verantwortlich, dass die Kosten der Informationsverarbeitung geplant, abgerechnet und an den Benutzer weiterverrechnet werden.

- Die Kosten der IT-Infrastuktur sind durch einen hohen Anteil an Fix- und Gemeinkosten gekennzeichnet. Die Prozesskostenrechnung erweist sich als ein geeignetes Instrument zur Abrechnung der Infrastrukturkosten.

- Die Abrechnung der Projekte erfolgt mittels Projektabrechnungssystemen. Sie basieren auf einer projektbezogenen Erfassung des zeitlichen Einsatzes der Mitarbeiter und der Sachkosten.

- Die Funktion "Controlling" unterstützt den Fachbereich und die EDV/Org-Abteilung bei der Planung und stellt Hilfsmittel zur Unterstützung dieser Aufgabe bereit.

- Sonderrechnungen bilden die Grundlage für wichtige Entscheidungen.

- Externe Vergleiche auf der Grundlage von Kennzahlen zeigen den Verantwortlichen für das Informationsmanagement, wo aus Sicht der Kosten Handlungsbedarf besteht.

19. Management der Methoden und Tools

19.1. Wesen

> Das Management der Methoden und Tools ist für die Auswahl, Einführung und den Betrieb von Hilfsmittel für das Informationsmanagement verantwortlich.

Die Hilfsmittel zur Unterstützung des Informationsmanagements gliedern wir in Methoden und Tools. Als *Methoden* verstehen wir strukturierte und dokumentierte Vorgehensweisen zur Unterstützung bei der Bearbeitung von Aufgaben des Informationsmanagements. *Tools* unterstützen die Methoden durch den Einsatz der Informationstechnik.

Beispiel für eine Methode und das zugehörige Tool sind die Methode des "Information Engineering" und des Tools "Information Engineering Facility (IEF)" von Texas Instruments, auf die wir in Abschnitt 11.3.2. im Rahmen des Entwicklungsprozesses eingegangen sind.

Viele Aufgaben des Informationsmanagements, wie die Entwicklung von Anwendungssoftware, haben in der Praxis einen Komplexitätsgrad erreicht, der die Unterstützung durch Methoden und vor allem durch Tools unbedingt erforderlich macht. So sind selbst gut erfahrene Anwendungsentwickler überfordert, wenn sie Auskunft darüber geben sollen, welche Auswirkungen die Veränderung des Formats eines Datenfeldes auf ein integriertes Informationssystem hat.

Die Verantwortung für den Einsatz von Methoden und Tools liegt bei den Mitarbeitern, die Bedarf an Unterstützung haben, und ihren Vorgesetzten. Sie sind mit der Auswahl und Anwendung der Hilfsmittel betraut.

Folgende Inhalte und Funktionen des Managements der Methoden und Tools, werden wir in diesem Lehrbuch behandeln:

* Methoden und Tools für das Informationsmanagement

* Auswahl von Methoden und Tools

* Einführung neuer Methoden und Tools

19.2.   Methoden und Tools für das Informationsmanagement

Allgemeine Managementmethoden

Methoden der Personalführung, wie Management by Objectives, oder Methoden der strategischen Unternehmensführung, wie Umweltanalysen, sind zwar allgemeine Managementmethoden, werden aber auch im Informationsmanagement eingesetzt.

Darüber hinaus können Moderations- und Präsentationstechniken sowie Hilfsmittel, die die Gruppendynamik von Teams unterstützen, für das Informationsmanagement hilfreich sein.

Umfassende Methoden für das Informationsmanagement

Umfassende Methoden für das Informationsmanagement decken das ganze Spektrum der Aufgaben ab. Beispiele sind:

* St. Galler Informationssystem-Management (vgl. Österle/Brenner/Hilbers 1992)

* Information Systems Management der IBM (vgl. IBM 1988b)

* Informationsmanagement (vgl. Heinrich 1992)

* Management Strategies for Information Technology (vgl. Earl 1989)

Neben diesen Methoden, die das ganze Spektrum der Aufgabe des Informationsmanagements abdecken, existieren Vorschläge, die sich auf einzelne Aufgabenbereiche konzentrieren. So stellt "Business Systems Planning" der IBM (vgl. IBM 1984) eine Methode für die strategische Informationssystem-Planung dar. Andere Methoden gehen auf das Management der Wartung oder der Entwicklung von Softwarearchitekturen ein.

Computerunterstützte Tools zur Unterstützung dieser Methoden finden sich nur in Ausnahmefällen auf dem Markt. Am Institut für Wirtschaftsinformatik an der Hochschule St. Gallen wurde ein multimediales Lernprogramm zur Einführung in das St. Galler Informationssystem-Management entwickelt.

Projektmanagementmethoden

Projektmanagementmethoden stellen den ältesten Teil der Methoden des Informationsmanagements dar. Sie unterstützen ein Unternehmen bei der erfolgreichen Abwicklung von Projekten. Beispiele sind:

- IFA-PASS (vgl. IFA 1988)

- Orgware (vgl. GTI 1988)

- Navigator (vgl. Ernst & Young 1990a)

- PROMET (vgl. 11.4.2., IMG 1994)

Zur Unterstützung des Projektmanagements existiert eine Reihe von Tools. In der Regel unterstützen sie die Termin- und Kostenplanung von Projekten auf der Grundlage von Netzplänen.

Softwareentwicklungsmethoden und -tools

Seit mehr als 20 Jahren werden Methoden zur Unterstützung der Entwicklung von Informationssystemen konstruiert. Beispiele für Methoden, die heute in der Praxis eingesetzt werden, sind die "Information Engineering Method" von Texas Instruments oder "Navigator" von Ernst & Young (vgl. Ernst & Young 1990b). Laufend werden neue Methoden entwickelt, z.B. zur Unterstützung der Entwicklung objektorientierter oder multimedialer Informationssysteme (vgl. Ambron/Hooper 1990, Anderson/Veljkov 1990).

Parallel zur Entwicklung der Softwareentwicklungsmethoden existiert eine Vielzahl an Tools. Moderne Tools basieren auf einer zentralen Entwicklungsdatenbank, die auch als "Data Dictionary" oder "Repository" bezeichnet werden. In ihr werden alle Informationen über das zu entwickelnde Informationssystem gespeichert. Zur Unterstützung der Aufgaben des Entwicklungsprozesses werden spezielle Funktionen, wie die Daten- oder Funktionsmodellierung oder die Generierung von Programmcodes, angeboten.

Beispiele für Tools zur Unterstützung des Entwicklungsprozesses ist die "Information Engineering Facility" von Texas Instruments oder "Maestro II" von Softlab (vgl. TI 1992, Softlab 1994). In jüngster Vergangenheit sind eine Reihe von Tools zur Unterstützung des Business Process Reengineering, wie das ARIS von der IDS und der R/3-Analyzer von SAP, entstanden (vgl. Scheer 1994, Keller/Meinhardt 1994).

Methoden und Tools für die IT-Infrastruktur

Für den Betrieb und die Wartung der IT-Infrastruktur eines Unternehmens existieren ebenfalls Methoden und Tools. Es existieren Hilfsmittel zur Unterstützung der Konfiguration von IT-Infrastrukturen. Die Softwaremonitore, die wir in Abschnitt 13.2. vorgestellt haben, können zu dieser Kategorie von Methoden und Tools gezählt werden.

19.3. Auswahl von Methoden und Tools

Die Auswahl von Methoden und Tools ist dafür verantwortlich, dass Hilfsmittel für das Informationsmanagement ausgewählt werden. Es ist eine Aufgabe, die von jeder Stelle, die Informationsmanagement betreibt, vorgenommen wird. Die Einführung und der Betrieb komplizierterer Methoden und Tools, wie von Anwendungsentwicklungsumgebungen, wird von spezialisierten Stellen unterstützt. Die Praxis zeigt, dass diese Stellen die Tendenz haben, die Beschäftigung mit den Methoden und Tools als Selbstzweck zu betrachten.

Die Auswahl von Methoden und Tools gliedert sich in folgende Funktionen:

*   Bedarfsanalyse

*   Marktbeobachtung

*   Evaluation

Bedarfsanalyse

Jeder Mitarbeiter eines Unternehmens sollte ständig auf der Suche nach Hilfsmitteln sein, um seine Aufgaben effizienter zu erledigen. Durch Analysen, Gespräche mit Kollegen innerhalb und ausserhalb des Unternehmens oder durch Kontakte mit Beratungsunternehmen entstehen Ideen für die Verbesserung der eigenen Arbeitsweise.

Im Rahmen von Beratungsprojekten erkennen externe Spezialisten Möglichkeiten der Produktivitätssteigerungen in einem bestimmten Bereich durch Nutzung neuer Methoden und Tools.

Die dritte Möglichkeit, den Bedarf zu erkennen, besteht in der Analyse der auf dem Markt erhältlichen Methoden und Tools. Durch den Besuch von Messen und Konferenzen oder durch Literaturrecherchen erfahren Mitarbeiter von neuen Hilfsmitteln, die sie zur Steigerung ihrer Produktivität einsetzen können.

Marktbeobachtung

Das Angebot an Methoden und Tools für das Informationsmanagement ist einem schnellen Wandel unterworfen. Kontinuierlich müssen die Unternehmen verfolgen, ob es neue Entwicklungen gibt oder ob sich der Funktionsumfang der bestehenden Methoden und Tools verändert.

Die Beobachtung des Marktes für Methoden und Tools sollte aus Sicht der Benutzer mit Distanz erfolgen. Nicht jedes neue Tool oder jede Erweiterung einer bestehenden Methode sollte als Argument für Veränderungen im Unternehmen angesehen werden. Die Einführung der Methoden (vgl. 19.4.) ist ein langwieriger Prozess. Veränderungen an den eingesetzten Methoden und Tools sollten deshalb nur vorgenommen werden, wenn ein "Quantensprung" in der Produktivität zu erwarten ist.

Evaluation

Die Evaluation vergleicht die alternativen Angebote und führt so zu dem Produkt, das für ein Unternehmen geeignet ist.

Ausgangspunkt der Evaluation sind die Anforderungen des Unternehmens an die Hilfsmittel hinsichtlich Abdeckungsgrad der Unterstützung sowie dessen Entwicklungspotential. Ebenfalls in die Evaluation einbezogen wird das Leistungsspektrum und das Image des Anbieters.

Von grosser Bedeutung für die Bewertung alternativer Angebote sind *eigene Erfahrungen* mit den Hilfsmitteln. So sollten beispielsweise Projektmanagementmethoden und Softwareentwicklungstools in einem Pilotprojekt angewendet werden, bevor über sie entschieden wird.

Angestrebt werden sollte eine möglichst *objektive Grundlage* für die Bewertung der Methoden und Tools. Dabei kann auch auf Erfahrungen anderer Unternehmen zurückgegriffen werden. Beispiel 20 zeigt, wie am Institut für Wirtschaftsinformatik der Hochschule St. Gallen Softwareentwicklungsmethoden verglichen wurden.

> *Beispiel 20: Kompetenzzentrum RIM (Rechnerunterstütztes Informationsmanagement)*

Im Rahmen des Forschungsprogramms IM2000 am Institut für Wirtschaftsinformatik der Hochschule St. Gallen wurde im Kompetenzzentrum "Rechnerunterstütztes Informationsmanagement (RIM)" gemeinsam mit sieben Unternehmen ein Referenzbeispiel und -modell für Methoden und Werkzeuge der Anwendungsentwicklung erarbeitet (vgl. Österle/Gutzwiller 1992, Gutzwiller 1994).

Das Referenzbeispiel besteht aus inhaltlich zusammenhängenden Entwurfser-
gebnissen. Es wird auf einem Softwaretool, wie der Information Engineering
Facility von Texas Instruments, implementiert. Die dabei gewonnenen
Erfahrungen erlauben eine gute Einschätzung der Leistungsfähigkeit.

Das Referenzmodell liefert über verschiedene Methoden hinweg eine einheit-
liche terminologische Grundlage und stellt die Ergebnisse der Einzel-
evaluation in einen Gesamtzusammenhang.

19.4. Einführung neuer Methoden und Tools

Die Einführung von Methoden und Tools hat das Ziel, ausgewählte Hilfsmittel
des Informationsmanagements im Unternehmen zu implementieren.

Methoden und Tools, die auf dem Markt erhältlich sind, repräsentieren Ideal-
modelle. Wenn sich ein Unternehmen für ein Hilfsmittel entschieden hat, muss
eine Anpassung an das eigene Unternehmen vorgenommen werden und dieses
im Rahmen eines Prozesses der *Organisations- und Personalentwicklung*
systematisch eingeführt werden (vgl. Argyris 1990, Schön 1984, Beckhard/
Harris 1987). Beispiel 21 zeigt den Anpassungsprozess des St. Galler Informationssystem-Managements an die Bedürfnisse eines Unternehmens.

Beispiel 21: Die Anpassung des St. Galler Informationssystem-Managements

Das St. Galler Informationssystem-Management enthält einen umfassenden
Ansatz zur Planung, Verabschiedung, Umsetzung und Kontrolle von Informa-
tionssystemen. Es ist in fünf Ebenen gegliedert (vgl. 19.4./1).

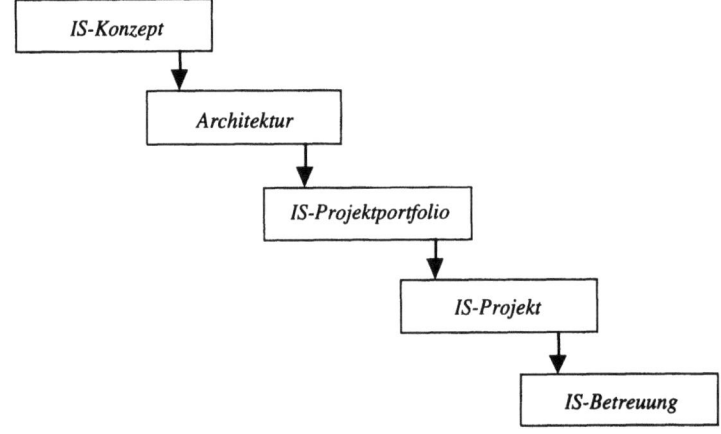

Bild 19.4./1 Die fünf Ebenen des St. Galler Informationssystem-Managements

Die Inhalte werden auf den fünf Ebenen so dargestellt, dass Unternehmen unterschiedlicher Grösse und Branchenzugehörigkeit Ansatzpunkte für Veränderungen des eigenen Informationsmanagements erkennen können. Die Beschreibung und die Terminologie des Modelles sind allgemein gehalten.

Eine Einführung dieses Modells in einem Unternehmen bedeutet, dass Terminologie und Inhalte des Modells auf ein bestimmtes Unternehmen angepasst werden. Auf der Grundlage der allgemeinen Beschreibung wird eine spezielle Methode für ein Unternehmen entwickelt. So wird beispielsweise unternehmensspezifisch geprüft, welche Funktionen und Dokumente aus dem Idealmodell für ein Unternehmen notwendig sind.

Umsetzungsbarrieren

Die Einführung neuer Methoden und Tools stösst immer wieder auf Widerstände bei den zukünftigen Benutzern. Diese Umsetzungsbarrieren müssen frühzeitig erkannt und bei der Einführung berücksichtigt werden, um mögliche Verbesserungen nicht zu gefährden. Quellen für Umsetzungsbarrieren können sein:

- die Methoden und Tools selbst, aufgrund ihrer hohen Komplexität

- fehlende Unterstützung durch die Leitung

- das Projektmanagement bei der Einführung durch unklare Zieldefinitionen und fehlender Erfahrung mit den Methoden und Tools

- der Benutzer durch mangelndes Selbstbewusstsein, Misstrauen gegenüber Neuem sowie Angst vor Veränderungen

Einführungsprozess einer Methode oder eines Tools

Der Prozess der Einführung neuer Hilfsmittel ist als eine bewusste Veränderung anzusehen und muss deshalb von allen Beteiligten getragen und als inhaltlicher und sozialer Lernprozess verstanden werden. Grundlage ist eine offene und frühzeitige *Information der Betroffenen.*

Erster Schritt im Rahmen der Einführung ist das Aufstellen eines Projektteams. Wie bei der Entwicklung von Anwendungen ist es von grosser Bedeutung, dass die zukünftigen Benutzer von Beginn an einbezogen werden. Bevor mit der eigentlichen Einführung begonnen wird, sind alle Projektmitarbeiter in der neuen Methode oder dem Tool zu schulen.

Im zweiten Schritt werden die Methoden und Tools auf das eigene Unternehmen angepasst. Grundlage sind die Erfahrungen mit dem Prototypen, der im Rahmen der Evaluation errichtet wurde. Der Umfang der Anpassungen ist abhängig vom Hilfsmittel. So wird bei der Einführung des St. Galler Informationssystem-Managements ein spezielles Informationsmanagement-Handbuch erstellt.

Die Verbreitung der Methode oder des Tools beginnt mit der Schulung der zukünftigen Benutzer. Dabei ist eine Schulung "on the job" einer theoretischen Einführung vorzuziehen.

Nach Abschluss der Schulung kann mit der Anwendung des neuen Hilfsmittels begonnen werden, wobei am Anfang den Benutzern die Mitglieder des Projektteams, welche die Anpassung an das Unternehmen vorgenommen haben, zur Seite gestellt werden sollten.

Nicht alle neuen Hilfsmittel werden in einem grösseren Projekt eingeführt. Kleinere Methoden und Tools wählt der Benutzer selbst aus, passt sie an und setzt sie nach Studium der Handbücher oder eines Demonstrationsbeispiels ein.

19.5. Kontrolle der Methoden und Tools

Ziel der Kontrolle der Methoden und Tools ist es, sicherzustellen, dass die eingesetzten Hilfsmittel den erwarteten Nutzen bringen. Nach Abschluss der Einführung neuer Methoden und Tools prüfen die Verantwortlichen, ob die geplanten Ziele erreicht wurden. Bestehen Abweichungen, treffen die Mitarbeiter Massnahmen, um die Ziele zu erreichen, z.B. zusätzliche Beratung.

Die Ergebnisse der Beratung werden dokumentiert, damit sie für das weitere Management der Methoden und Tools zur Verfügung stehen.

19.6. Zusammenfassung

- Methoden sind strukturierte und dokumentierte Vorgehensweisen, um die Erledigung von Aufgaben des Informationsmanagements zu unterstützen. Tools unterstützen die Methoden durch den Einsatz der Informationstechnik.

- Das Spektrum der Methoden und Tools, die im Informationsmanagement zum Einsatz kommen, ist breit. Es reicht von allgemeinen Managementmethoden, über spezielle Methoden für das Informationsmanagement, Projektmanagementmethoden und -tools und Softwareentwicklungsmethoden und -tools bis hin zu informationstechnisch orientierten Methoden und Tools.

- Die Auswahl der Methoden gliedert sich in eine Bedarfsanalyse, Marktbeobachtung und Evaluation.

- Die Einführung neuer Methoden und Tools ist ein Prozess der Organisations- und Personalentwicklung. Die Methoden und Tools, die auf dem Markt erworben werden, sind auf die spezifischen Bedürfnisse eines Unternehmens anzupassen. Barrieren bei der Einführung können durch die Hilfsmittel, die Organisation, das Projektmanagement und die Benutzer selbst aufgebaut werden.

- Eine systematische Kontrolle prüft, ob die geplanten Ziele durch den Einsatz neuer Methoden und Tools erreicht werden.

20. Beschaffung

20.1. Wesen

> Beschaffung ist der Teil des Informationsmanagements, der auf der Grundlage innerbetrieblicher Evaluationen von Hardware, Software, incl. schlüsselfertiger Anwendungen, und Netzwerke mit den Lieferanten in Kontakt tritt, Konditionen vereinbart, Verträge abschliesst und dafür sorgt, dass die Bestellungen fristgerecht geliefert werden.

Das Einkaufsvolumen für Produkte der Informationstechnik und in diesem Zusammenhang stehende Dienstleistungen ist in den vergangenen Jahren stark gewachsen. Es lohnt sich deshalb, die Beschaffung als eigenständige Funktion des Informationsmanagements zu betrachten. Eine besondere Rolle im Rahmen der Beschaffung stellt der Kauf von Standardsoftware oder von Turn-Key-Anwendungen (vgl. 2.2.) dar.

Ziel der Funktion "Beschaffung" ist die Bereitstellung der gewünschten Produkte zum richtigen Zeitpunkt in der erwarteten Funktion für die Mitarbeiter des Unternehmens.

Verantwortlich für die Beschaffung in einem Unternehmen ist keine eigene Stelle, sondern die Mitarbeiter, die für das einzelne Beschaffungsvorhaben das grösste Know-how besitzen. So ist der Leiter des Rechenzentrums für die Beschaffung von Grossrechnern verantwortlich oder der Leiter eines Anwendungsprojekts für die Beschaffung der Software, die zur Erreichung der Projektziele notwendig ist. Beraten werden die Spezialisten von Mitarbeitern der Einkaufsabteilung eines Unternehmens. Sie bringen das entsprechende Wissen und Verhandlungsgeschick ein, um optimale Konditionen für ein Unternehmen zu erreichen.

Die Beschaffung gliedert sich in folgende Funktionen:

* Konzeption einer Beschaffungspolitik

* Durchführung der Beschaffung

* Absicherung des Beschaffungsprozesses

20.2. Konzeption einer Beschaffungspolitik

Die Konzeption der Beschaffungspolitik legt die mittelfristigen Grundlagen für die Einkaufsvorgänge im Informationsmanagement eines Unternehmens fest.

Sie ist in knapper Form im IV-Leitbild zusammengefasst. Eine längere Fassung kann als eigenständiges Dokument von der Leitung der EDV/Org-Abteilung in Zusammenarbeit mit den Einkaufsspezialisten erarbeitet werden.

Die Matrix in Bild 20.2./1 bildet die Grundlage einer Differenzierung der Beschaffungspolitik auf der Basis einer Segmentierung nach dem Charakter der Beschaffung und dem Einkaufsvolumen.

		Charakter der Beschaffung			
		laufend		**einmalig**	
Einkaufsvolumen	groß	Beschaffungspolitik:	zentral	Beschaffungspolitik:	dezentral
		Vertragsart:	Rahmenvertrag	Vertragsart:	Verhandlungen
		Hauptkriterium für Lieferantenauswahl:	Liefertreue	Hauptkriterium für Lieferantenauswahl:	Service
		Produktbeispiel:	PC	Produktbeispiel:	Workstation
	klein	Beschaffungspolitik:	zentral	Beschaffungspolitik:	dezentral
		Vertragsart:	Rahmenvertrag	Vertragsart:	Verhandlungen
		Hauptkriterium für Lieferantenauswahl:	Preis	Hauptkriterium für Lieferantenauswahl:	Qualität
		Produktbeispiel:	Papier	Produktbeispiel:	Mobiltelefon

Bild 20.2./1 Vier Grundtypen der Beschaffungspolitik

Laufende, kleine Beschaffungsvorhaben, wie z.B. Papier oder Druckerpatronen, werden zentral abgewickelt, um möglichst hohe Mengenrabatte zu erzielen. Das Unternehmen schliesst mit den Lieferanten Rahmenverträge ab, die eine rasche Beschaffung im Einzelfall ohne Neuverhandlungen ermöglicht. Die wichtigsten Kriterien bei der Lieferantenauswahl sind Qualität und Preis. Verantwortlich für diesen Typ von Beschaffungsvorhaben sollte eine zentrale Stelle sein.

Laufende, grosse Beschaffungsvorhaben, wie PCs, werden ebenfalls mit Hilfe von Rahmenverträgen abgewickelt. Die wichtigsten Kriterien bei der Lieferantenauswahl sind neben dem Preis Qualität, Liefertreue und Service. Die Verantwortung für Einkäufe sollte so weit wie möglich zentral organisiert sein, um aufgrund des oft beträchtlichen Einkaufsvolumens gute Konditionen zu erhalten.

Einmalige, kleine Beschaffungsvorhaben, wie z.B. ein Mobiltelefon, werden ad-hoc abgewickelt. Wenn möglich wird mit dem Lieferanten verhandelt. Qualität und Preis entscheiden über die Auswahl eines Lieferanten. Die jeweiligen dezentralen Stellen, bei denen der Bedarf anfällt, sind für diesen Typ von Beschaffungsvorhaben verantwortlich.

Zentraler Punkt bei grossen, einmaligen Beschaffungsvorhaben, wie z.B. Grossrechnern, sind die Verhandlungen mit dem Lieferanten über Konditionen und Service. Da das Volumen einzelner Beschaffungsobjekte oft mehrere Millionen DEM erreicht, können sich die Verhandlungen oft über längere Zeit hinziehen, was eine rechtzeitige Bedarfsplanung erforderlich macht. Verantwortlich für diesen Typ von Beschaffungsvorhaben sind die jeweiligen Spezialisten. So ist der Leiter der Telekommunikation für die Beschaffung des Netzwerkes verantwortlich.

Flottenpolitik

Bis vor wenigen Jahren stand die sogenannte "*Flottenpolitik*" im Vordergrund der Beschaffungspolitik. Dies bedeutet, dass wenige Anbieter ausgewählt wurden, deren Produkte im Unternehmen zum Einsatz kamen. So haben sich viele Unternehmen in den kaufmännischen Bereichen für Produkte der IBM und im technisch-wissenschaftlichen Bereich für Produkte der DEC entschieden.

Die zunehmende Standardisierung der Hardware und Software sowie der vielfältige Einsatz von Standardsoftware auf allen Verarbeitungsebenen zwingt die Unternehmen, eine *Beschaffungspolitik* zu konzipieren. Eine zeitgemässe Beschaffungspolitik regelt nicht im Sinne einer "Flottenpolitik", von welchen Lieferanten die Produkte zu kaufen sind, sondern stellt Anforderungen an die Produkte und Lieferanten. Die Anforderungen an die *Lieferanten* umfassen Kriterien, wie Positionierung am Markt, Image oder Service. Eine besondere Bedeutung nehmen in diesem Zusammenhang die Serviceleistungen ein. Generelle Anforderungen an *Produkte* umfassen Kriterien wie Einhaltung von Standards, Qualität, Preis und Garantieumfang.

Konkurrenz bei der Beschaffung

Eine grundlegende Vorgabe in der Beschaffungspolitik ist das Prinzip, dass in einem Unternehmen nach Möglichkeit nur in einer *Konkurrenzsituation* beschafft werden sollte. Dies bedeutet, dass bei einer Entscheidung mindestens zwei Angebote eingeholt werden sollten. Beschaffungen, die eine bestimmte Grösse überschreiten, müssen nach den GATT- bzw. auch den EU-Bestimmungen international ausgeschrieben werden. Dies ist in Deutschland für Beschaffungsvorhaben der öffentlichen Hand in den Sektoren Telekommunikation, Wasser, Energie und Transport bei Investitionen von mehr als 300 000 ECU verbindlich.

Beschaffung und Ökologie

Ökologische Kriterien sollten bei der Auswahl der Hardware in Zukunft verstärkt Berücksichtigung finden (vgl. 6.6.). Produkte, die in ein Konzept zum Recycling eingebunden sind, sollten bevorzugt ausgewählt werden. In manchen Ländern existieren bereits Verordnungen, wie in Deutschland die Elektronikschrottverordnung, welche die Grundlage für ein allgemeines Recyclingkonzept für Elektronikgüter darstellen.

Aus ökologischer Sicht kommt dem Kriterium "Energieverbrauch" zukünftig eine entscheidende Bedeutung zu. Die rasante Vermehrung dezentraler Informationstechnik, wie persönliche Workstations, Laserdrucker und Faxgeräte, haben zu einem Anstieg des Energieverbrauchs geführt. Die gezielte Auswahl von Geräten nach ihrem Energieverbrauch hilft, mittelfristig die Steigerung des Energieverbrauches zu begrenzen.

Am Beispiel eines Druckers kann deutlich gemacht werden, welche produktübergreifenden Anforderungen an "ökologische Hardware" gestellt werden (vgl. 20.2./2).

•	Material:	Wiederverwertbare, dioxinfreie Stoffe
•	Produktion:	FCKW-freie Herstellungsverfahren
•	Transport:	Rückstandsfreie Verpackungsentsorgung
•	Betrieb:	Permanentdruckkopf mit wiederbefüllbaren Kartuschen
•	Service:	Reparaturfähige Baugruppenelemente
•	Recycling:	Kennzeichnung des Materials zur Realisierung eines Materialwirtschaftskreislaufes

Bild 20.2./2 Kennzeichen "ökologischer Hardware" am Beispiel eines Druckers

20.3. Durchführung der Beschaffung

Die Beschaffung der einzelnen Produkte, die im Rahmen des Informationsmanagements gekauft werden, wird unterschiedlich durchgeführt. Beispielsweise unterscheidet sich die Beschaffung eines Grossrechners vom Kauf eines
PCs oder eines Druckers. Die Durchführung der Beschaffung ist abhängig von
der Beschaffungspolitik, da sie die Vorgehensweise bei der Lieferantenauswahl
und bei den Vertragsverhandlungen bestimmt.

Die folgenden Ausführungen sind auf den Kauf von Gütern mit grossem
Einkaufsvolumen ausgerichtet. Sehr oft werden diese Beschaffungsvorhaben in
Projekten abgewickelt (vgl. Schreiber 1994). In angepasster Form gelten sie
aber auch für den Kauf von Produkten mit geringerem Volumen.

Bedarfsermittlung

Erste Aufgabe innerhalb des Beschaffungsprozesses ist die Bedarfsermittlung.
Die Einkäufer übernehmen aus den laufenden Aufgaben oder den Projekten
den Bedarf an Hardware, Software, Netzwerken sowie Dienstleistungen. Durch
Gespräche mit den Betroffenen verschaffen sie sich ein Bild über favorisierte
Produkte, geplante Mengen und angestrebte Qualität.

Bei Beschaffungsvorgängen, die zu Ausschreibungen führen, ist ein *Pflichtenheft* zu erstellen, das die zu beschaffenden Produkte präzise umschreibt. Bild
20.3./1 zeigt die Gliederung eines Pflichtenheftes, wie sie von Schreiber vorgeschlagen wird.

```
•  Ausgangslage

•  Ist-Zustand

•  Ziele

•  Anforderungen

•  Mengengerüst

•  Aufbau der Offerte

•  Administratives

•  Fragenkatalog
```

Bild 20.3./1 Gliederung eines Pflichtenheftes (vgl. Schreiber 1994)

Es empfiehlt sich, die geforderten Spezifikationen schriftlich niederzulegen. Im
Teil "Anforderungen" sollten nicht nur die Funktionalität des Produktes,

beschrieben werden, sondern auch dessen Bedeutung für die Organisation. Ergänzt wird die Beschreibung durch einen Hinweis auf die Integrationsmöglich-
keiten des Produktes in die bestehende Organisation.

Auswahl Lieferanten

Zusammen mit den Mitarbeitern, die den Bedarf ermittelt haben, wählen die
Einkäufer die potentiellen Lieferanten aus. Dabei werden die Vorgaben aus der
Beschaffungspolitik (vgl. 20.2./1) umgesetzt.

Die Qualität der Einkäufer zeigt sich daran, ob es ihnen gelingt, neue Beschaffungsquellen oder -wege zu erschliessen, die für das Unternehmen von Nutzen
sind. Dabei kann die Frage eine Rolle spielen, ob eine Zentraleinheit neu oder
ob ein gebrauchtes Produkt von einem Händler gekauft wird. Weitere Möglichkeiten bestehen im Bezug von Produkten aus internationalen Quellen.

Die innerbetriebliche Lebensdauer vieler Produkte der Informationstechnik ist
lang. So beträgt die Lebensdauer von Hardware oft mehr als zehn Jahre. Die
Dauer des Einsatzes hängt davon ab, wie lange der Lieferant in der Lage ist,
sein Produkt an ein verändertes Umfeld anzupassen. Bei der Auswahl des
Lieferanten ist deshalb zu prüfen, ob der Lieferant genügend wirtschaftliche
Potenz besitzt, um über einen längeren Zeitraum zu überleben.

Vertragsverhandlungen

Sind die Beschaffungsquellen identifiziert, beginnen die Einkäufer mit den
Vertragsverhandlungen. Dabei werden Preis und Rabatte, Finanzierungsbedin-
gungen sowie Liefer- und Zahlungstermine ausgehandelt. Durch geschicktes
Verhandeln können beträchtliche Vorteile erzielt werden.

Innerhalb des Beschaffungsprozesses können Vertragsverhandlungen entfallen,
wenn das Unternehmen zuvor mit dem Lieferanten *Rahmenverträge* abgeschlossen hat. Die in den Rahmenverträgen festgesetzten Konditionen sind
über den vereinbarten Zeitraum gültig.

Abschluss

Letzter Schritt des Einkaufsprozesses ist der Abschluss des Vertrags, d.h. die
Vereinbarungen über Lieferungen und Leistungen, gegenseitige Verpflich-
tungen sowie mögliche Strafen bei Zuwiderhandlungen werden in schriftliche
Form gebracht und von den Vertragsparteien unterzeichnet. Es empfiehlt sich,
sämtliche Vereinbarungen schriftlich zu fixieren.

20.4. Absicherung des Beschaffungsprozesses

Nach wie vor gibt es in vielen IV-Projekten und bei der Beschaffung der IT-Infrastruktur in Unternehmen wegen fehlender Funktionalität, Kosten- oder Terminüberschreitungen Schwierigkeiten, die in vielen Fällen vor den Gerichten enden. Probleme bei der *Entwicklung von Anwendungssoftware durch Dritte* sind dabei häufig. Ihre Vermeidung steht im Mittelpunkt dieses Abschnittes.

Rechtliche Probleme im Informationsmanagement

Im Zusammenhang mit dem Informationsmanagement tauchen in der betrieblichen Praxis immer wieder folgende Probleme (vgl. Widmer 1992) auf:

- unrealistische Festlegungen von Terminen, z.B. bzgl. Projektende, Einführungsbeginn oder Beginn des produktiven Einsatzes

- ungenügende Umschreibung des Leistungsobjektes

- mangelhafte Erfüllung der Leistungen im Hinblick auf Qualität, Kosten und Termine

- Verletzungen von Mitwirkungspflichten der Anwender, z.B. bei der Festlegung und Anpassung von Systemanforderungen

- Verletzungen von Informations- und Aufklärungspflichten durch Anbieter oder externe Berater z.B. in bezug auf unrealistische Zielvorgaben

- personelle Probleme des Anbieters durch Fluktuation oder Krankheit

- Probleme bei Zulieferanten

Die rechtliche Absicherung hilft, Risiken bei der Beschaffung zu reduzieren. Es empfiehlt sich bei grösseren Investitionen, die Hilfe spezialisierter Juristen in Anspruch zu nehmen.

Ausservertragliche Absicherung des Beschaffungsprozesses

Beschaffungsprozesse für Produkte der Informationstechnik sind mit beträchtlichen *Risiken* verbunden. Im Sinne einer ausservertraglichen Absicherung sollte man sich an folgenden Prinzipien orientieren (vgl. Zahrndt 1987):

- Gesamtleistung bedenken, d.h. die Kaufentscheidung nicht an einem (kleinen) Teil des Angebots des Lieferanten orientieren

- Bewährtes beschaffen, um die speziellen Risiken innovativer Produkte auszuschliessen

- Vorsicht walten lassen, d.h. nicht überstürzt entscheiden, sondern gegenüber der angebotenen Lösung, dem Anbieter und besonderen Preisnachlässen vorsichtig zu sein

- Benutzerdokumentation beachten, denn sie bietet vor allem beim Kauf von Software eine Beurteilungsgrundlage, ob die Lösung von den Benutzern verstanden wird

Vertragsgestaltung

Das Spektrum der Inhalte, die Gegenstand der Verträge im Rahmen des Informationsmanagements sind, ist breit. Die folgenden Elemente erweisen sich vor allem bei der Beschaffung von Standardsoftware als bedeutsam (vgl. Zahrndt 1987, Widmer 1992):

- Die Projektführung ist zu bestimmen, d.h. das Projektleitungsteam und seine Kompetenzen, die Beschlussfassungsmodalitäten sowie einen Projektleiter beim Anbieter und ein Ansprechpartner beim Kunden.

- Ein zentraler Teil der Verträge ist die Beschreibung der *Leistung*, die vom Anbieter zu erbringen ist. Es empfiehlt sich, Unterlagen, wie das Pflichtenheft oder Angaben zur IT-Infrastruktur und die Abnahmebedingungen, als Anhänge in den Vertrag zu integrieren.

- Der Vertrag muss klare Aussagen treffen, wie *Leistungsveränderungen* vorgenommen werden und wie die Vergütung bei Veränderungen angepasst wird. Beim Kauf von Standardsoftware ist es wichtig, dass Veränderungen an der Software Bestandteile des Vertrags sind.

- Ein weiterer Teil des Vertrags regelt die *Planung der Termine*. Dabei können Sanktionen in Form von Konventionalstrafen bei Terminüberschreitungen vorgesehen werden.

- *Zahlungsmodalitäten und -termine* bilden im Informationsmanagement essentielle Bestandteile eines Vertrags.

- Die *Beseitigung von Fehlern* ist zu regeln.

- Ein weiterer Punkt des Vertrags beschäftigt sich mit der *Inbetriebnahme*. Im Vordergrund stehen Aussagen zu den Abnahmemodalitäten, z.B. durch welche Personen, und den Abnahmekriterien.

- Umfang, Beginn und Dauer der *Gewährleistung* müssen geregelt werden.

- Regelungen bzgl. des *Umfangs des Einsatzrechtes*, wie Fragen hinsichtlich der Verbreitung auf anderen Zentraleinheiten, Nutzung durch Dritte oder Sanktionen bei Vertragsverletzungen sind zu treffen.

- Die *Mitwirkungspflichten* des Benutzers sind zu regeln.

- Bei Standardsoftwareprogrammen ist festzulegen, wo der *Quellcode hinterlegt* wird, damit im Fall des Konkurses des Lieferanten die Software weiterentwickelt werden kann.

- *Preiserhöhungen* und getrennt zu verrechnende *Nebenkosten* festlegen.

Weitere Fragen im Rahmen der Vertragsgestaltung betreffen die Allgemeinen Geschäftsbedingungen (AGB) der Anbieter, die Fragen, ob Standard- oder individuelle Verträge ausgehandelt werden und wie Verträge, an denen mehr als zwei Parteien, z.B. ein Hardware- und Softwarelieferant, mitwirken, gestaltet werden.

Umfang der rechtlichen Absicherung

Die rechtliche Absicherung beschränkt sich nicht auf die Vertragsgestaltung. Sie beginnt in der Evaluationsphase, in dem juristische Randbedingungen als Kriterien eine Rolle spielen. Sie setzt sich in der Ausschreibungs- und Verhandlungsphase fort und ist auch nach Vertragsabschluss in der Realisierungsphase notwendig, wenn Terminschwierigkeiten auftreten oder der Vertragspartner Konkurs anmelden muss.

20.5. Zusammenfassung

- Beschaffung ist der Teil des Informationsmanagements, der auf der Grundlage der innerbetrieblichen Evaluationen mit den Lieferanten in Kontakt tritt, Konditionen aushandelt sowie die Verträge schliesst und dafür sorgt, dass die Bestellungen geliefert werden.

- Die Beschaffungspolitik bildet die Grundlage für Beschaffungsentscheidungen. Sie legt die Anforderungen, die an die Lieferanten und ihre Produkte gestellt werden, fest.

- Der Beschaffungsprozess gliedert sich in die Ermittlung des Bedarfs, die Auswahl der Lieferanten, die Vertragsverhandlungen und den Vertragsabschluss.

- Die rechtliche Absicherung des Beschaffungsprozesses reduziert die Risiken.

Teil VI: Organisation

Der sechste Teil dieses Lehrbuches beschäftigt sich mit der Organisation des Informationsmanagement. Bild VI./1 zeigt, wie die Organisation in das Informationsmanagement eingebettet ist und aus welchen Bereichen sie sich zusammensetzt.

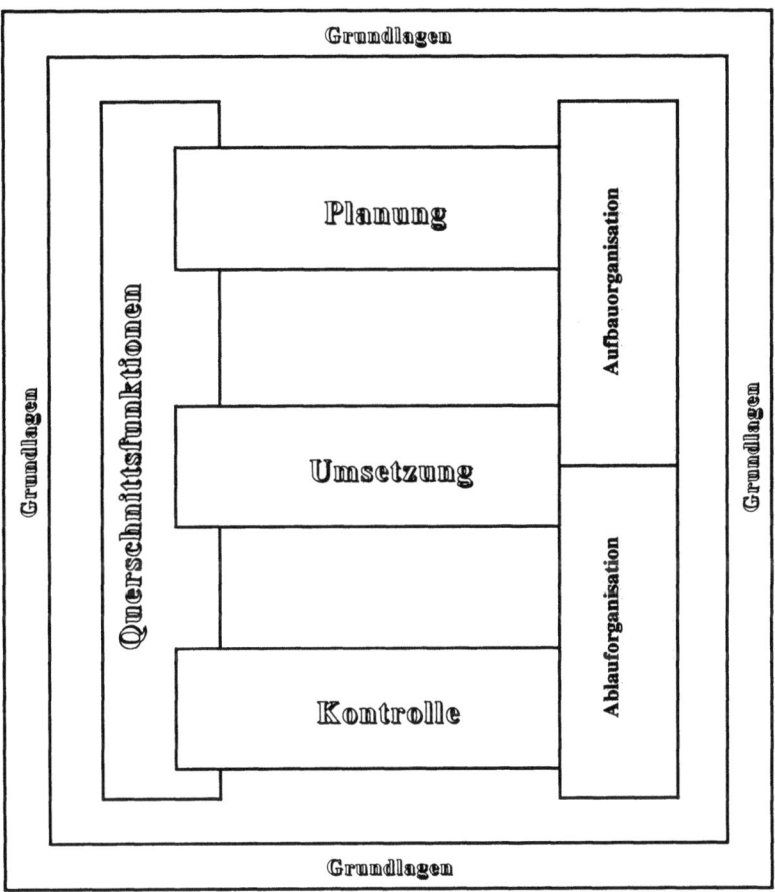

Bild VI./1: Organisation als Teil des Informationsmanagements

Die *Aufbauorganisation* des Informationsmanagements legt fest, welche Stellen für das Informationsmanagement notwendig sind, für welche Aufgaben sie verantwortlich sind und wie sie in die Struktur des Unternehmens eingebettet sind. Sie ordnet die Funktionen des Informationsmanagements, die wir in den Teilen 3 bis 5 dieses Lehrbuches beschrieben haben, organisatorischen Einheiten zu. Über diese klassischen Fragen der Aufbauorganisation hinaus

werden im Rahmen dieses Teiles des Lehrbuches Fragen der Zentralisierung/
Dezentralisierung des Informationsmanagements und der Verlagerung nach
aussen (Outsourcing) behandelt.

Die *Ablauforganisation* des Informationsmanagements zeigt, wie die einzelnen
Funktionen der Teile 3 bis 5 ablaufen. Im Vordergrund steht ein Führungskreislauf aus den drei Führungsfunktionen "Planung", "Umsetzung" und "Kontrolle".

21. Aufbauorganisation

21.1. Wesen

Die Aufbauorganisation für das Informationsmanagement muss - wie für jede andere Funktion des Unternehmens - explizit festgelegt werden. Nur Strukturen, die für alle Beteiligten verständlich und nachvollziehbar sind, gewährleisten eine zielorientierte Abwicklung des Informationsmanagements.

Die Inhalte des Kapitels "Aufbauorganisation des Informationsmanagements" sind im folgenden:

- Aufgabenverteilung zwischen EDV/Org-Abteilung und Fachbereich
- Organisatorische Einordnung der EDV/Org-Abteilung in das Unternehmen
- Stellen des Informationsmanagements
- Dezentralisierung der EDV/Org-Abteilung
- Outsourcing

21.2. Aufgabenverteilung zwischen EDV/Org-Abteilung und Fachbereich

Zu Beginn der Entwicklung der computerunterstützten betrieblichen Informationsverarbeitung in den 60er Jahren nahm die EDV/Org-Abteilung fast alle Aufgaben des Informationsmanagements selbständig wahr. Sie plante die Anwendungen, die Kapazitäten und entwickelte unter minimaler Beteiligung des Fachbereichs die Anwendungen.

Viele fehlgeschlagene Projekte und eine Reihe von Anwendungen, die an den Bedürfnissen der Benutzer vorbei entwickelt wurden, führten dazu, dass heute ein Konsens darüber besteht, dass der Fachbereich eine massgebende Rolle im Informationsmanagement trägt. Er entscheidet, welche Anwendungen mittel- und kurzfristig entwickelt werden und übernimmt die Verantwortung für die Anwendungsprojekte. Diese "Grundregel" bildet die Basis für die Verteilung der Aufgaben des Informationsmanagements auf alle Bereiche des Unternehmens (vgl. Rockart 1988).

Bild 21.2./1 enthält einen Vorschlag für die Verteilung der Aufgaben zwischen EDV/Org-Abteilung, Fachbereich und spezialisierten Stellen innerhalb des Unternehmens. Grundlage sind die Funktionen aus den Teilen 3 - 5 dieses Buches.

Funktionen \ Bereiche	Fachbereich	EDV/Org-abteilung	spezialisierte Stellen
IT-orientiertes Innovationsmgmt.	●	◖	
Lgfr. Planung des Informationssystems	●	◖	
Lgfr. Planung der IT-Infrastruktur	◖	●	
Entwicklung des IV-Leitbildes	◖	●	
IV-Entwicklungsplanung	●	◖	
Kurzfristige Planung	●	●	● 1)2)
Projektmgmt.: Anwendungsprojekte	●	◖	
Projektmgmt.: IT-Infrastrukturprojekte	◖	●	
Betrieb der IT-Infrastruktur		●	
Kontrolle der IT-Infrastruktur		●	◖ 4)
Kontrolle des Informationssystems	●	◖	◖ 4)
Kontrolle des Geschäfts	●		◖ 4)
Personalmanagement			● 1)
Sicherheitsmanagement		●	
Finanz- und Rechnungswesen	◖	◖	● 2)
Management der Methoden und Tools	◖	●	
Beschaffung	●	●	● 3)

● = Verantwortung und Ausführung   ◖ = Mitarbeit

1) = Personalabteilung   2) = Finanz- und Rechnungswesen
3) = Einkaufsabteilung   4) = Revisionsabteilung

Bild 21.2./1 Verteilung der Aufgaben des Informationsmanagements

Das Bild veranschaulicht, dass Aufgaben, die mit der Gestaltung der Informationsverarbeitung und der Verteilung der Ressourcen in Verbindung stehen, in die Verantwortung des Fachbereichs fallen. Tätigkeiten, die sich mit der Informationstechnik beschäftigen, liegen im Verantwortungsbereich der EDV/Org-Abteilung.

21.3. Organisatorische Einordnung der EDV/Org-Abteilung in das Unternehmen

Für die organisatorische Einordnung der EDV/Org-Abteilung in einem Unternehmen stehen verschiedene Alternativen zur Verfügung (vgl. Mensching/ Adams 1991, Weidner/Pietsch 1992).

EDV/Org-Abteilung als Teil des Finanz- und Rechnungswesens

Die ersten EDV/Org-Abteilungen waren Ende der 60er und zu Beginn der 70er Jahre in vielen Unternehmen ein Teil der Finanz- und Rechnungswesensabteilung (vgl. 21.3./1).

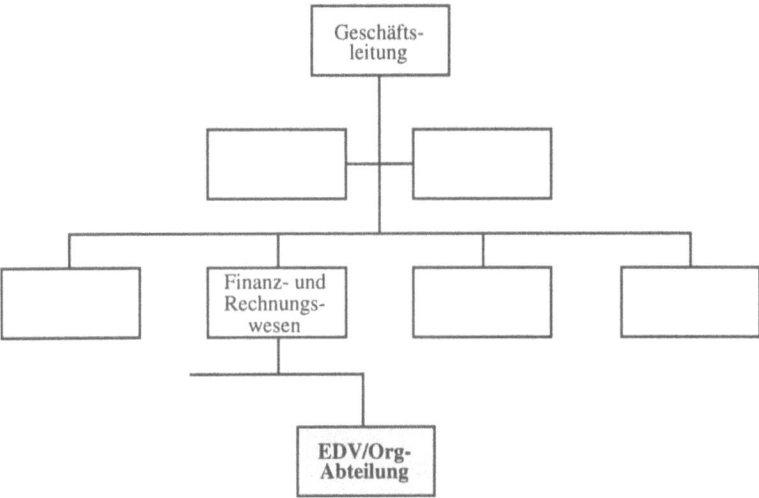

Bild 21.3./1 EDV/Org-Abteilung als Teil des Finanz- und Rechnungswesens

Die "Automatisierung" des Finanz- und Rechnungswesens bildete den Ausgangspunkt der computerunterstützten Informationsverarbeitung. Der Leiter dieses Fachbereichs übernahm die Verantwortung für das Informationsmanagement. Diese Positionierung der EDV/Org-Abteilung hatte den Vorteil, dass ein direkter Kontakt zum Fachbereich bestand, da man demselben Vorgesetzten unterstellt war.

Von den Führungskräften des Finanz- und Rechnungswesens wurde in dieser Konstellation eine intensive Beschäftigung mit der Informationstechnik gefordert, obwohl sie auf diesem Gebiet keine oder nur eine unzureichende Ausbildung besassen.

Mit zunehmender Bedeutung der Informationstechnik auch für andere Bereiche des Unternehmens traten Konflikte bei der Ressourcenverteilung auf. Führungskräfte anderer Bereiche, z.B. aus der Personalabteilung, kritisierten die mangelnde Objektivität bei der Verteilung der Ressourcen. Sie warfen dem Leiter des Finanz- und Rechnungswesens vor, den eigenen Bereich zu bevorzugen.

Das Gewicht der EDV/Org-Abteilung im innerbetrieblichen Wettbewerb um Ressourcen ist bei dieser Form der organisatorischen Einordnung gering. Als Teil einer anderen Dienstleistungsabteilung hat der Leiter dieser Abteilung nur geringe Möglichkeiten, eine wettbewerbsfähige computerunterstützte Informationsverarbeitung für das ganze Unternehmen aufzubauen.

EDV/Org-Abteilung als eigene Linienabteilung

Die EDV/Org-Abteilung wird als gleichberechtigter Funktionsbereich, wie Produktion, Finanz- und Rechnungswesen und Marketing, in ein Unternehmen integriert (vgl. 21.3./2).

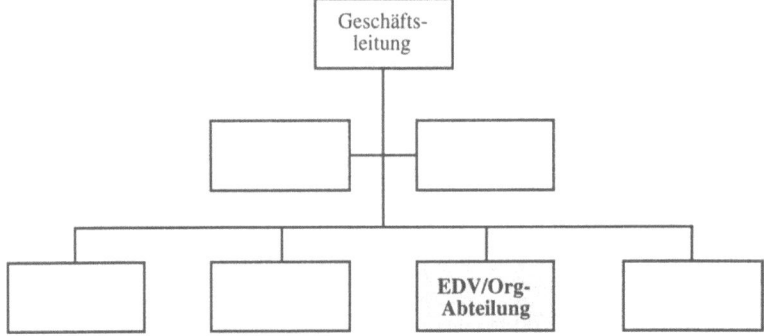

Bild 21.3./2 EDV/Org-Abteilung als selbständige Linienabteilung

Diese organisatorische Konstellation schafft bessere Voraussetzungen für eine "neutrale" Vergabe der finanziellen und personellen Mittel. Jede andere Abteilung kann mit der Forderung nach neuen Anwendungen oder der Wartung bestehender Anwendungen an die EDV/Org-Abteilung herantreten. Der Leiter der Abteilung entscheidet zusammen mit seinen Mitarbeitern über die Verteilung der Mittel. Der Fachbereich wird zwar an den Entscheidungen beteiligt, die Entscheidungsgewalt liegt aber bei der EDV/Org-Abteilung.

Diese Art der Organisation widerspricht dem Dienstleistungscharakter der EDV/Org-Abteilung. Weitere Probleme ergeben sich bei der Durchsetzung von Ideen, die in der EDV/Org-Abteilung entwickelt wurden, da sich die Fachbereiche gegen Vorgaben über die Abwicklung ihres Geschäfts von anderen "gleichrangigen Funktionsbereichen" sperren.

EDV/Org-Abteilung als Stabsstelle

Stabsstellen besitzen keine Weisungsbefugnis, sondern haben lediglich beratende Funktion.

Die Einordnung der EDV/Org-Abteilung als Stabsstelle (vgl. 21.3./3) unterstreicht den Dienstleistungscharakter der computerunterstützten Informationsverarbeitung für das Unternehmen.

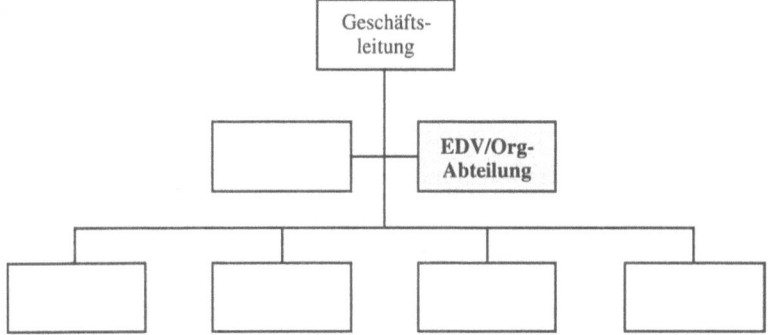

Bild 21.3./3 EDV/Org-Abteilung als Stabsstelle

Die bereits aus der Einordnung der EDV/Org-Abteilung als Linienabteilung bekannten Konflikte treten auch in dieser Organisationsform auf.

Durch die Positionierung der EDV/Org-Abteilung als Stabsstelle wird die Durchsetzung von Vorschlägen aus dem Fachbereich erleichtert. Die EDV/Org-Abteilung besitzt keine Weisungsbefugnis, sondern nimmt eine beratende Funktion wahr.

Hierarchische Einordnung der EDV/Org-Abteilung

Viele Unternehmen haben in den vergangenen Jahren ein eigenes Ressort in der Geschäftsleitung, den Chief Information Officer (CIO), geschaffen (vgl. Benjamin e.a. 1986). Er steht der EDV/Org-Abteilung vor und ist für die computerunterstützte Informationsverarbeitung und die Organisation des Unternehmens verantwortlich. Diese Funktion wird heute als eine der grössten zukünftigen Herausforderungen in einem Unternehmen angesehen (vgl. Earl/Vivian 1993).

Immer wieder taucht die Frage auf, ob der CIO ein Teil der Geschäftsleitung sein sollte, um für eine geschäftsorientierte Ausrichtung der betrieblichen Informationsverarbeitung zu sorgen.

Die *Befürworter* sind der Meinung, dass durch diese hochrangige Vertretung bei jeder Entscheidung - im Sinne einer IT-orientierten Unternehmensführung - ein Spezialist von Anfang an Vorschläge macht, welche geschäftlichen

Potentiale durch den Einsatz der Informationstechnik genutzt werden können. Durch die Vertretung auf höchster Ebene steigt die innerbetriebliche Bedeutung der Infomationsverarbeitung.

Die *Gegner* stellen in den Vordergrund, dass ein Mitglied der Geschäftsleitung eines Unternehmens nicht in der Lage ist, sinnvolle Vorschläge zur Informationsverarbeitung in einem anderen Geschäftsleitungsbereich zu machen. Im Gegenteil, Vorschläge von aussen vergrössern den Widerstand gegen neue computerunterstützte Anwendungen. Informationsmanagement ist eine Aufgabe aller Führungskräfte eines Unternehmens, die gemeinsam über die Notwendigkeit und Ausgestaltung von Anwendungen entscheiden.

Aus unseren Praxiserfahrungen sind die Argumente, die für *keine Vertretung* des Informationsmanagements in der Geschäftsleitung plädieren, höher einzuschätzen. Die zunehmende Dezentralisierung der IT-Infrastruktur schafft zusätzliche Argumente für eine Verteilung der Verantwortung für das Informationsmanagement auf sämtliche Führungskräfte eines Unternehmens.

21.4.   Stellen des Informationsmanagements

Die Stellen des Informationsmanagements verteilen sich auf den Fachbereich und auf die EDV/Org-Abteilung. Zusätzlich gibt es gemeinsame Gremien beispielsweise in Form von Ausschüssen.

Die Bezeichner und die konkrete Ausgestaltung der Stellen sind unternehmensabhängig. Wir fassen im folgenden verschiedene Lösungen aus der Praxis und der Literatur zusammen (vgl. Heilmann 1990, Österle/Brenner/Hilbers 1992, SVD/VDF/SGO 1993).

21.4.1.   Stellen in der EDV/Org-Abteilung

Die Grösse der EDV/Org-Abteilungen schwankt von ein bis zwei Mitarbeitern in Kleinunternehmen bis zu weit mehr als 1 000 in grossen Banken oder anderen primär informationsverarbeitenden Unternehmen.

Bild 21.4.1./1 zeigt ein Organigramm einer EDV/Org-Abteilung. Es orientiert sich an einem grossen mittelständischen Unternehmen. Eigene Stellen für Querschnittsaufgaben, beispielsweise Personal- oder Finanz- und Rechnungswesen, wie sie in manchen Grossunternehmen existieren, sind in unserem Modell nicht enthalten. Diese Funktionen werden von den entsprechenden spezialisierten Abteilungen des Unternehmens wahrgenommen.

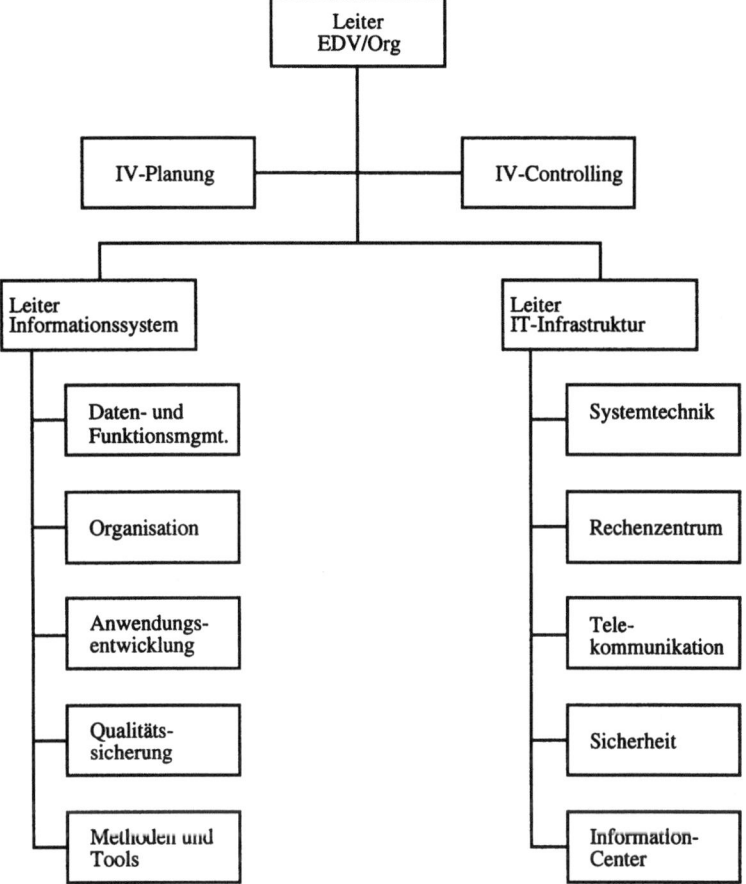

Bild 21.4.1./1 Organigramm einer EDV/Org-Abteilung

EDV/Org-Leiter

Der *EDV/Org-Leiter* führt die Abteilung und ist in erster Linie für die Umsetzung der IS-Architektur, der IT-Architektur, des IV-Leitbildes und des IV-Entwicklungsplans verantwortlich. Zusätzlich trägt er die Verantwortung für die Mitarbeiter seines Bereichs. Der EDV/Org-Leiter vertritt die Informationsverarbeitung gegenüber der Geschäftsleitung und den höchsten Führungskräften der anderen Bereiche.

Das Qualifikationsprofil an den EDV/Org-Leiter sollte nicht nur Kenntnisse in der Informationstechnik und dem Projektmanagement berücksichtigen, sondern auch Kenntnisse des Geschäftes. Optimal für diese Stelle ist ein Informatiker, der im Rahmen seiner Laufbahn mehrere Jahre im Fachbereich gearbeitet hat.

Die Position des EDV/Org-Leiters erfordert eine Persönlichkeit mit Führungserfahrung und Durchsetzungskraft sowie der Fähigkeit, Führungskräfte aus dem
Fachbereich vom Nutzen des Einsatzes der Informationstechnik zu überzeugen.
Neben den fachlichen Kenntnissen muss der Inhaber dieser Stelle über Krea-
tivität verfügen und Visionen entwickeln können.

IV-Planung

Die *IV-Planung* erarbeitet die Unterlagen für eine langfristige, geschäfts-
orientierte Weiterentwicklung des Informationssystems und der Organisation.
Sie unterstützt den Leiter der EDV/Org-Abteilung bei der Erstellung und Pflege
von Planungsunterlagen. Die Stelle IV-Planung arbeitet eng mit anderen
Planungsinstanzen des Unternehmens, z.B. der Abteilung für strategische
Unternehmensplanung, zusammen.

Die Mitarbeiter der IV-Planung benötigen fundierte Kenntnisse in der Betriebswirtschaftslehre. Kenntnisse in der Informationstechnik sind weniger gefordert.
Die Mitarbeiter müssen vom Charakter her nicht in erster Linie Führungskräfte,
sondern Stabsmitarbeiter sein.

IV-Controlling

Das *IV-Controlling* unterstützt den Fachbereich und die EDV/Org-Abteilung in
Wirtschaftlichkeitsfragen der Informationsverarbeitung. Es ist im Sinne eines
Bereichscontrollings für die finanzielle Planung, z.B. in den Projekten, und für
die Abrechnung der EDV/Org-Abteilung zuständig.

Das IV-Controlling berät die Abteilung "Finanz- und Rechnungswesen" des
Unternehmens bei der Installation und beim Betrieb der Abrechnungssysteme,
beispielsweise für die IT-Infrastruktur, und die Projekte des Informationsmanagements.

Für das IV-Controlling eignen sich Mitarbeiter mit fundierten Kenntnissen in
Betriebswirtschaftslehre und Projektmanagement, um die zentralen Fragen der
Wirtschaftlichkeit in den Projekten zu bearbeiten. Unternehmen, die an dieser
Stelle ehemalige Berater, die über Kenntnisse in der Gemeinkostenwertanalyse
verfügen, eingesetzt haben, berichten von guten Erfahrungen.

Leiter des Informationssystems

Der Leiter des Informationssystems ist für die Realisierung des Informationssystems verantwortlich. Zusammen mit dem Fachbereich erarbeitet er die

Planung und trägt die Verantwortung für die Realisierung der Anwendungsprojekte. Seine Funktion kann als eine Schnittstellenfunktion zwischen Fachbereich und "harter" Informatik bezeichnet werden.

Das Anforderungsprofil des Leiters des Informationssystems umfasst Kenntnisse
des Geschäfts und der Informationstechnik. Er muss in der Lage sein, durch
seine Perönlichkeit zwischen den oft divergierenden Interessen der Benutzer
und der Informatiker auszugleichen.

Ein Anwender, der im Rahmen einer Job-Rotation einige Jahre in der EDV/Org-
Abteilung als Projektleiter in Anwendungsprojekten gearbeitet hat, ist eher für
diese Stelle qualifiziert als ein Informatiker der einige Jahre im Fachbereich tätig
war. Die Besetzung dieser Schlüsselstelle mit einem ehemaligen Mitarbeiter des
Fachbereichs schafft gute Voraussetzungen für die Realisierung geschäftsorientierter Anwendungen.

Die Verantwortungsbereiche des Leiter des Informationssystems sind:

- Daten- und Funktionsmanagement

- Organisation

- Anwendungsentwicklung

- Qualitätssicherung

- Methoden und Tools

Daten- und Funktionsmanagement

Aufgabe des *Daten- und Funktionsmanagements* ist die Weiterentwicklung
und Dokumentation des Informationssystems. Setzt ein Unternehmen Standardsoftware ein, kümmert sich diese Stelle um deren Weiterentwicklung durch den
Lieferanten (neue Releases) und um die Integration in das Unternehmen.

Für diese Stelle sind Mitarbeiter, die sowohl gute Kenntnisse in der Anwendungsentwicklung, vor allem in der Funktions- und Datenanalyse, besitzen als
auch den Fachbereich - möglichst aus Anwendungsprojekten - kennen,
geeignet.

Organisation

Die *Organisation* konzipiert und implementiert zusammen mit den Projektteams
und dem Fachbereich die Aufbau- und Ablauforganisation des Geschäfts. Sie

verfeinert dabei die Vorstellungen aus dem IT-orientierten Innovationsmanagement und der IS-Architektur. Diese Stelle übt in erster Linie eine
beratende Funktion aus, da die endgültige Entscheidung über die Gestaltung
der Organisation bei den Verantwortlichen im Fachbereich liegt.

Ein Mitarbeiter dieser Stelle sollte speziell in den Methoden und Tools der
Gestaltung der Ablauf- und Aufbauorganisation ausgebildet sein. Organisatoren
sollen über kommunikative Fähigkeiten verfügen, da sie im Fachbereich
Vorschläge für den optimalen Einsatz der Informationstechnik unterbreiten.

Anwendungsentwicklung

Die *Anwendungsentwicklung* konzipiert und programmiert die Anwendungen.
In ihr Aufgabengebiet fällt die Entwicklung neuer und die Wartung be-
stehender Anwendungen sowie die Parametrisierung von Standardsoftware.
Bei Problemen mit den Anwendungen unterstützen die Mitarbeiter der
Anwendungsentwicklung die Benutzer.

Die Mitarbeiter der Anwendungsentwicklung lassen sich in zwei Kategorien
einteilen:

- konzeptionell ausgerichtete Mitarbeiter, die sich vor allem mit der geschäftlichen und fachlichen Ebene beschäftigen

- informationstechnisch ausgerichtete Mitarbeiter, die sich um die technische
  Ebene der Anwendungsentwicklung kümmern

Die konzeptionell ausgerichteten Mitarbeiter sollten eine betriebswirtschaftliche
Ausbildung absolviert haben, analytisch denken können und Erfahrungen in
der Programmierung besitzen. Je grösser ihre Projekterfahrung ist, desto besser
sind sie für Führungsaufgaben geeignet.

Die informationstechnisch ausgerichteten Mitarbeiter sollten umfassende
Kenntnisse in den verwendeten Programmiersprachen und in den implemen-
tationsnahen Tools haben sowie die Schnittstelle der Anwendungen mit der IT-
Infrastruktur des Unternehmens kennen. Immer bedeutender werden Kenntnisse der Software, die auf den Workstations läuft, um Client-Server-Anwen-
dungen programmieren zu können.

Ziel der *Organisation der Anwendungsentwicklung* muss es sein, eine
geschäftsorientierte Struktur zu schaffen. In Bild 21.4.1./2 besitzt die Anwendungsentwicklung drei Unterabteilungen. Eine der organisatorischen

Einheiten konzentriert sich auf die administrativen Anwendungen, während eine andere auf den Anwendungstyp "Entwurf" spezialisiert ist. Diese Struktur ermöglicht einen geschäftsorientierten Aufbau von Wissen über die verschiedenen Anwendungen und gestattet den Organisatoren und Anwendungsentwicklern, eine langfristige Vertrauensbasis zu den Ansprechpartnern im Fachbereich aufzubauen und ihre Probleme kennenzulernen.

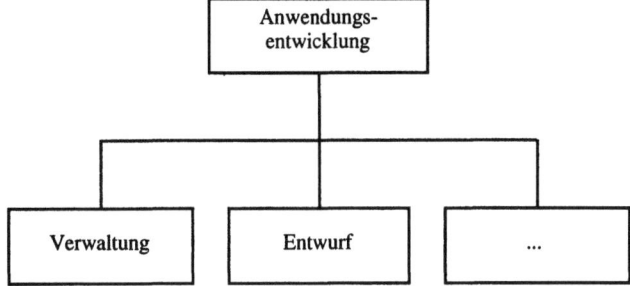

Bild 21.4.1./2 Organisation der Anwendungsentwicklung

Wartungs- und Neuentwicklungsaufgaben sollten innerhalb der anwendungsbezogenen Gruppen der Anwendungsentwicklung vorgenommen werden und nicht von einer speziell dafür geschaffenen Unterabteilung. Vorteil dieser Lösung ist, dass ein fachbereichsorientierter Aufbau des Know-hows gewährleistet ist. Ein Nachteil ist darin zu sehen, dass in Anwendungsgruppen, deren Anwendungen alt sind, der Wartungsaufwand dominiert. Die Anwendungsbereiche sollten so gross sein, dass ein ausgewogenes Verhältnis zwischen Neuentwicklungen und Wartungsaufgaben zu erwarten ist.

Qualitätssicherung

Die Qualitätssicherung stellt sicher, dass im Rahmen der Anwendungsentwicklung ein Qualitätssicherungssystem eingerichtet wird, um die Anforderungen der Benutzer an die computerunterstützten Lösungen zu erfüllen.

Das Qualifikationsprofil von Mitarbeitern der Qualitätssicherung fordert gute Kenntnisse der Anwendungsentwicklung, des Projektmanagements sowie eine spezielle Ausbildung in den Verfahren der Qualitätssicherung.

Methoden und Tools

Die Stelle "Methoden und Tools" kümmert sich um die Auswahl und die Einführung sowie um den Betrieb und die Anwendungsunterstützung computerunterstützter Methoden und Tools für die Anwendungsentwicklung.

Mitarbeiter dieser Stelle müssen den gesamten Prozess der Anwendungsentwicklung beherrschen und über die Fähigkeit zur Abstraktion verfügen,
damit sie in der Lage sind, die auf dem Markt erhältlichen Methoden und Tools
zu beurteilen.

Leiter der IT-Infrastruktur

Der Leiter der IT-Infrastruktur ist für die Umsetzung der IT-Architektur und den
sicheren und reibungslosen Betrieb der IT-Infrastruktur eines Unternehmens
verantwortlich. Er sorgt dafür, dass in einem Unternehmen eine den Anforderungen der Anwendungen entsprechende IT-Infrastruktur wirtschaftlich
realisiert wird.

Der Leiter der IT-Infrastruktur muss über Entwicklungen und die Märkte für
Software, Hardware und Netzwerke umfassend informiert sein und beurteilen
können, welche Komponenten unter Risiko- und Kostenaspekten für das
Unternehmen in Frage kommen. Es muss sich um eine Führungspersönlichkeit
handeln, die in der Lage ist, komplexe Verhandlungen zu führen und die über
betriebswirtschaftliche Kompetenz verfügt.

Von der Ausbildung her sollte der Leiter der IT-Infrastruktur ein Informatiker
sein, der fundierte Kenntnisse in der Führung eines Rechenzentrums und im
Bereich der Telekommunikation aufweisen sollte. Kenntnisse des Geschäfts sind
nur in geringem Umfang gefordert.

Der Leiters der IT-Infrastruktur ist für die folgenden Bereiche verantwortlich:

- Systemtechnik

- Rechenzentrum

- Telekommunikation

- Sicherheit

- Information-Center

Systemtechnik

Der Bereich Systemtechnik untersucht neue Entwicklungen der Informationstechnik und beurteilt ihre Einsatzmöglichkeiten für ein Unternehmen. Dabei
werden beispielsweise die Architekturen verschiedener Hersteller miteinander
verglichen und die Kompatibilität der einzelnen Produkte untereinander analysiert. Die Systemtechnik berät bei der Erstellung der IT-Architektur und setzt die

groben Vorstellungen in konkrete Produkte um. Eine wichtige Aufgabe ist in diesem Zusammenhang die Beschäftigung mit den Standards und Normen der Informationstechnik.

Das Anforderungsprofil an Mitarbeiter der Systemtechnik ist auf die Informatik und die Kommunikationstechnik ausgerichtet. Die Mitarbeiter müssen die einzelnen Komponenten der IT-Infrastruktur detailliert verstehen, um die richtigen Entscheidungen treffen zu können. Konkrete Erfahrungen im Umgang mit den Produkten der einzelnen Hersteller sind wichtig.

Von der Ausbildung her eignen sich Informatiker und Elektrotechniker für diese organisatorische Einheit.

Rechenzentrum

Das Rechenzentrum ist für den reibungslosen Betrieb der IT-Infrastruktur mit Ausnahme der Netzwerke verantwortlich. Unterschiedliche Stellen, wie die Arbeitsvorbereitung für die Bedienung der Computer und ihrer Peripherie (Operating), die Systemprogrammierung und die Datenbankadministration, befinden sich im Rechenzentrum. In grossen Banken und Versicherungen kommen Stellen für die Eingabe bzw. das Einlesen und das Ausdrucken von Formularen hinzu. Zusätzlich verfügen grosse Rechenzentren über Stellen für die Klimatechnik und die Elektrizitätsversorgung.

Der Leiter des Rechenzentrums ist oft eine Führungskraft mit Kenntnissen der Informationstechnik. Für die Systemprogrammierung und Datenbankadministration werden gut ausgebildete Spezialisten benötigt. Die Mitarbeiter, die im Operating den Betrieb sicherstellen, sind oft nur angelernt.

Telekommunikation

Die Stelle "Telekommunikation" beschäftigt sich mit der Planung, Umsetzung und den Betrieb der Netzwerke eines Unternehmens. In der Vergangenheit standen die "EDV-Netzwerke" im Vordergrund, in Zukunft gehören auch andere Netzwerke, z.B. Telefon- oder Sicherheitsnetzwerke, zum Aufgabengebiet der Stelle "Telekommunikation".

Das Qualifikationsprofil erfordert Mitarbeiter mit fundierten informations- oder elektrotechnischen Kenntnissen. Nachrichten- und Elektrotechniker sowie Informatiker eignen sich für diese Aufgabe.

Sicherheit

Die Stelle "Sicherheit" sorgt für die Sicherheit der Informationsverarbeitung. Das Spektrum der Aufgaben umfasst Sicherheitsanalysen, Benutzerberatung und die Kontrolle über die Realisierung der geforderten Massnahmen.

Qualifiziert für die Stelle "Sicherheit" sind Mitarbeiter, die aus dem Rechenzentrum oder der Telekommunikation kommen und ein Gespür für mögliche Probleme haben sowie über genügend Ausdauer für die oft schwierige Umsetzung der Präventionsmassnahmen verfügen. Von der Ausbildung her kommen vor allem Informatiker in Frage.

Information-Center

Das Information-Center ist der Anlaufpunkt für alle Benutzer, die Probleme mit ihrer dezentralen IT-Infrastruktur haben. Die Aufgaben reichen von der Installation von Hardware, Software und Netzwerkanschlüssen bis zur Lösung von Problemen bei der Benutzung der Anwendungen. Bei Bedarf erteilen die Mitarbeiter des Information Center Kurzschulungen. Sind Probleme auf Anwendungen zurückzuführen, informieren die Mitarbeiter des Information-Center die Verantwortlichen in der Abteilung "Anwendungsentwicklung".

Mitarbeiter des Information-Center müssen die Hardware sowie die auf ihnen laufende Software kennen und Geschick im Umgang mit den Benutzern haben.

21.4.2.   Stellen im Fachbereich

Informationsmanagement ist eine unternehmerische Aufgabe, bei deren Erfüllung dem Fachbereich eine entscheidende Rolle zukommt.

In erster Linie sind alle *Führungskräfte* gefordert, im Rahmen der Funktionen mitzuwirken, die in der Aufgabenverteilungsmatrix von Bild 21.2./1 vorgesehen sind. Die meisten dieser Aufgaben müssen von den Führungskräften selbst wahrgenommen werden. Eigene Stellen für das Informationsmanagement im Fachbereich dienen der Unterstützung der Benutzer bei der Bedienung und der Weiterentwicklung der computerunterstützten Informationsverarbeitung durch Formulieren von Anforderungen.

Benutzerkoordinator

Die Benutzerkoordinatoren helfen dem Fachbereich bei der Formulierung von Projekt- und Wartungsanträgen. Sie informieren sich kontinuierlich über die neuen Potentiale der Informationstechnik und unterbreiten den Mitarbeitern des Fachbereichs Vorschläge über neue Einsatzmöglichkeiten der Informationstechnik. Ausserdem unterstützen sie den Fachbereich bei der Planung seiner Anwendungen und bei den Projekten. Die Benutzerkoordinatoren bilden die Schnittstellen zwischen der EDV/Org-Abteilung und dem Fachbereich. Je dezentraler das Informationsmanagement in einem Unternehmen organisiert ist, desto grösser wird der Aufgabenkreis der Benutzerkoordinatoren. In dezentralen organisatorischen Einheiten mit eigener IT-Infrastruktur nehmen die Benutzerkoordinatoren die Rolle eines dezentralen EDV/Org-Leiters ein.

Die Benutzerkoordinatoren müssen über gute Kenntnisse des Fachbereichs und der Betriebswirtschaftlehre sowie über Erfahrung in den Anwendungen und der Informationstechnik verfügen.

Für diese Aufgabe bewährt haben sich ehemalige Organisatoren oder Anwendungsentwickler, die entweder für immer oder im Rahmen einer Job-Rotation in den Fachbereich gewechselt sind, sowie Fachbereichsmitarbeiter, die sich intensiv mit der Informationsverarbeitung beschäftigen.

Benutzerbetreuer

Die Benutzerbetreuer unterstützen die Anwender bei der Bedienung der Anwendungen und entlasten dadurch das Information-Center. Da sie im Fachbereich angesiedelt sind, kennen sie die Probleme bei der täglichen Arbeit und können unbürokratisch schnelle Hilfe leisten. Schwächen der Organisation, die sich durch den täglichen Kontakt mit den Benutzern ergeben, leiten sie direkt an die Verantwortlichen im Fachbereich weiter. Die Stelle des Benutzerbetreuers ist nur in Ausnahmefällen eine eigene Stelle. In der Regel wird sie nebenamtlich ausgeübt.

Ehemalige Mitarbeiter der Projektteams, die für den Fachbereich die Anwendungen entwickelt haben, sind prädestiniert für die Aufgabe der Benutzerbetreuung.

21.4.3. Ausschüsse

> Ausschüsse im Informationsmanagement sind Gremien bestehend aus Mitgliedern des Fachbereichs und der EDV/Org-Abteilung, in denen gemeinsam entschieden wird.

Die *Anzahl der Mitglieder* in den Ausschüssen sollte maximal 10 bis 15 Personen betragen. Nur in kleinen Gruppen ist eine hohe Identifikation mit den Zielen des Ausschusses und eine intensive Diskussion möglich.

Die *stabile Mitgliedschaft* ist Voraussetzung für die kontinuierliche Arbeit. Ein Ausschuss arbeitet nur effizient, wenn die Mitglieder einander kennen, eine gemeinsame Sprache sprechen und die Probleme über mehrere Sitzungen verteilt besprochen werden können, ohne die Inhalte vorheriger Sitzungen wiederholen zu müssen. Zur stabilen Mitgliedschaft tritt die Notwendigkeit einer vom gesamten Ausschuss getragenen Vertreterregelung.

Der Erfolg der Arbeit der Ausschüsse hängt von folgenden *Erfolgsfaktoren* ab (vgl. Österle/Brenner/Hilbers 1992, Nolan 1982):

- klare Aufgabenstellung und Kompetenzzuordnung

- geringe Anzahl der Mitglieder

- stabile Mitgliedschaft

- Entscheidungsbefugnis der Mitglieder

- effiziente Vorbereitung und Nachbereitung

- kurze Sitzungen

- angemessene Tagungsfrequenz

- adressatengerechte Präsentations- und Moderationstechniken

IV-Ausschuss

Der *IV-Ausschuss* setzt sich aus Führungskräften der EDV/Org-Abteilung und des Fachbereichs auf Geschäftsleitungsebene zusammen. Er entscheidet im Auftrag der Geschäftsleitung letztinstanzlich über alle Fragen der Gestaltung der Informationssysteme. Den Vorsitz hat ein Vertreter des Fachbereichs.

Anwendungsausschuss

Für jede Anwendung setzt der IV-Ausschuss einen *Anwendungsausschuss* ein. Er ist für die Wartung und Weiterentwicklung der entsprechenden Anwendung verantwortlich. Ein Vertreter des Fachbereichs steht ihm vor.

Unternehmensweite Arbeitsgruppen

Um den horizontalen Informationsaustausch innerhalb eines Unternehmens, z.B. über eine neu eingeführte Standardsoftware, zu fördern, installieren interessierte Benutzer oder Mitarbeiter der EDV/Org-Abteilung Gesprächskreise, in denen über Einsatzmöglichkeiten, Erfahrungen und Probleme ausgewählter Themen des Informationsmanagements gesprochen wird.

21.5. Dezentralisierung der EDV/Org-Abteilung

"Dezentralisierung" hat sich zu einem der am häufigsten verwendeten Schlagworte im Informationsmanagement entwickelt. Es lassen sich zwei Ausprägungen von Dezentralisierung im Hinblick auf das Informationsmanagement feststellen:

• informationstechnische Dezentralisierung, d.h. die IT-Infrastruktur eines Unternehmens, z.B. Hardware, wird in die Abteilungen verlagert

• organisatorische Dezentralisierung, d.h. dezentrale organisatorische Einheiten üben Informationsmanagement in eigener Verantwortung aus, beispielsweise entscheiden sie über die Höhe der Ausgaben

Dieser Abschnitt geht auf die organisatorischen Aspekte ein. Der technische Aspekt wurde im Rahmen der Entwicklung der IT-Architektur und des IV-Leitbildes behandelt.

Beispiel 22 zeigt eine typische Ausgangssituation für Überlegungen zur Zentralisierung/Dezentralisierung in Unternehmen

---

Beispiel 22: Zentralisierung/Dezentralisierung des Informationsmanagements in einer Bank (vgl. Österle /Brenner/Hilbers 1991)

Eine international tätige Bank hat sich in den letzten Jahren zu einem Allfinanzkonzern entwickelt. Neben dem angestammten Filial- und Zweigstellennetz im Heimatmarkt unterhält die Bank Niederlassungen in den wichtigsten europäischen Ländern, in den USA, in Argentinien, in Japan, in Hong Kong und in Singapur. Zur Ausweitung des Geschäfts wurden sowohl im Inland als auch im Ausland zahlreiche Beteiligungen an bestehenden Finanzinstituten erworben. Die erfreuliche Geschäftsentwicklung in den letzten Jahren war von einem raschen Wildwuchs in der Informatik begleitet. Jetzt strebt die Leitung der zentralen "EDV/Org-Abteilung" eine neue Vertei-

lung der Aufgaben in der Informationsverarbeitung an. Zwei Szenarien sind hierfür denkbar:

Zentrales Szenario

Die EDV/Org-Abteilung in der Konzernzentrale erhält von der Unternehmensleitung die Richtlinienkompetenz für alle Aktivitäten in der Informationsverarbeitung. Die Tochtergesellschaften und Niederlassungen unterhalten keine eigenständigen EDV/Org-Abteilungen zur Durchführung von Entwicklungsprojekten. Anforderungen an neue Informationssysteme richten die Benutzer an die zentrale Informatik. Sie entwickelt die Anwendungen für die gesamte Bank. Mehrfachentwicklungen und Inkompatibilitäten werden auf diesem Weg am ehesten vermieden. Die Zentrale legt für die Niederlassungen einheitliche Standards für die Informationsverarbeitung fest, beispielsweise für die Benutzerführung.

Zur Abstimmung von Problemen der Benutzer und zur Koordination von Wartungstätigkeiten der Zentrale ist in jeder operativen Einheit ein Ansprechpartner für die installierten Systeme eingesetzt.

Hardwarebeschaffungen von mehr als DEM 30 000 sind über die Zentrale abzuwickeln.

Dezentrales Szenario

Jede operative Einheit der Bank mit mehr als 80 Mitarbeitern hat ihre eigene EDV/Org-Abteilung. Diese Abteilungen entwickeln, beschaffen und betreiben ihre Anwendungen selbständig, da sie die regionalen Gegebenheiten kennen und deshalb den Einsatz der Informationsverarbeitung besser beurteilen können. Die operativen Einheiten sind frei in ihrer Entscheidung über die Entwicklung und Beschaffung von Anwendungssoftware. Sie setzen ihre eigene Hardware ein oder beschaffen die Rechnerkapazität auf dem lokalen Markt. Die zentrale EDV/Org-Abteilung wird als Profit-Center geführt und leistet Beratungs- und Schulungsdienstleistungen in den einzelnen operativen Einheiten. Zusätzlich bietet sie den operativen Einheiten Entwicklungskapazitäten an und fördert Gemeinschaftsprojekte über die etablierten organisatorischen Grenzen hinweg.

Eine Analyse der Vor- und Nachteile der Zentralisierung/Dezentralisierung führt zu folgenden Argumenten:

Argumente für ein zentralisiertes Informationsmanagement

Argumente für die *Zentralisation* des Informationsmanagements sind (vgl. Mertens 1985):

- Die Zentralisation des Informationssystem-Managements hilft, *Mehrfachentwicklungen von Anwendungen* für die gleiche oder ähnliche Problemstellung zu *vermeiden*. Sie führt dadurch zu Kosteneinsparungen in der Anwendungsentwicklung.

- Die aus der Zentralisation resultierende Einheitlichkeit der Methoden und Verfahren ermöglicht einen *einfachen Transfer von Lösungen und Ressourcen*.

- Das Auftreten als Gesamtunternehmen am Markt ermöglicht die *Beschaffung* externer Dienstleistungen und Produkte *zu niedrigeren Preisen*.

- Im zentralisierten EDV/Org-Abteilungen ist es aufgrund der höheren Spezialisierung von einzelnen Mitarbeitern möglich, *Know-how für spezielle Technologien* zu entwickeln. Die entstehenden Anwendungen sind von höherem technischem Niveau.

Argumente für ein dezentralisiertes Informationsmanagement

Die *Dezentralisation* des Informationsmanagements hat folgende Vorteile:

- Eine zentrale Bürokratie führt zu formalisierten Vorgehensweisen und in Folge dessen zu hohem Zeitbedarf bei Entwicklungen und Änderungen. Dezentralisation vermeidet Formalismus. Ein dezentrales Informationsmanagement kann wesentlich *flexibler* auf neue Anforderungen reagieren.

- Die *Benutzernähe* der Entwicklungsabteilungen führt zu massgeschneiderten Lösungen und steigert dadurch die Zufriedenheit im Fachbereich.

- Die dezentrale Entwicklung von Speziallösungen führt zu einer *geringeren Komplexität*, da sie nicht in eine umfassende Lösung integriert werden muss. Dies erhöht die Wartungsfreundlichkeit der Anwendungen.

- Die ergebnisverantwortlichen Führungskräfte in den dezentralen Einheiten *entscheiden* über den Einsatz der Informationsverarbeitung in ihrem Bereich. Sie beurteilen die *Wirtschaftlichkeit* von Vorhaben aufgrund umfassender Kenntnis ihres Geschäftes.

- Die dezentralen Bereiche eines Unternehmens sind allein *lebensfähig*. Dieses spielt bei Akquisition und Verkauf von Unternehmensteilen in der Zukunft eine wichtige Rolle.

Koordinierte Dezentralisation

Die Organisationsform eines Unternehmens wechselt ständig zwischen Zentralisierungs- und Dezentralisierungstendenzen. Für die 90er Jahre scheint sich das Modell der "koordinierten Dezentralisation" durchzusetzen. Die aufbauorganisatorische Struktur ist in Bild 21.5./1 dargestellt.

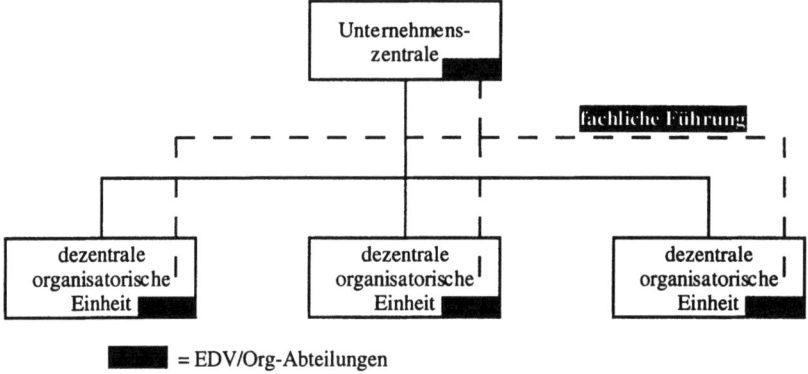

= EDV/Org-Abteilungen

Bild 21.5./1: EDV/Org-Abteilungen und Ausschüsse des Informationsmanagements in einem dezentral organisierten Unternehmen

Diese Organisationsform unterscheidet die "Zentrale" als Ebene der Unternehmensleitung und "dezentrale Bereiche". Es spielt keine Rolle, ob diese Bereiche Divisionen, strategische Geschäftseinheiten, regionale Niederlassungen oder Funktionen eines funktional gegliederten Unternehmens sind.

Die Organisation des Informationsmanagements besteht aus "zentralen" und "dezentralen" Einheiten als aufbauorganisatorische Stellen und aus einem "zentralen" und "dezentralen" IV-Ausschuß für die Beteiligung der Führungskräfte aus dem Fachbereich.

Die "koordinierte Dezentralisation" des Informationsmanagements sieht in der zentralen EDV/Org-Abteilung alle Stellen, die koordinierende, bereichsübergreifende Aufgaben haben, und in den dezentralen Bereichen die ausführenden und umsetzenden Stellen vor.

Die dezentralen Bereiche sind in ihren Entscheidungen frei und bestimmen selbst über den Einsatz der Informationsverarbeitung in ihrem Bereich.

Daneben existiert das Prinzip der *"fachlichen Führung"*. Fachliche Führung bedeutet die fachliche Unterstellung bei bereichsübergreifenden Interessen unter die zentrale EDV/Org-Abteilung (gestrichelte Linie in 21.5./1). Das Prinzip der fachlichen Führung in Sachfragen hat sich besonders in spezialisierten Funktionsbereichen von bereichsübergreifendem Interesse, wie dem Controlling, durchgesetzt (vgl. Horvath 1990b).

21.6. Outsourcing

> Outsourcing bedeutet die Auslagerung von Funktionen des Informationsmanagements an externe Partner.

Beispiel 23 zeigt den Weg von Eastman Kodak bei der Auslagerung zentraler Aufgaben des Informationsmanagements.

> *Beispiel 23: Outsourcing bei Eastman Kodak (vgl. I/S Analyzer 1990)*

Jede der sechs grossen Geschäftseinheiten von Eastman Kodak besass - im Sinne einer Dezentralisation des Informationsmanagements - eine eigene EDV/Org-Abteilung. Die Heterogenität der IT-Infrastruktur war gross. Allein in der Zentrale in New York waren - auf drei Rechenzentren verteilt - 19 Imaging-Anwendungen installiert. Klare strategische Vorgaben für die Entwicklung der computerunterstützten Informationsverarbeitung fehlten.

Outsourcing bedeutete für die zentrale EDV/Org-Abteilung, von einem Dienstleistungslieferanten zu einem Vermittler zu werden. Mit verschieden starken Partnern ging Eastman Kodak strategische Allianzen mit dem Ziel ein, dem Partner bestimmte Aufgaben des Informationsmanagements zu übergeben. So übernahm IBM die Rechenzentren und das IBM-Netzwerk, DEC wurde für den Rest der Telekommunikation und Businessland für die Wartung sowie den Betrieb der mehr als 30 000 PCs und Workstations verantwortlich.

Um dem Benutzer ein hohes Mass an Service zu bieten, wurde eine spezielle Organisation entwickelt, die es Eastman Kodak ermöglichte, beim Kauf und Anschluss eines PCs ohne direkte Kontaktaufnahme alle drei Partner einzubeziehen.

Heute ist es möglich, jede Funktion des Informationsmanagements auszulagern. Bild 21.6./1 zeigt das Outsourcing-Angebot der IBM (vgl. IBM 1993)

• Planungen der IT-Infrastruktur	• Realisierung von Datensicherheit
• Netzwerk-Management	• Anwendungsentwicklung und Wartung
• System-Software-Service	• Steuerung und Betrieb
• Endbenutzer-Service	• Kapazitätsplanung
• Beschaffung, Installation und Wartung von Systemen und Netzen	

Bild 21.6./1 Outsourcing-Angebot der IBM (vgl. IBM 1993)

Potentiale des Outsourcings

Die Funktionen des Informationsmanagements sind aus unternehmerischer Sicht in bezug auf ihre Möglichkeiten zum Outsourcing differenziert zu behandeln. Bild 21.6./2 zeigt das Ergebnis einer Analyse, welche Funktionen des Informationsmanagements nach aussen verlagert werden können.

Die Tabelle in Bild 21.6./2 verdeutlicht, dass Outsourcing vor allem für informationstechnische Aufgaben und für die Entwicklung von Anwendungen ausser Haus (Turn-Key-Anwendungen) sinnvoll realisiert werden kann. Alle Planungsaufgaben und die Kontrolle des Geschäfts sollten vom Unternehmen selbst wahrgenommen werden.

Outsourcing darf nicht zu einer Gefährdung des zukünftigen Geschäfts oder einer Senkung des Services für den Benutzer führen. Bevor der Entschluss über die Durchführung des Outsourcings fällt, sollten die Vor- und Nachteile des Outsourcings in bezug auf das zukünftige Geschäft, die Kosten, die Mitarbeiter und den Umfang der in Anspruch zu nehmenden Leistungen analysiert werden.

Vorteile des Outsourcing

Outsourcing hat folgende Vorteile (vgl. Weidner/Pietsch 1992):

• Eine Kostensenkung für die Funktionen, die nach aussen vergeben werden. Einsparungen von ca. 15% sind realisierbar (Yankee Group 1990).

• Die Genauigkeit der finanziellen Planung wird gesteigert, da aus Verträgen die Kosten für diese Funktionen bekannt sind.

• Geringere Kapitalbindung; wird der Betrieb, d.h. das Rechenzentrum mit der kapitalintensiven Hardware nach aussen verlagert, zeigen sich die Vorteile einer geringeren Kapitalbindung in der Realisierung von Investitionen mit höherer Rendite.

Funktionen des Informations-managements	Outsourcing
IT-orientiertes Innovationsmgmt.	nein
Lgfr. Planung des Informationssystems	nein
Lgfr. Planung der IT-Infrastruktur	teilweise
Planung des IV-Leitbildes	nein
IV-Entwicklungsplanung	nein
Kurzfristige Planung	nein
Projektmgmt.: Anwendungsprojekte	ja
Projektmgmt.: IT-Infrastrukturprojekte	ja
Betrieb der IT-Infrastuktur	nein
Kontrolle der IT-Infrastruktur	ja
Kontrolle des Informationssystems	ja
Kontrolle des Geschäfts	nein
Personalmanagement	nein
Sicherheitsmanagement	ja
Finanz- und Rechnungswesen	teilweise
Management der Methoden und Tools	teilweise
Beschaffung	teilweise

Bild 21.6./2 Potentiale des Outsourcings

- Das Unternehmen kann sich stärker um seine Kernaufgaben kümmern, da Führungsaufgaben, wie die Rekrutierung von Mitarbeitern für das Rechenzentrum, entfallen.

- Durch die Wahl eines international tätigen Partners für das Outsourcing, wie IBM oder DEC, kann ein Unternehmen bei einer Globalisierung seines Geschäfts die Möglichkeiten des starken Partners nutzen und seine computerunterstützte Informationsverarbeitung rasch ausbauen.

Nachteile des Outsourcing

Outsourcing hat folgende Nachteile (vgl. Weidner/Pietsch 1992):

- Abhängigkeit von einem externen Partner; zieht man die grosse Bedeutung der Informationsverarbeitung für ein Unternehmen in Betracht, ist das Risiko bei einem Ausfall des Outsourcing-Partners unkalkulierbar.

- Verlust des Know-hows, beispielsweise für den Betrieb des Rechenzentrums, auf Dauer; nur unter grossen Mühen und mit beträchtlichem Aufwand kann ein Unternehmen mit einer komplexen Informationsverarbeitung die ausgelagerten Funktionen wieder aufbauen, da die Mitarbeiter mit ihrem Know-how nicht mehr verfügbar sind.

- Probleme - vor allem bei externer Anwendungsentwicklung - aufgrund mangelnder Kenntnisse des Outsourcing-Partners für das Geschäft des Auftraggebers.

Organisation des Outsourcings

Entscheidet sich ein Unternehmen für Outsourcing, muss durch organisatorische Massnahmen ausgeschlossen werden, dass sich der Endbenutzer bei Problemen mit einer Anwendung mit einer Vielzahl von Outsourcing-Unternehmen, die alle für ein Unternehmen tätig sind, oder mit Mitarbeitern, welche die Anwendungen nicht verstehen, auseinanderzusetzen hat. Ansprechpartner, Aufsichts- und Kontrollorgane für die Sicherung der Qualität müssen definiert und besetzt sein.

Insourcing

Eine besondere Form des Outsourcing ist das Insourcing. Dabei wird die EDV/Org-Abteilung als Tochterunternehmen mit Gewinnverantwortung oder als Profit-Center organisiert. Kunden können sowohl das eigene Unternehmen wie auch Dritte sein. Der Fachbereich des eigenen Unternehmens kann bei jeder Entscheidung abwägen, ob er der eigenen Tochtergesellschaft oder einem externen Anbieter den Auftrag erteilt.

21.7. Zusammenfassung

- Die Verteilung der Aufgaben zwischen EDV/Org-Abteilung und Fachbereich erfolgt nach dem Grundsatz, dass der Fachbereich über die Anwendungsentwicklung entscheidet und die Verantwortung für die Anwendungs-

projekte übernimmt, während die EDV/Org-Abteilung für die Informationstechnik zuständig ist.

• Die EDV/Org-Abteilung wird entweder in das Finanz- und Rechnungswesen
integriert oder bildet eine eigene Linien- oder Stabsabteilung.

• Die Verankerung der computerunterstützten Informationsverarbeitung auf
Geschäftsleitungsebene ist nicht notwendig, wenn der Fachbereich seinen
Pflichten nachkommt.

• Die Stellen des Informationsmanagements sind auf die EDV/Org-Abteilung
und den Fachbereich verteilt. Gemeinsame Ausschüsse stellen sicher, dass der
Fachbereich an den Entscheidungen des Informationsmanagements
partizipiert.

• In grossen Unternehmen kristallisiert sich die "koordinierte Dezentralisierung" als Kompromissmodell zur Lösung des "ewigen" Problems
"Zentralisierung/Dezentralisierung" heraus.

• Outsourcing bedeutet, dass Funktionen des Informationsmanagements an
externe Partner verlagert werden. Analysen zeigen, dass vor allem die
informationstechnischen Aufgaben, z.B. der Betrieb, und die Anwendungsentwicklungsabteilungen ausgelagert werden können.

22. Ablauforganisation

22.1. Wesen

> Die Ablauforganisation des Informationsmanagements zeigt, wie die einzelnen Funktionen zeitlich ablaufen.

Die Ablauforganisation einer betrieblichen Tätigkeit wie dem Informationsmanagement ist schwer zu beschreiben. Weder in der Literatur noch in der Praxis existieren gut ausgearbeitete Ablaufpläne.

Informationsmanagement als zyklischer Ablauf

Der kreisförmige Ablauf von Planung, Umsetzung und Kontrolle bildet die Grundlage der Ablauforganisation des Informationsmanagements. Nur der zyklische Ablauf dieser drei Funktionsgruppen gewährleistet eine kontinuierliche Weiterentwicklung der betrieblichen Informationsverarbeitung.

Informationsmanagement als iterativer Ablauf

Informationsmanagement ist - wie jede Managementaufgabe - ein iterativer Prozess. Kein Ergebnis kann durch lineares Abarbeiten einzelner Funktionen in hoher Qualität erzeugt werden. Nur durch ständiges iteratives Arbeiten werden Ergebnisse von hoher Qualität erzeugt. Dabei erhöhen die vielen Abstimmungsvorgänge, die aus der Verankerung des Informationsmanagements im Fachbereich resultieren, die Anzahl der Iterationsschritte. So sind mehrere Iterationsschritte zwischen der langfristigen Planung der Anwendungen und der IT-Infrastruktur sowie zwischen der Kontrolle des Geschäfts und dem IT-orientierten Innovationsmanagement notwendig, bis ein konsistenter Plan für die Weiterentwicklung der computerunterstützten Informationsverarbeitung vorliegt.

Das Inhalt des Kapitels "Ablauforganisation des Informationsmanagements" gliedert sich in folgende Funktionen:

- Bestimmung der zeitlichen Struktur der Funktionen

- Festlegung des Planungsablaufes

- Bestimmung des Umsetzungsablaufes

- Erstellung eines Kontrollablaufes

22.2. Zeitliche Struktur der Funktionen

Die Funktionen des Informationsmanagements sind von ihrem Ablaufverhalten unterschiedlich. Es lassen sich ständige Funktionen, Funktionen, die nur eimal pro Jahr ablaufen und Funktionen, die nur im Zeitraum von einigen Jahren oder bei Bedarf durchgeführt werden, unterscheiden.

Ständige Funktionen

Ständige Aufgaben des Informationsmanagements laufen kontinuierlich ab. Es gibt weder einen Start- noch einen Endzeitpunkt. Zu den ständigen Aufgaben gehören:

*   IT-orientiertes Innovationsmanagement

*   Projektmanagement und Anwendungsentwicklung

*   Betrieb der IT-Infrastruktur

*   Kontrolle der IT-Infrastruktur

*   Kontrolle des Informationssystems

*   Kontrolle des Geschäfts

*   Personalmanagement

*   Sicherheitsmanagement

*   Beschaffung

*   Finanz- und Rechnungswesen

*   Management der Methoden und Tools

Jährliche Funktionen

Jährliche Funktionen laufen zu einem bestimmten Zeitpunkt innerhalb des Jahres ab. Hierzu sind zu zählen:

*   Langfristige Planung des Informationssystems

*   Langfristige Planung der IT-Infrastruktur

*   Weiterentwicklung des IV-Leitbildes

*   IV-Entwicklungsplanung

- Kurzfristige Planung

- Personalplanung

- Finanzplanung

- Kontrollen der Sicherheit.

Funktionen, die in einem Zeitraum von mehreren Jahren oder bei Bedarf durchgeführt werden

Beispiele derartiger Funktionen sind:

- Business Process Redesign

- Strategische IV-Planung*

- Entwicklung eines neuen IV-Leitbilds

- Projektplanung (bei Beginn des Projekts oder nach Abschluss einer Phase)

- IV-Revision

- Entwicklung und Umsetzung eines neuen Konzepts für die Personalführung, Entlohnung oder neue Laufbahnpläne

- Entwicklung und Umsetzung eines neuen Sicherheitskonzepts

- Entwicklung und Einführung eines neuen Abrechnungssystems (Finanz- und Rechnungswesen)

- Entwicklung und Einführung neuer Methoden und Tools beispielsweise für die Anwendungsentwicklung oder für das Informationsmanagement

22.3. Planungsablauf

> Der Planungsablauf verbindet die verschiedenen planenden Funktionen innerhalb des Unternehmens und stellt sicher, dass die Planungsdokumente für die Unternehmensleitung zu den geforderten Terminen verfügbar sind.

---

* Die strategische IV-Planung ist ein Projekt, bei dem ein Unternehmen oder eine grosse organisatorische Einheit langfristig plant, welche Anwendungen und IT-Infrastruktur zur Unterstützung des Geschäfts notwendig sein wird. Die Projekte setzen sich aus Komponenten des IT-orientierten Innovationsmanagements, der langfristigen Planung der Anwendungen und der IV-Entwicklungsplanung zusammen (vgl. Ward e.a. 1990, Hansen/Riedl 1990, Lederer/Sethi 1989, Martiny/Klotz 1990, Goodhue e.a. 1992, Gallo 1988)

Grundlage des Planungsablaufes ist ein Planungskalender. Er unterstützt die Abstimmung der Planungsschritte zwischen dem Informationsmanagement und der Unternehmensplanung.

Bild 22.3./1 stellt einen Planungskalender eines Unternehmens dar.

Funktionen des Informationsmanagements	1. Quartal	2. Quartal	3. Quartal	4. Quartal
Lgfr. Planung des IS				
Lgfr. Planung der IT-Infrastruktur				
Weiterentwicklung IV-Leitbild				
IV-Entwicklungsplanung				
Planungen der Projekte				
Kurzfristige Planung				

Bild 22.3./1 Planungskalender des Informationsmanagements

Aus dem Bild wird ersichtlich, dass die langfristigen Planungsaufgaben im ersten Halbjahr ablaufen. Die Ergebnisse werden als Teil des langfristigen Unternehmensplans im zweiten Quartal der Geschäftsleitung präsentiert und von ihr verabschiedet.

Die Ergebnisse der langfristigen Planung bilden die Grundlage für die kurzfristige Planung. In einem ersten Schritt führen die Projektleiter die Projektplanung für das nächste Jahr durch. Die Resultate fliessen in die kurzfristige Planung ein, die einen Teil des Budgetierungsprozesses darstellt. Die Ergebnisse der kurzfristigen Planung werden im vierten Quartal der Geschäftsleitung präsentiert und verabschiedet. Sie bilden die Grundlagen für die Umsetzung im folgenden Jahr.

Die Schlusstermine einmaliger Aufgaben, wie die Entwicklung eines neuen Sicherheitskonzepts, müssen in dem Planungskalender berücksichtigt werden, da die Ressourcen zur Umsetzung der Konzepte in der langfristigen und kurzfristigen Planung geplant werden müssen.

22.4. Umsetzungsablauf

Der Umsetzungsablauf ist für die Realisierung der Planung verantwortlich. Er verbindet die laufenden und geplanten Projekte sowie die Wartung mit dem Betrieb des Informationssystems und der IT-Infrastruktur.

Für den Umsetzungsablauf lässt sich kein abstrakter exemplarischer Plan entwickeln. Er kann nur auf der konkreten Ebene dargestellt werden.

Bild 22.4./1 zeigt den Umsetzungsablauf in Form von zwei miteinander verbundenen Balkendiagrammen. Der obere Teil repräsentiert die Aufgaben des Informationsmanagements im Überblick. Im unteren Teil werden die umzusetzenden Aktivitäten eines Tages im Rechenzentrum detailliert dargestellt.

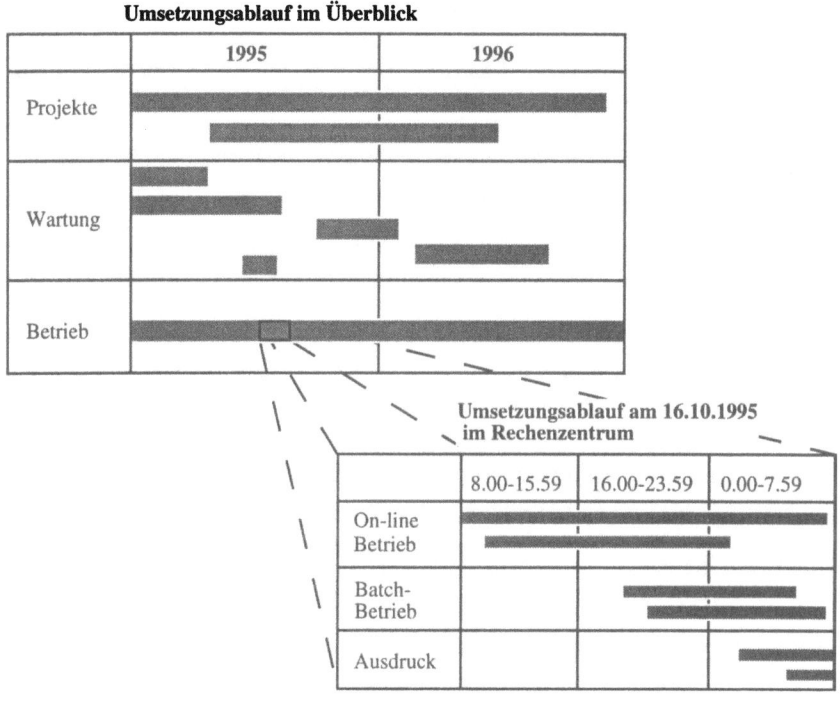

Bild 22.4./1 Umsetzungsablauf in einem Unternehmen

Der Umsetzungsablauf ist durch gegenseitige Abhängigkeiten zwischen den einzelnen Vorhaben gekennzeichnet und wird im Rahmen der IV-Entwicklungsplanung grob für einen Zeitraum von ca. fünf Jahren geplant. Im Rahmen der kurzfristigen Planung wird er jährlich verfeinert und innerhalb des operativen Geschäfts detailliert geplant.

Der Umsetzungsablauf entscheidet über die *Qualität* des Informationsmanagements eines Unternehmens. Nur bei dessen planmässigem Ablauf können die Anwendungsideen aus der Planung in konkrete Anwendungen umgesetzt werden. Personelle und finanzielle Mittel sowie die Infrastruktur müssen bereitstehen, damit der Umsetzungsablauf nicht unterbrochen wird. In den einzelnen Projekten kommen insbesondere dem Leiter der EDV/Org-Abteilung sowie dem Leiter des Informationssystems wichtige Rollen zu, diesen Prozess aufrechtzuerhalten.

Bei der Durchführung grösserer, einmaliger Projekte, z.B. einer strategischen IV-Planung oder einer Sicherheitsplanung, muss der Umsetzungsablauf auf bereits verabschiedete Termine Rücksicht nehmen.

22.5. Kontrollablauf

> Der Kontrollablauf überprüft die Ergebnisse des Umsetzungsablaufes auf Einhaltung der Vorgaben aus der Planung.

Die systematische Kontrolle des Informationsmanagements wird in den meisten Unternehmen vernachlässigt. Nur eine ständige Kontrolle der Ergebnisse ermöglicht, den zyklischen Ablauf des Informationsmanagements als Lernkreislauf zu gestalten.

Regelmässige Kontrollen

Die Verantwortlichen für das Informationsmanagement im Fachbereich und der EDV/Org-Abteilung führen regelmässig Kontrollen durch. Es kann sich um wöchentliche oder monatliche Kontrollen handeln oder um Kontrollen am Ende eines Quartals, eines Jahres oder zu bestimmten Zeitpunkten.

Die Kontrolle der IT-Infrastruktur, des Informationssystems und des Geschäfts durch Kennzahlen, wie dies in Abschnitt 15.2. beschrieben wurde, erfolgt kontinuierlich. Daneben gilt es, permanent finanzielle Kontrollen vorzunehmen.

Stichprobenkontrolle

Stichprobenkontrollen bieten sich zur Überprüfung der Sicherheit und des Datenschutzes an.

Eine besondere Art der Stichprobenkontrolle stellt die IV-Revision dar. Je nach Grösse des Unternehmens examinieren besonders ausgebildete Mitarbeiter der internen Revisionsabteilung oder externe Revisoren die Abläufe im Informationsmanagement, z.B. auf die Einhaltung von Qualitätssicherungsvorschriften. Anwendungen werden darauf untersucht, ob sie den Grundsätzen der Ordnungsmässigkeit (Grundsätze ordnungsgemässer Buchführung, GoB) entsprechen und ob die gesetzlichen Vorschriften für die Aufbewahrung der Belege eingehalten werden.

22.6. Zusammenfassung

* Informationsmanagement erweist sich in der betrieblichen Praxis als ein kreisförmiger Prozess. Der zyklische Ablauf gewährleistet eine kontinuierliche Weiterentwicklung der betrieblichen Informationsverarbeitung.

* Die zeitliche Strukturierung der Funktionen unterscheidet ständige Funktionen, wie das IT-orientierte Innovationsmanagement, jährliche Funktionen, wie die langfristige Planung des Informationssystems und Funktionen, die in einem Zeitraum von mehreren Jahren oder nur bei Bedarf durchgeführt werden, wie die Entwicklung eines neuen Sicherheitskonzepts.

* Der Planungsablauf orientiert sich am Ablauf der Unternehmensplanung.

* Der Umsetzungsablauf setzt sich aus ständigen Aufgaben und Projekten zusammen. Der Kontrollablauf gliedert sich in regelmässige Überprüfungen und Stichprobenkontrollen.

Literaturverzeichnis

Abeln 1990

  Abeln, O., Die CA...-Techniken in der industriellen Praxis, Handbuch der computerunterstützten Ingenieur-Methoden, Carl Hanser, München 1990

Abrams/Bernstein 1992

  Abrams, M., Bernstein, H., Der Zukunftskatalog, Sensationelle, praktische, zeitbringende, reizvolle und spassige Erfindungen und Produkte, Deutscher Taschenbuch Verlag, München 1992

Ambron/Hooper 1990

  Ambron, S., Hooper, K., Learning with interactive multimedia: developing and using multimedia tools in education, Microsoft Press, Redmond 1990

Anderson/Veljkov 1990

  Anderson, C., Veljkov, M., Creating Interactive Multimedia - A Practical Guide, Scott Foresman, Glenview (Illinois), London 1990

Andreas e.a. 1989

  Andreas, D., Rademacher, G., Sauter, B., Projekt-Controlling bei Anlagegeschäften, in: Reschke, H., Schelle, H., Schnopp, R., (Hrsg.), Handbuch Projektmanagement, TÜV Rheinland, Köln 1989, S. 683 ff.

Anselstetter 1984

  Anselstetter, R., Betriebswirtschaftliche Nutzeffekte der Datenverarbeitung - Anhaltspunkte für Nutzen-Kosten-Schätzungen, Springer, Berlin e.a. 1984

Ansoff 1966

  Ansoff, I. W., Management-Strategie, München 1966

Ansoff 1975

  Ansoff, I. W., Managing Strategic Surprise by Respons to Weak Signals, in: California Management Revue 18(1975)2, S. 129 ff.

Argyris 1990

  Argyris, Ch., Overcoming Organizational Defenses: Facilitating Organizational Learning, Allyn and Bacon, Boston e.a. 1990

Bauknecht/Hanker 1988

  Bauknecht, H., Hanker, J., Informatik-Migrationsstrategie: Substanzerhaltung oder Neubau, in: Österle, H., (Hrsg.), Anleitung zu einer praxisorientierten Softwareentwicklungsumgebung, Band 1: Erfolgsfaktoren werkzeugunterstützter Softwareentwicklung, AIT Angewandte Informations Technik, Hallbergmoos 1988, S. 261 ff.

BDSG 1991, Art. 36

Gesetz zum Schutz vor Missbrauch personenbezogener Daten bei der Datenverarbeitung (Bundesdatenschutzgesetz - BDSG), Beck, München 1991 (3. Auflage)

Beckhard/Harris 1987

Beckhard, R., Harris, R., Organizational Transitions: managing complex change, Addison-Wesley, Reading 1987

Benjamin e.a. 1986

Benjamin, R. I., e. a., Changing Role of the Corporate Information Systems Officer, in: Information Management 1(1986)1, S. 6 ff.

Benjamin/Blunt 1993

Benjamin, R. I., Blunt, J., Informationstechnik im Jahr 2000 - ein Wegweiser für Manager, Gruss vom "Knowboter", dem neuen Helfer für Führungskräfte, in: Harvard Business manager, 1993, Heft 1, S. 73-85.

Bischof/Gübelin/von Aachenbach 1992

Bischof, H.-P., Gübelin, R., von Aachenbach, L., TOP-Mapping für bessere Entscheidungen, in: io Management Zeitschrift, 61(1992)5, S. 57 ff.

Bleicher 1991

Bleicher, K., Das Konzept Integriertes Management, Campus, Frankfurt, New York 1991

Bower/King/Konsynski 1990

Bower, M., King, J.,Konsynski, B., Singapore Tradenet: A Tale of one City, Harvard Business School Teaching Case, Boston 1990 (Bestellnummer: 9-191-009)

Brand 1990

Brand, S., Media Lab, - Computer, Kommunikation und neue Medien - Die Erfindung der Zukunft am MIT, Rowohlt Taschenbuch Verlag GmbH, Hamburg 1990

Brenner 1990

Brenner, W., Auswahl von Standardsoftware, in: Österle, H., (Hrsg.), Integrierte Standardsoftware: Entscheidungshilfen für den Einsatz von Softwarepaketen - Band 2: Auswahl, Einführung und Betrieb von Standardsoftware, AIT Angewandte Informations Technik, Hallbergmoos 1990

Brenner 1994

Brenner, W., Konzepte des Informationssystem-Managements, Physica-Verlag, Berlin 1994

Brooks 1975

Brooks F., The Mythical Man-Month, Addison-Wesley, Reading, Mass. 1975

Buss 1983

Buss, M. D. J., How to rank computer projects, in: Harvard Business Review 61(1983)1, S. 118 ff.

BVerGE 65

Mitglieder des Bundesverfassungsgerichts, Entscheidungen des Bundesverfassungsgerichts 65. Band, J.C.B. Mohr (Paul Siebeck), Tübingen 1984

Cash/Konsynski 1985

Cash, J. I., Konsynski, B. R., IS Redraws competitive Boundaries, in: Harvard Business Review 63(1985)2, S. 134 ff.

Cash, J., McFarlan, W., McKenny, J., 1988

Cash, J., McFarlan, W., McKenny, J., Corporate Information Systems Management, Dow Jones-Irwin, Homewood 1988

COMET/Siemens 1993

COMET/Siemens, Chico-Checkliste - Comet Top, Siemens Nixdorf, München 1993

Comittee 1994

Comittee to study the impact of information technology on the performance of service activites, Information technology in the service society - a twenty-first century lever, national academic press, Washington D.C. 1994

Copeland/McKenney 1988

Copeland, D., McKenney, J. L., Airline Reservations Systems: Lessons From History: in: MIS Quarterly (1988)September, S. 353 ff.

Crandall 1991

Crandall, R., Informationstechnik zur Qualitätsförderung - Wettbewerbsvorteil im Dienstleistungssektor, in: NZZ Neue Zürcher Zeitung vom 26. Mai 1991

Daenzer/Huber 1992

Daenzer, W. F., Huber, F., Systems Engineering - Methode und Praxis, Moderne Industrie, Zürich 1992 (7. Auflage)

Daniel 1961

Daniel, R. J., Management Information Crisis, in: Harvard Business Review 39(1961)5

Darabi/Howard-Healy 1992

Darabi, F., Howard-Healy, M., Virtual Private Networks: Market Strategies, Ovum Report, London 1992

Davenport/Short 1990

Davenport, T. H., Short, J. E., The New Industrial Engineering: Information Technology and Business Process Redesign, in: Sloan Management Review 31(1990)4, S. 11 ff.

Davenport 1993

Davenport, T. H., Process Innovation - Reengineering Work through Information Technology, Harvard Business School Press 1993

Davis/Davidson 1992

Davis, S., Davidson, B., 2020 Vision: transform your business today to succeed in tomorrows economy, Business Books, London 1991

DEC 1990

Digital Equipment Corp, (Hrsg.), NAS Handbook: Developing Applications in a Multivendor Environment, 1990

von Deym e.a. 1981

von Deym, A., e.a., Organisationsplanung, Siemens, Berlin München 1981 (5. Auflage)

Drucker 1988

Drucker, P., The Coming of the New Organization, in: Harvard Business Review 68(1988)1, S. 45 ff.

DSG 1992, Art.4

Schweizerisches Bundesgesetz über den Datenschutz vom 19. Juni 1992 (SR 235.1)

Earl 1989

Earl, M., Management Strategies for Information Technology, Prentice-Hall, New York e.a. 1989

Earl/Vivian 1993

Earl, M. J., Vivian, P. D., The role of the Chief Information Officer - A study of survival, Egon Zehnder International/London Business School London 1993

von Eiff 1991

von Eiff, W., Prozesskettenanalyse durch TOP-Mapping, in: Organisation - Erfolgsfaktor der Unternehmensführung, Moderne Industrie, Landsberg am Lech 1991

Eigner e.a. 1991

Eigner, M., Hiller, C., Schindewolf, S., Schmich, M., Engineering Database: Strategische Komponenten in CIM-Konzepten, Carl Hanser, München 1991

Engel 1990

Engel, H., SAA - Standard der Zukunft, in: Wirtschaftsinformatik 32(1990)5, S. 422 ff.

Ernst & Young 1990a

Ernst & Young, Navigator Systems Series 1.0, Ernst & Young, Cleveland 1990

Ernst & Young 1990b

Ernst & Young, Navigator Systems Series 1.0, Project Management Guide, Ernst & Young, Cleveland 1990

Fietz 1992

Fietz, G., Multimedia im Einsatz: Die Provokation der Informationspuritaner, in: Output 21(1992)8, S. 41 ff.

FileNet 1992

FileNet GmbH, (Hrsg.), FileNet-Lösungen für die Vorgangsbearbeitung, F-H & Westermann, Bad Homburg 1992

Freeman 1993

Freeman, K., Business Process Redesign: A Corning Perspective in: SIM Executive Brief 4(1993)2

Frenkel 1990

Frenkel, K., The Politics of Standards and the EC, in: Communications of the ACM 33(1990)7, S. 41 ff.

Frey 1984

Frey, T., Software-Monitoring in einem Service RZ, in: HMD Handwörterbuch der modernen Datenverarbeitung 22(1984)119, S. 57 ff.

Fürer 1994

Fürer, P. J., Prozesse und EDV-Kostenrechnung im Bankbetrieb, Paul Haupt, Bern 1994

Gallo 1988

Gallo, Th., Strategic Information Management Planning, Prentice-Hall, London 1988

Gleiser 1993

Gleiser, S., Datenverarbeitungsberufe - Gesamtbetrachtung zum Berufs-
bereich und zur aktuellen Arbeitsmarktsituation, in: Informationen für die
Beratungs- und Vermittlungsdienste der Bundesanstalt für Arbeit, Nürnberg
(1993)25, S. 1895 ff.

Goodhue e.a. 1992

Goodhue, D., Kirsch, L., Quillard, J., Wybo, M., Strategic Data Planning:
Lessons from the Field, in: MIS Quarterly 16(1992)1, S. 11 ff.

Griese 1990

Griese, J., Ziele und Aufgaben des Informationsmanagements, in: Kurbel, K.,
Strunz, H., (Hrsg.), Handbuch Wirtschaftsinformatik, Poeschel, Stuttgart
1990, S. 641 ff.

Griese 1991

Griese, J., Gestaltungseffekte bei wettbewerbsorientierten Informationssystemen, in: Bartmann, D., (Hrsg.), Lösungsansätze der Wirtschaftsinformatik im Lichte der praktischen Bewährung, Springer, Berlin e.a. 1991

GTI 1988

GTI Gesellschaft für Technologie in der Informationsverarbeitung, Orgware
-M-: Das modulare Verfahren für integrierte Softwareentwicklung, Kürten
1988

Gutzwiller 1994

Gutzwiller, T., Dass CC-RIM-Referenzmodell für den Entwurf von betrieblichen, transaktionsorientierten Informationssystemen, Physica, Berlin e.a.
1994

Hammer 1990

Hammer, M., Reengineering Work: Don't Automate, Obliterate, in: Harvard
Business Review 31(1990)4, S. 11 ff.

Hammer/Champy 1993

Hammer, M., Champy, J., Reengineering the Corporation: A Manifesto for
Business Revolution, Harper Business, New York 1993

Hansen

Hansen, H. R.,Wirtschaftsinformatik I, Gustav Fischer, Stuttgart Jena 1992
(6. Auflage)

Hansen/Riedl 1990

Hansen, H. R., Riedl, R., Strategische langfristige Informationssystem-
planung, in: Kurbel, K., Strunz, H., Handbuch Wirtschaftsinformatik,
Poeschel, Stuttgart 1990

Heilmann 1989

Heilmann, H., Integration: Ein zentraler Begriff der Wirtschaftsinformatik im Wandel der Zeit, in: Handwörterbuch der modernen Datenverarbeitung 26(1989)150, S. 46 ff.

Heilmann 1990

Heilmann, H., Organisation und Management der Informationsverarbeitung im Unternehmen, in: Kurbel, K., Strunz, H., (Hrsg.), Handbuch Wirtschaftsinformatik, Poeschel, Stuttgart 1990, S. 683 ff.

Heinrich 1992

Heinrich, L., Informationsmanagement, Oldenbourg, München Wien 1992 (4. Auflage)

Heinrich/Lehner/Roithmayr 1993

Heinrich, L.J., Lehner, F., Roithmayr, F., Informations- und Kommunikationstechnik für Betriebswirte und Wirtschaftsinformatiker, Oldenbourg, München, Wien 1993 (3. Auflage)

Henger 1993

Henger, F., Zentralrechner contra Client-Server-Architekturen, in: NZZ Neue Zürcher Zeitung 214(1993)235, S. B11

Hilbers 1992

Hilbers, K., Entwicklung eines Idealmodells des Informationssystem-Managements, Difo, St. Gallen 1992 (Diss.)

Hinterhuber 1992

Hinterhuber, H.H., Strategische Unternehmungsführung, Band 1: Strategisches Denken und Band 2: Strategisches Handeln, de Gruyter, Berlin, New York 1992 (5. Auflage)

Hopper 1990

Hopper, M. D., Rattling SABRE - New Ways to Compete on Information, in: Harvard Business Review 70(1990)3, S. 118 ff.

Horvath 1990a

Horvath, P., Controlling, Vahlen, München 1990 (3. Auflage)

Horvath 1990b

Horvath, P., Effektives Informationscontrolling, in: Office Management 5(1990)1/2, S. 12 ff.

IBM 1984

IBM, (Hrsg.), Business Systems Planning - Information Systems Planning Guide, IBM, Atlanta 1984 (4. Auflage) GE 20-0527-04

IBM 1988a

IBM, (Hrsg.), SAA, in: IBM Systems Journal 27(1988)3

IBM 1988b

IBM, (Hrsg.), Information Systems Management - Management der Informationsverarbeitung, Band 1 - Band 6, Stuttgart 1988 GF 12-1640-0 - GF 12-1645

IBM 1991

IBM, (Hrsg.), Einführung in Information Warehouse, IBM Form GC 12-2126-00, Stuttgart 1991

IBM 1992

IBM, (Hrsg.), Insurance Application Architecture - IAA, Technical Overview Release, IBM 1992

IBM 1993

Outsourcing: Ein Weg zur Optimierung der Informationsverarbeitung, IBM 1993 GF 12-2222-0

IMG 1994

IMG, (Hrsg.), PROMET®-StdASW - Projektmethode für die Einführung von Standardanwendungssoftware, IMG, St. Gallen, München 1994 (Version 2.0)

IFA 1988

IFA, Institut für Automation AG, (Hrsg.), IFA PASS, Version 5.0., Zürich 1988

I/S Analyzer 1990

o.V., Taking an Objektive Look at Outsourcing, in I/S Analyzer, 28(1990)8, S. 1 ff.

I/S Analyzer 1991

o.V., The Emerging World of Multimedia, in: Rochester, J.B., Douglass, D. P., (Hrsg.), I/S Analyzer 29(1991)3

Johnson/Kaplan 1987

Johnson, H.T., Kaplan, R. B., The relevance lost - The Fall and Rise of Management Accounting, Prentice Hall, Englewood Cliffs 1987

Kaplan/Murdock 1991

Kaplan, R. B., Murdock, L., Core Process Redesign, in: The McKinsey Quarterly (1991)Spring, S. 27 ff.

Keen 1991

Keen, P., Shaping the future - Business Design Through Information Technology, Harvard Business School Press, Cambridge 1991

Keller/Meinhardt 1994

Keller, G., Meinhardt, S., SAP R/3-Analyzer, Walldorf 1994

Kienbaum 1993

Kienbaum Vergütungsberatung, (Hrsg.), Vergütung 1993 - Führungs- und Fachkräfte in der Datenverarbeitung, Gummersbach 1993

Klar 1985

Klar, R., Hardware/Software Monitoring, in: Informatik Spektrum 8(1985)1, S. 37 ff.

Kotler/Bliemel 1992

Kotler, P., Bliemel, F. W., Marketing-Management, C.E. Poeschel Verlag, Stuttgart 1992 (7.Auflage)

Krause/Fröhling 1991

Krause, O., Fröhling, O., DV-Controlling für Rechenzentren, in: Controlling 3(1991)5, S. 270 ff.

Krcmar 1990

Krcmar, H., Informationsverarbeitungscontrolling - Zielsetzungen und Erfolgsfaktoren, in: Information Management 5(1990)3, S. 6 ff.

Kusenberg 1992

Kusenberg, B., Financial Applications Architecture - Introduction, IBM, Charlotte 1992 GC31-3932-0 (Version 1.0)

Lederer/Sethi 1989

Lederer, A.L., Sethi, V., Pitfalls in Planning, in: Datamation 35(1989)Januar, S. 59 ff.

Lödel e.a. 1992

Lödel, D., Büttel-Dietsch, I., Breuker, J.-S., Ponader, M., Mertens, P., Thesmann, S., Elektronische Produktkataloge - Entwicklungsstand und Einsatzmöglichkeiten, Aufsatzmanuskript, 1992

Martin/Leben 1989

Martin, J., Leben, J., Strategic Information Planning Methodology, Prentice-Hall, Englewood Cliffs 1989

Martiny/Klotz 1990

Martiny, L., Klotz, M., Strategisches Informationsmanagement - Bedeutung und organisatorische Umsetzung, Oldenbourg, München, Wien 1990 (2. Auflage)

McFarlan 1984

McFarlan, F. W., Information Technology Changes the Way You Compete, in: Harvard Business Review 62(1984)3, S. 98 ff.

Mensching/Adams 1991

Mensching, J., Adams, D., Managing an Information System, Prentice-Hall, Englewood Cliffs 1991

Mertens 1985

Mertens, P., Aufbauorganisation der Datenverarbeitung, Gabler, Wiesbaden 1985

Mertens/Borkowski/Geis 1990

Mertens, P., Borkowski, V., Geis, W., Betriebliche Expertensystem-Anwendungen, 2. Auflage, Springer, Berlin 1990

Mertens 1991

Mertens, P., Integrierte Informationsverarbeitung I - Administrations- und Dispositionssysteme in der Industrie, Gabler, Wiesbaden 1991

Mertens/Griese 1991

Mertens, P., Griese, J., Integrierte Informationsverarbeitung 2, Planungs- und Kontrollsysteme in der Industrie, 6. Auflage, Gabler, Wiesbaden 1991

Mertens e.a. 1991

Mertens, P., Bodendorf, F., König, W., Picot, A., Schumann, M., Grundzüge der Wirtschaftsinformatik, Springer, Berlin e.a. 1991

Mertens/Wedel/Hartinger 1991

Mertens, P., Wedel, T., Hartinger, M., Management by Parameters?, in: Zeitschrift für Betriebswirtschaft ZfB 61(1991)5/6, S. 569 ff.

Miller/Vollmann 1985

Miller, G., Vollmann, E., The hidden factory, in: Harvard Business Review 63(1985)5, S. 142 ff.

Nefiodow 1990

Nefiodow, L., Der fünfte Kondratieff, Gabler, Wiesbaden 1990

Niemeier/Koll 1992

Niemeier, J., Koll, P., Executive Information Systems (EIS), Vorabzug aus der Marktstudie für die Teilnehmer des IIR-Seminars, Fraunhofer-Institut für Arbeitswirtschaft und Organisation (IAO), Stuttgart 1992

NII 1993

National Information Infrastructure - The Agenda for Action, Office of the Press Secretary, The White House, Washington 1993

Nomina 1994

Nomina,Gesellschaft für Wirtschafts- und Verwaltungsregister, (Hrsg.), ISIS Software Report: Software für Minicomputer und Mainframes - Deutschland, Österreich, Schweiz, Band 1: Kommerzielle Programme, Band 2: Branchenprogramme, Nomina, München 1994

Nolan 1982

Nolan, R., Managing Information Sytems by Committee, in: Harvard Business Review 60(1982)2, S. 115 ff.

Österle 1981

Österle, H., Entwurf betrieblicher Informationssysteme, Hanser, München Wien 1981

Österle 1987

Österle, H., Erfolgsfaktor Informatik - Umsetzung der Informationstechnik in Unternehmensführung, in: Information Management 2(1987)3, S. 24 ff.

Österle 1991

Österle, H., Informationsmanagement im Textilbetrieb, in: VDI, (Hrsg.), Automatisieren im Textilbetrieb 2000. Prozess-Steuerung und Vernetzung der Textilmaschinen, VDI Bericht 879, VDI-Verlag, Düsseldorf 1991

Österle 1992

Österle, H., Innovation durch Informationstechnik. Ein Beitrag zur informationsbewussten Unternehmensführung. Vortrag an der 6. Internationalen Fachkonferenz der Deutschen Gesellschaft für Dokumentation (DGD) am 27. Mai 1991, Garmisch-Partenkirchen 1992

Österle/Gutzwiller 1992

Österle, H., Gutzwiller, T., Konzepte angewandter Analyse- und Design-Methoden, Band 1 und 2, AIT Angewandte Informations Technik, Hallbergmoos 1992

Österle/Brenner/Hilbers 1991

Österle, H., Brenner, W., Hilbers, K., Zentralisation/Dezentralisation der Führung des Informationssystems, in: Spremann, K., Zur, E., (Hrsg.), Controlling - Grundlagen, Informationssysteme, Anwendungen, Gabler, Wiesbaden 1991

Österle/Brenner/Hilbers 1992

Österle, H., Brenner, W., Hilbers, K., Unternehmensführung und Informations-system - Der Ansatz des St. Galler Informationssystem-Managements, Teubner, Stuttgart 1992 (2. Auflage)

Österle/Brenner/Mende 1992

Österle, H., Brenner, W., Mende, M., Konzept für ein Kompetenzzentrum "Controlling und Redesign von Informationssystemen", Arbeitsbericht des Instituts für Wirtschaftsinformatik an der Hochschule St. Gallen Nr. IM2000/CCCRIS/1, St. Gallen 1992

Österle/Sanche 1994

Österle, H., Sanche, J., Systementwicklung mit Applikationsplattformen - Erfahrungen bei der Lufthansa und der Schweizerischen Kreditanstalt, in: Wirtschaftsinformatik 36(1994)2, S. 145 ff.

Parker/Trainor/Benson 1989

Parker, M., Trainor, E., Benson, R., Information Strategy and Economics - Linking Information Systems Strategy to Business Performance, Prentice-Hall, Englewood Cliffs 1989

Porter/Millar 1985

Porter, M. E., Millar, V. E., How Information Gives You Competitive Advantage, in: Harvard Business Review, 1985, S. 149 ff.

Porter 1989

Porter, M., Wettbewerbsvorteile, Campus, Frankfurt 1989

Rackoff/Wiseman/Ullrich 1985

Rackoff, H., Wiseman, C., Ullrich, W.A., Information Systems for Competitive Advantage: Implementation of a Planning Process, in: MIS Quarterly 9(1985)4, S. 285 ff.

Rheingold 1994

Rheingold, H., Virtuelle Gemeinschaft, Addison-Wesley, Bonn e.a. 1994

Rockart 1979

Rockart, J. F., Chief Executives Define their Own Data Needs, in: Harvard Business Review 57(1979)2, S. 81 ff.

Rockart 1988

Rockart, J. F., The Line Takes the Leadership - IS Management in a Wired Society, in: Sloan Management Review 29(1988)4, S. 57 ff.

Rockart/de Long 1988

Rockart, J. F., de Long, D. W., Executive Support Systems: The Emergence of Top Management Computer Use, Dow Jones Irwin, Homewood 1988

Rosenbrock 1992

Rosenbrock, K.-H., Das künftige Fernmeldenetz der Deutschen Bundespost: Ausbaustrategie, in: Afheldt, H., Martin, H.-E., Schrape, K., (Hrsg.), Neue Techniken der Bürokommunikation, 4. Auflage, Verlag Moderne Industrie, Landsberg am Lech 1992

SAP 1993

SAP, (Hrsg.) System R/3, Walldorf 1993

SAS Institute1991

SAS, Executive Information System, Heidelberg 1991

Saxer 1993

Saxer, R., Monitoring des Informationssystems - ein Instrument zur Organisationsanalyse, Fürer, St. Gallen 1993 (Diss.)

SBG

Schweizerische Bankgesellschaft, (Hrsg.), Ubilab-Leitbild, Zürich (ohne Jahresangabe)

Scheer 1990

Scheer, A.-W., EDV-orientierte Betriebswirtschaftslehre, Springer, Berlin e.a. 1990 (4. Auflage)

Scheer 1994

Scheer, A.-W., Wirtschftsinformatik - Referenzmodelle für industrielle Geschäftsprozesse, Springer, Berlin e.a. 1994 (4. Auflage)

Schmidt 1991

Schmidt, G., Methode und Technik der Organisation, Götz Schmidt, Giessen 1991 (9. Auflage)

Schlupp 1992

Schlupp, R.C., Dokumenten-Standards: Voraussetzungen für die grenzenlose Büroautomation, in: Output, Jg. 21, 1992, Heft 6, S. 82-88

Schmid 1993

Schmid, B., Elektronische Märkte, in: Wirtschaftsinformatik 35(1993)5, S. 465 ff.

Schön 1984

Schön, D. A., Organizational Learning, in: Morgan, C., (Hrsg.), Beyond Method - Strategies for Social Research, London, New Delhi 1984, S. 114 ff.

Schreiber 1994

Schreiber, J., Beschaffung von Informatikmitteln, Pflichtenheft - Evaluation - Entscheidung, Paul Haupt, Bern, Stuttgart, Wien 1994 (2. Auflage)

Schumann 1992

Schumann, M., Nutzeffekte und Strategiebeiträge der grossintegrierten Informationsverarbeitung, Springer, Berlin e.a. 1992

Schwarze 1990

Schwarze, J., Betriebswirtschaftliche Aufgaben und Bedeutung des Informationsmanagements, in: Wirtschaftsinformatik 32(1990)2, S. 104 ff.

Seibt 1990

Seibt, D., Informationsmanagement und Controlling, in: Wirtschaftsinformatik 32(1990)2, S. 116 ff.

Seitz 1992

Seitz, K., Die japanisch - amerikanische Herausforderung, Bonn Aktuell, München 1992 (4. Auflage)

Softlab 1994

Softlab, Maestro II Software Engineering Plattform, München 1994

Sokolovsky 1992

Sokolovsky, Z., Controlling des Informationsmanagements - Gegenwart und Zukunftsperspektiven, in: Information Management 7(1992)2, S. 24 ff.

Stahlknecht 1993

Stahlknecht, P., Einführung in die Wirtschaftsinformatik, Springer, Berlin e.a. 1993 (6. Auflage)

Stalk/Hout 1990

Stalk, G., Hout, T., Competing Against Time - How Time-Based Competition is Reshaping Global Markets, Free Press, New York 1990

Steinbock 1994

Steinbock H.-J., Potentiale der Informationstechnik - State-of-the-Art und Trends aus Anwendungssicht, Teubner, Stuttgart 1994

Strässle 1992

Strässle, Konsys 2000, Stuttgart 1992

Straub/Wetherbe 1989

Straub, D. W., Wetherbe, J. C., Information Technologies for the 1990s: An Organizational Impact Perspective, in: Communications of the ACM 32(1989)11, S. 1328 ff.

Strauss 1991

Strauss, D., Informatik-Sicherheitsmanagement, Teubner, Stuttgart 1991

SVD 1980

Schweizerische Vereinigung für Datenverarbeitung (SVD), (Hrsg.), EDV-Kennzahlen - -Praxisbezogenes Instrumentarium zur Beurteilung der EDV-Wirtschaftlichkeit, Paul Haupt, Bern und Stuttgart 1980

SVD/VDF/SGO 1993

Schweizerische Vereinigung für Datenverarbeitung SVD, Verband der Wirtschaftsinformatik-Fachleute VDF, Schweizerische Gesellschaft für Organisation SGO, (Hrsg.), Berufe der Wirtschaftsinformatik in der Schweiz, vdf Verlag der Fachvereine an den schweizerischen Hochschulen und Techniken AG, Zürich 1993 (3. Auflage)

TI 1990

Texas Instruments, (Hrsg.), Einführung in das Information Engineering unter Verwendung des IEF - Computerunterstützte Durchführung der Planungs-, Analyse- und Designphase, TI Part Number: 2739900-8024, 1990

TI 1992

Texas Instruments, (Hrsg.), IEF Technical Desciption - Methodology and Technology Overview, TI Part Number: 2739900-8120, 1992

TI 1993

Texas Instruments, (Hrsg.), Rapid Applications Development Guide, TI Part Number: 2579082, 1992

Ulrich 1984

Ulrich, H., Management, Paul Haupt, Bern 1984

Ulrich/Krieg 1974

Ulrich, H., Krieg, W., Das St. Galler Management-Modell, Paul Haupt, Bern 1974 (3. Auflage)

Ulrich/Probst 1988

Ulrich, H., Probst, G., Anleitung zum ganzheitlichen Denken und Handeln, Paul Haupt, Bern, Stuttgart 1988

Venkatraman 1991

Venkatraman, N., IT-Induced Business Reconfiguration, in: Scott Morton, M., The Corporation of the 1990s, Oxford University Press, New York, Oxford 1991

Ward e.a. 1990

Ward, J., Griffiths, P., Whitmore, P., Strategic Planning for Information Systems, John Wiley, Chicester 1990

Weidner/Pietsch 1992

Weidner, A., Pietsch, M., Neuere Entwicklungen bei der Aufbauorganisation von IV-Abteilungen, Arbeitspapier Nr. 4./1992, Wirtschaftsinformatik, Universität Erlangen-Nürnberg, 1992.

Weizer e.a. 1991

Weizer, N., Gardner, G., Lipoff, S., Roetter, M., Withington, F., The Arthur D. Little Forecast on Information Technology and Productivity, John Wiley, New York 1991

Widmer 1992

Widmer, U., Rechtsfragen im Informationsmanagement: Insbesondere Krisenmanagement und Krisenprävention aus rechtlicher Sicht, in: Bauknecht, K., (Hrsg.), Ringvorlesung Informationsmanagement, Zürich 1992

Wiseman 1985

Wiseman, C., Strategy and Computers: Information Systems as Competitive Weapons, Dow Jones-Irwin, Homewood 1985

WordPerfect 1992

WordPerfect, WordPerfect Office, Eschborn 1991

Yankee Group 1990

Yankee Group Information Planning Service, (Hrsg.), Outsourcing vs. Insourcing, Report, June 1990

Zahrndt 1987

Zahrndt, C., DV-Verträge: Gestaltung durch den Anwender, AIT Angewandte Informationstechnik, Hallbergmoos 1987

Zanger/Schöne 1994

Zanger C., Schöne K., IV-Controlling - Status quo und Entwicklungstendenzen in der Praxis, in: Information Management 1/94, S. 62

Zehnder 1986

Zehnder, C. A., Informatik-Projektentwicklung, Verlag der Fachvereine, Zürich 1986 (2. Auflage)

Zillessen 1991

Zillessen, W., Herausforderungen des Informationsmanagements in den 90er Jahren, Vortragsunterlagen zu einem Vortrag an der Hochschule St. Gallen am 3. Juni 1991, Institut für Wirtschaftsinformatik, St. Gallen 1991

Index

Abkürzungsverzeichnis

ABG	Allgemeine Geschäftsbedingungen
AG	Aktiengesellschaft
B-ISDN	Breitband-ISDN
BADIK	Bank-Dienstleistungs-Informationskiosk
BDE	Betriebsdatenerfassung
BDSG	Bundesdatenschutzgesetz
Bit	Binary Digit
BSP	Business System Planning
bzgl.	bezüglich
bzw.	beziehungsweise
CAD	Computer Aided Design
CAL	Computer Assisted Learning
CAQ	Computer Aided Quality
CASE	Computer Aided Software Design
CBT	Computer Based Training
CD	Compact Disk
CD-ROM	CD-Read Only Memory
CHF	Schweizer Franken
CIO	Chief Information Officer
CNC	Computerized Numerical Control
COM	Computer Output on Microfilm
Corp.	Corporation
CPU	Central Processing Unit
d.h.	das heisst
DB	Datenbank
DBP	Deutsche Bundespost
DEC	Digital Equipment Corporation
DEM	Deutsche Mark
DIN	Deutsche Industrie Norm
DNA	Digital Network Architecture
e-Mail	Electronic Mail
e.a.	et alii
EDI	Electronic Data Interchange
EDIFACT	EDI for Administration, Commerce and Transport

EDV	Elektronische Datenverarbeitung
EU	Europäische Union
etc.	et cetera
GATT	General Agreement on Tariffs and Trade
GmbH	Gesellschaft mit beschränkter Haftung
GoB	Grundsätze ordnungsgemässer Buchführung
GTI	Gesellschaft für Technologie in der Informations-verarbeitung
I/O	Input/Output
IBM	Industrial Business Machines
IEF	Information Engineering Facility
IFA	Institut für Automation
IM2000	Informationsmanagement 2000, Forschungs-programm
IMG	Information Management Gesellschaft, AG
incl.	inclusive
IS	Informationssystem
ISDN	Integrated Services Digital Network
ISO	International Organization for Standardisation
IT	Informationstechnik
IV	Informationsverarbeitung
k	kilo
Knowbots	Knowledge Robots
LAN	Local Area Network
M	mega
MAP	Manufactoring Automation Protocol
MAN	Metropolitan Area Network
Mio.	Millionen
MS-DOS	Microsoft-Disk Operating System
NC	Numerical Control
Nr.	Nummer
ODA/ODIF	Open Document Architecture/Open Document Interchange Format
Org	Organisation
OS/2	Operating Systems/2
PC	Personal Computer

PDA	Personal Digital Assistant
PPS	Produktionsplanung- und steuerung
RAM	Random Access Memory
RIM	Rechnerunterstütztes Informationsmanagement
RoI	Return on Investment
RZ	Rechenzentrum
s	Sekunde
SAA	Systems Application Architecture
SAP	Systeme, Anwendungen, Produkte in der Daten-verarbeitung
SBG	Schweizerische Bankgesellschaft
SGO	Schweizerische Gesellschaft für Organisation
SIS	Strategic Information System
SML	Sachmerkmalleiste
SNA	Systems Network Architecture
SQL	Structurd Query Language
SVD	Schweizerische Vereinigung für Datenverarbeitung
TI	Texas Instrument
USA	Unites States of America
USD	US Dollar
VDF	Verband der Wirtschaftsinformatik-Fachleute
vgl.	vergleiche
VPN	Virtual Private Network
WAN	Wide Area Network
z.B.	zum Beispiel

M. Schader, S. Kuhlins

Programmieren in C++

Einführung in den Sprachstandard C++

2., verb. u. erw. Aufl. 1994. X, 318 S. 25 Abb. (Springer-Lehrbuch) Brosch. **DM 39,80**; öS 310,50; sFr 39,80 ISBN 3-540-57557-X

Das vorliegende Buch ist eine Einführung und als Nachschlagewerk zur Programmiersprache C++ geeignet und gibt eine komplette Beschreibung der Sprache. Es ist auch für das Fallstudium geeignet; ein ausführlicher Index ermöglicht das gezielte Nachschlagen. Beispiele und Übungsaufgaben erleichtern die Arbeit mit dem Buch.

P. Mertens, F. Bodendorf, W. König, A. Picot, M. Schumann

Grundzüge der Wirtschaftsinformatik

2., verb. Aufl. 1992. XII, 210 S. 72 Abb. (Springer-Lehrbuch) Brosch. **DM 22,-**; öS 171,60; sFr 22,- ISBN 3-540-55790-3

Dies ist eine kompakte und verständliche Darstellung des zunehmend an Bedeutung gewinnenden Gebietes der Wirtschaftsinformatik. Es ist konsequent an integrierten Anwendungssystemen orientiert und unterstützt Lehrveranstaltungen zur Wirtschaftsinformatik in unterschiedlichen Ebenen des Bildungssystems. Ein Muß für alle Studenten der Wirtschaftswissenschaften sowie für Praktiker in Betrieben, die sich in EDV-Anwendungen einarbeiten wollen.

Springer

Tm.B4.9.21c

Preisänderungen vorbehalten

A.-W. Scheer

Wirtschaftsinformatik

Referenzmodelle für industrielle Geschäftsprozesse

5., durchges. Aufl. 1994. XXIV, 786 S. 580 Abb., 26 in Farbe Geb. **DM 128,-**; öS 998,40; sFr 128,- ISBN 3-540-58203-7

Von dem Vorstandsbeschluß, Lean Management einzuführen, bis zur praktischen Reorganisation der Geschäftsprozesse ist es ein langer Weg. Zur konkreten Umsetzung neuer Organisationskonzepte durch Einsatz neuer Techniken der Informationsverarbeitung gibt dieses Buch dem Wissenschaftler, Anwender und Studenten wertvolle Hilfestellungen. Es wird ein umfassendes Unternehmensmodell dargestellt, das dem Geschäftsprozeßeigner als Referenzmodell für seine konkreten Anwendungen im Industriebetrieb dient.

P. Stahlknecht

Einführung in die Wirtschaftsinformatik

6., völlig überarb. u. erw. Aufl. 1993. XIII, 536 S. 158 Abb. (Springer-Lehrbuch) Brosch. **DM 32,80**; öS 255,90; sFr 32,80 ISBN 3-540-56370-9

Dieses Standardwerk gibt eine praxisbezogene Einführung in das Gesamtgebiet der Wirtschaftsinformatik. In der Neuauflage wird die bewährte Kapiteleinteilung zwar beibehalten, alle Kapitel sind jedoch aktualisiert, neue Abschnitte sind aufgenommen.

P. Stahlknecht

Arbeitsbuch Wirtschaftsinformatik

Unter Mitarbeit von **W. Appelfeller, A. Drasdo, H. Meier, S. Nieland**

1991. X, 296 S. 82 Abb. (Springer-Lehrbuch) Brosch. **DM 25,-**; öS 195,-; sFr 25,- ISBN 3-540-53805-4

Springer

Tm.B4.9.21c

MIX
Papier aus verantwortungsvollen Quellen
Paper from responsible sources
FSC® C105338

If you have any concerns about our products,
you can contact us on
ProductSafety@springernature.com

In case Publisher is established outside the EU,
the EU authorized representative is:
**Springer Nature Customer Service Center GmbH
Europaplatz 3, 69115 Heidelberg, Germany**

Printed by Libri Plureos GmbH
in Hamburg, Germany